여러분의 합격을 등 ‖‖‖‖‖ KB136554

해커스공무원의 특별 혜택

FREE 공무원 교정학 **특강**

해커스공무원(gosi.Hackers.com) 접속 후 로그인 ▶ 상단의 [무료강좌] 클릭 ▶
[교재 무료특강] 클릭하여 이용

 해커스공무원 온라인 단과강의 **20% 할인쿠폰**

96C3C8D325AFCDQ6 ·

해커스공무원(gosi.Hackers.com) 접속 후 로그인 ▶ 상단의 [나의 강의실] 클릭 ▶
좌측의 [쿠폰등록] 클릭 ▶ 위 쿠폰번호 입력 후 이용

* 등록 후 7일간 사용 가능(ID당 1회에 한해 등록 가능)

합격예측 **온라인 모의고사 응시권 + 해설강의 수강권**

ADAC845C7B55A3DW

해커스공무원(gosi.Hackers.com) 접속 후 로그인 ▶ 상단의 [나의 강의실] 클릭 ▶
좌측의 [쿠폰등록] 클릭 ▶ 위 쿠폰번호 입력 후 이용

* ID당 1회에 한해 등록 가능

쿠폰 이용 관련 문의 **1588-4055**

단기 합격을 위한
해커스공무원 커리큘럼

입문

탄탄한 기본기와 핵심 개념 완성!

누구나 이해하기 쉬운 개념 설명과 풍부한 예시로 부담없이 쌩기초 다지기
TIP 베이스가 있다면 **기본 단계**부터!

▼

기본+심화

필수 개념 학습으로 이론 완성!

반드시 알아야 할 기본 개념과 문제풀이 전략을 학습하고
심화 개념 학습으로 고득점을 위한 응용력 다지기

▼

**기출+예상
문제풀이**

문제풀이로 집중 학습하고 실력 업그레이드!

기출문제의 유형과 출제 의도를 이해하고 최신 출제 경향을 반영한
예상문제를 풀어보며 본인의 취약영역을 파악 및 보완하기

▼

동형문제풀이

동형모의고사로 실전력 강화!

실제 시험과 같은 형태의 실전모의고사를 풀어보며 실전감각 극대화

▼

최종 마무리

시험 직전 실전 시뮬레이션!

각 과목별 시험에 출제되는 내용들을 최종 점검하며 실전 완성

▼

PASS

*커리큘럼 및 세부 일정은 상이할 수 있으며,
자세한 사항은 해커스공무원 사이트에서 확인하세요.

**단계별 교재 확인 및
수강신청은 여기서!**

gosi.Hackers.com

해커스공무원

노신
교정학

법령집

해커스공무원

노신

약력

고려대학교 법과대학 법학과 졸업
제주대학교 법학전문대학원 졸업
변호사
현 | 해커스공무원 형사정책·교정학 강의
현 | 해커스경찰 범죄학 강의

저서

해커스공무원 노신 교정학 기본서
해커스공무원 노신 교정학 단원별 기출문제집
해커스공무원 노신 교정학 법령집
해커스공무원 노신 교정학 핵심요약집
해커스공무원 노신 교정학 실전동형모의고사
해커스공무원 노신 형사정책 기본서
해커스공무원 노신 형사정책 단원별 기출문제집
해커스공무원 노신 형사정책 법령집
해커스공무원 노신 형사정책 핵심요약집
해커스공무원 노신 형사정책 실전동형모의고사
해커스경찰 노신 범죄학 기본서
해커스경찰 노신 범죄학 단원별 기출+실전문제집

서문

공무원 교정학 시험 고득점을 위한 필수 법령집!

하루라도 빨리 합격의 문턱을 넘기 위해서는 시행착오 없이 제대로 된 공부를 하는 것이 중요합니다. 『해커스공무원 노신 교정학 법령집』은 수험생 여러분들의 소중한 하루하루가 낭비되지 않도록 올바른 수험생활의 길을 제시하고자 노력하였습니다.

첫째, 시험에서 가장 중요한 법률을 선정하고, 최신 제·개정법령을 수록하였습니다.
공무원 시험에서 매년 반드시 출제되는 법률의 내용을 반복해서 읽어가며 학습하기 용이하도록 중요 법률의 조문을 모아서 수록하였습니다.

둘째, 조문의 흐름을 따라 읽으며, 중요한 부분도 쉽게 파악할 수 있도록 구성하였습니다.
각 법률의 조문 내용을 그대로 수록하면서도 중요한 조문에는 밑줄을 표시하여 학습의 강약 조절이 가능하도록 하였습니다. 기본서나 기출문제집을 학습할 때에 함께 활용하거나, 최종마무리 학습을 할 때에 밑줄로 표시된 조문을 빠르게 회독한다면, 『해커스공무원 노신 교정학 법령집』을 효율적으로 학습할 수 있습니다.

셋째, 개별 조문과 관련된 기출지문OX를 수록하였습니다.
개별 조문과 관련된 기출지문을 OX문제 형태로 수록하여 해당 조문이 어떻게 문제로 출제되는지 확인할 수 있습니다. 이를 통해 조문만 반복적으로 읽는 학습보다 출제경향에 맞춘 효율적인 학습이 가능합니다.

더불어, 공무원 시험 전문 사이트 해커스공무원(gosi.Hackers.com)에서 교재 학습 중 궁금한 점을 나누고 다양한 무료 학습 자료를 함께 이용하여 학습 효과를 극대화할 수 있습니다.

『해커스공무원 노신 교정학 법령집』이 공무원 교정학 고득점 달성과 시험 합격을 꿈꾸는 모든 수험생 여러분에게 훌륭한 길잡이가 되기를 바랍니다.

노신

목차

04 형의 집행 및 수용자의 처우에 관한 법률(법) 및 동법 시행령(영)· 시행규칙(규칙)

해커스공무원
노신 교정학 법령집

01 수용자 처우에 관한 UN최저기준규칙

📄 서칙

제1조

본 규칙이 의도하는 바는 교정시설의 모범적 체계를 세세한 점까지 기술하고자 하는 것은 아니다. 이것은 오직 이 시대의 사조로서 일반적으로 합의된 바와 현재로서 가장 적합한 체계를 위한 필수적인 요소들을 기준으로 하여 일반적으로 수용자에 대한 처우와 교정시설의 운영에서 올바른 원칙과 관행으로서 받아들여지고 있는 것을 명백히 하고자 하는 것일 뿐이다(→ 의무사항 ✕, 권고사항 ○).

제3조

① 본 규칙 제1부는 교도소 운영 일반을 다루며 법관이 명한 '보안처분' 또는 교정처분하에 있는 수용자를 포함하여 형사범이나 민사범, 미결수용자나 수형자 등 모든 범주의 '수용자'에게 적용될 수 있다.

■ 제1부 통칙

제1조

모든 수용자는 인간의 존엄성과 가치에 입각하여 존중을 받아야 한다. 어떠한 수용자도 고문, 기타 잔인하거나 비인간적이거나 모욕적인 처우 또는 처벌을 받지 않도록 보호되어야 하고 어떠한 경우도 이를 정당화할 수 없다. 수용자와 직원, 용역 제공자, 방문자들의 안전과 보안은 항시 유지되어야 한다.

제2조

① 본 규칙은 공평하게 적용되어야 한다. 수용자의 인종, 피부색, 성별, 언어, 종교, 정치적 또는 그 밖의 견해, 국적, 사회적 신분, 재산, 출생 또는 그 밖의 지위에 의하여 차별이 있어서는 안 된다. 수용자의 종교적 신념과 도덕률은 존중되어야 한다.

제11조

상이한 종류의 수용자는 그 성별, 연령, 범죄경력, 구금의 법률적 사유 및 처우상의 필요를 고려하여 분리된 시설이나 또는 시설 내의 분리된 구역에 수용되어야 한다.
가. 남자와 여자는 가능한 한 분리된 시설에 구금해야 한다. 남자와 여자를 함께 수용하는 시설에서는 여자용으로 사용되는 설비의 전체를 완전히 분리해야 한다.
나. 미결수용자는 수형자와 분리하여 구금해야 한다.

다. 채무로 인하여 수용된 자 및 그 밖의 <u>민사범</u>은 <u>형사범</u>과 분리하여 구금해야 한다.
라. <u>소년</u>은 <u>성년</u>과 분리하여 구금해야 한다.

제12조

① 취침시설이 각 거실마다 설치되어 있을 경우, <u>개개의 수용자별로</u> 야간에 독거실이 제공되어야 한다. 일시적인 과잉수용 등과 같은 특별한 이유로 중앙교정당국이 이 규정에 대한 <u>예외</u>를 둘 필요가 있을 때에도 <u>독거실에 2명의 수용자를 수용하는 것은 바람직하지 못하다.</u>
② <u>혼거실</u>이 사용되는 때에는 그 환경에서 서로 사이좋게 지낼 수 있는 수용자를 신중하게 선정하여 수용하여야 한다. 이때에는 시설의 성격에 맞추어 <u>야간에 정기적인 감독</u>이 수행되어야 한다.

제15조

<u>위생설비</u>는 모든 수용자가 청결하고 단정하게 생리적 욕구를 해소하기에 적합해야 한다.

제16조

적당한 목욕 및 샤워설비를 마련하여 모든 수용자가 계절과 지역에 따라 일반 위생상 필요한 만큼 자주 기후에 알맞은 온도로 <u>목욕</u>하거나 <u>샤워</u>할 수 있게 하며, 수용자에게 그렇게 할 의무가 부과될 수 있다. 다만, 온대기후의 경우 그 횟수는 <u>적어도 매주 1회 이상</u>이어야 한다.

제18조

① 수용자에게는 <u>신체를 청결히 유지할 의무</u>를 부과하여야 하고, 이를 위하여 건강 및 청결유지에 필요한 만큼의 <u>물과 세면용품을 지급</u>되어야 한다. 12. 교정7★

제19조

③ 예외적인 상황에서 수용자가 <u>정당하게 인정된</u> 목적을 위하여 시설 밖으로 나갈 때에는 언제나 자신의 <u>사복 또는 너무 눈에 띄지 아니하는 의복</u>을 입도록 허용되어야 한다.

제22조

② <u>음료수</u>는 모든 수용자가 필요로 할 때 언제나 제공되어야 한다.

제23조

① <u>실외작업을 하지 아니하는</u> 모든 수용자는 날씨가 허락하는 한 <u>매일 적어도 1시간의 적당한 실외운동을 하도록 해야 한다.</u> 12. 교정7
② 소년수용자 및 적당한 연령과 체격을 가진 그 밖의 수용자에게는 운동시간 중에 체육 및 오락훈련을 받도록 해야 한다. 이 목적을 위하여 필요한 공간, 설비 및 장비가 제공되어야 한다.

제24조

① 국가는 수용자의 보건의료를 책임져야 한다. 수용자는 지역사회에서 제공하는 것과 동일한 수준의 보건의료 혜택을 누릴 권리가 있으며 법적 신분으로 인한 차별을 받지 않고 필요한 보건의료 서비스를 무상으로 이용할 수 있어야 한다.

제25조

② 보건의료 서비스는 충분한 자격을 갖춘 의료전문가와 심리학과 정신과학 분야의 전문성을 갖춘 인력으로 구성된 팀에 의해 이루어져야 한다. 자격을 갖춘 치과의사의 의료서비스도 모든 수용자들에게 제공되어야 한다. 12. 교정7

제27조

① 모든 수용자는 응급상황 발생 시 즉시 의료지원을 받을 권리가 있다. 특수한 치료 또는 수술을 요하는 수용자의 경우 해당 의료시설이나 민간 병원으로 이송되어야 한다. 의료시설을 갖춘 구금시설의 경우 해당 의료시설은 원활한 치료와 업무를 진행할 수 있도록 적정한 인력과 장비를 갖춰야 한다.

② 의료와 관련된 결정은 권한이 있는 보건의료 전문가가 내려야 하며 의료분야에 종사하지 않는 구금시설의 직원은 그 결정을 거부하거나 간과해서는 안 된다.

제28조

여자교도소에서는 산전 및 산후의 모든 간호 및 처치를 위하여 필요한 특별한 설비가 갖추어져 있어야 한다. 가능한 경우에는 항상 시설 밖의 병원에서 분만할 수 있도록 조치를 강구해야 한다. 아이가 시설 내에서 태어난 경우 그 사실을 출생증명서에 기재해서는 안 된다.

제29조

① 수용자의 자녀를 구금시설 내에서 수용자와 함께 생활하는 것에 대한 판단을 내릴 때에는 해당 자녀의 이익을 최우선적으로 고려해야 한다. 다음의 경우에 한하여 수용자의 자녀를 구금시설 내에서 생활하는 것을 허용한다.

　가. 수용자가 자녀를 돌보지 못할 때 적정 인력을 갖춘 내부 또는 외부 보육시설에 자녀를 위탁할 수 있는 경우

　나. 전문가가 입소에 대한 건강검진 및 자녀의 발육에 대한 지속적인 모니터링을 포함한 어린이의 특별한 보건의료 서비스를 제공할 수 있는 경우

② 구금시설에서 생활하는 수용자의 자녀는 어떠한 경우에도 수용자로 처우해서는 안 된다.

제31조

의사 또는 자격을 갖춘 보건의료 전문가는 질환을 앓고 있거나 육체적 또는 정신적 문제를 호소하거나 각별한 주의를 요하는 모든 수용자를 매일 확인해야 하고 모든 의료검사에 대해 철저한 보안을 유지해야 한다.

제36조

규율 및 기타 규범은 안전과 질서를 유지하기 위하여 필요한 한도를 넘지 않는 범위 내에서 유지되어야 한다. 13. 경채★

제37조

다음 각 호는 항상 법률 또는 권한 있는 행정관청의 규칙으로 정해야 한다.

가. 규율위반을 구성하는 행위

나. 부과할 처벌의 종류 및 그 기간

다. 처벌을 부과할 권한이 있는 기관

라. 독방수용, 격리, 분리, 특수 관리시설, 구속시설 등과 같이 규율적 처벌 또는 질서 및 보안 유지를 위해 다른 수용자들로부터의 강제적으로 분리 수용하는 행위로 이에 대한 정책 및 검토사항을 적용하는 경우 등을 포함함

제39조

① 수용자는 제37조에 명시된 법규와 공정성과 합당한 절차에 입각하여 처벌을 받아야 한다. 수용자는 동일한 규율위반에 대하여 이중으로 처벌받아서는 안 된다. 13. 경채

제40조

① 어떠한 수용자라도 교도소의 업무를 부여받거나 규율권한이 부여되어서는 안 된다. 13. 경채

② 그러나 본 규칙은 특정한 사회적, 교육 또는 스포츠 활동이나 책임을 직원의 감독 하에 처우목적을 위하여 그룹으로 분류된 수용자 자치제도의 적절한 활용을 배제하지 아니한다. 13. 경채

제41조

① 규율 위반에 대한 모든 혐의는 관련 기관에 즉시 보고되어야 하고 이를 보고 받은 기관은 즉시 이에 대한 조사를 실시해야 한다.

② 수용자는 수용자가 이해할 수 있는 언어로 자신에 대한 혐의사실에 대하여 통고를 받고 자신을 변호할 수 있는 적당한 시간과 시설을 제공받아야 한다. 13. 경채

④ 수용자는 자신에게 부과된 처벌에 대하여 사법심사를 요구할 기회를 가져야 한다.

제43조

① 구속 또는 규율위반에 대한 처벌은 어떠한 경우에도 고문 또는 기타 잔인하거나 비인간적이거나 모욕적인 처우 또는 처벌로 대체되어서는 안 되며 다음과 같은 행위는 금지되어야 한다. 13. 경채

가. 무기한 독거실에 수용하는 행위

나. 장기간 독거실에 수용하는 행위

다. 어둡거나 지속해서 밝혀져 있는 공간에 수용하는 행위

라. 체벌 또는 식사나 식수의 공급을 제한하는 행위

마. 집단 처벌하는 행위

② 규율위반에 대한 처벌로 결박장치를 사용해서는 안 된다.

③ 규율위반에 대한 처벌 또는 구속조치로 가족과의 연락을 금지해서는 안 된다. 가족과의 연락을 금지하는 행위는 제한된 시간에 한하여 보안 또는 질서의 유지를 위한 경우에만 허용된다.

제44조

본 규칙에서 일반적인 독거수용이라 함은 타인과의 접촉이 없이 수용자를 22시간 또는 하루 이상 수용하는 것을 의미하고 장기 독거수용이라 함은 15일을 초과하여 연속으로 수용자를 독거실에 수용하는 것을 의미한다.

제46조

② 규율위반에 대한 처벌이나 구속조치가 수용자의 육체적 또는 정신적 건강상태에 부정적인 영향을 미치는 경우 보건의료 담당자는 이를 즉시 교도소장에게 보고하고 처벌 조치의 중단이나 조정에 대하여 의견을 제시해야 한다.

제47조

① 본질적으로 악화 또는 고통을 주는 사슬, 발목수갑 또는 보호장비의 사용은 금지되어야 한다.

② 그 밖의 보호장비는 다음 각 호의 경우를 제외하고는 사용되어서는 안 된다.

　가. 호송 중 도주에 대한 예방책으로 사용되는 때. 다만, 사법 또는 행정당국에 출석할 때에는 보호장비를 해제해야 한다.

　나. 수용자가 자기 또는 다른 사람에게 침해를 가하거나 재산에 손해를 주는 것을 다른 수단으로써는 방지할 수 없어서 소장이 명령하는 때. 이때에는 소장은 지체 없이 의사 또는 다른 자격이 있는 보건의료 전문가에게 주의를 환기시키고 상급 행정관청에 보고해야 한다.

제52조

① 알몸수색과 체강검사와 같이 불편함을 유발할 수 있는 검사는 꼭 필요한 경우에 한하여 실시되어야 한다. 교정당국은 이러한 검사를 대체할 수 있는 수단을 강구해야 하며 이러한 검사를 실시할 때에는 단독으로 교육을 받은 동성의 교도관이 실시해야 한다.

제54조

모든 수용자에게는 입소 즉시 다음과 같은 정보가 서면으로 제공되어야 한다.

가. 구금시설에 대한 관련 법규

나. 정보 검색, 법률구조를 통한 법률자문을 받을 권리 등 수용자의 권리와 불복 또는 요구절차

다. 수용자의 의무사항과 규율위반에 대한 처벌

라. 구금시설에서의 생활에 적응하는데 필요한 기타 모든 사항

제55조

② 수용자가 문맹인 경우 해당 정보를 구두로 제공해야 한다. 만일 수용자가 감각장애를 가지고 있는 경우 가능한 방식으로 해당 정보를 전달해야 한다.

③ 교정당국은 해당 정보의 개요를 구금시설 내의 공용지역에 비치해야 한다.

제56조

① 모든 수용자에게는 매일 교도소장 또는 그를 대리할 권한을 가진 교정직원에게 <u>청원 또는 불복신청을 할 기회</u>가 주어져야 한다.

② 수용자는 자신에 대한 조사 중에 조사관에게 청원 또는 불복신청을 할 수 있어야 한다. 수용자에게는 소장 또는 그 밖의 직원의 참여 없이 담당조사관 또는 다른 조사관에게 말할 기회가 주어져야 한다.

③ 모든 수용자는 <u>내용의 검열을 받지 아니하고</u> 적합한 형식에 맞추어 허가된 경로에 따라 검토 또는 구제 권한을 부여받은 사람을 포함하여 중앙교정당국, 사법기관 또는 그 밖의 권한이 있는 기관에 <u>청원하거나 불복 신청을 하도록</u> 허용되어야 한다.

제57조

① 모든 요구 또는 불복은 <u>즉시 처리되고 회답되어야 한다.</u> 만일 요구 또는 불복이 거부되거나 부당하게 지체되는 경우에는 이를 제기한 수용자는 사법기관 또는 관련기관에 이를 회부할 수 있다.

② 수용자들이 요구 또는 불복을 안전하게 제기하고 기밀이 유지될 수 있도록 보안장치가 마련되어 있어야 한다. 수용자 또는 제56조의 제4항에 명시된 자(→ 수용자의 법률자문가, 수용자의 가족, 사건에 대한 지식이 있는 제3자)는 요구 또는 불복을 제기하였다는 이유로 <u>위협 또는 불이익을 당하거나 보복의 위험에 노출되지 않아야 한다.</u>

제59조

수용자는 <u>가능하면 가정이나 사회적 재활 지역과 근접한 곳에 수용되어야 한다.</u>

제61조

① 수용자는 <u>자신이 선택한 법률자문가 또는 법률구조 제공자와 접견, 소통, 상담할 수 있는 적절한 기회와 시간, 장소가 지체 없이 주어져야 하며</u> 자국의 법규에 따라 검열 또는 차단을 받지 않고 기밀이 유지되어야 한다. 법률상담 진행 시 <u>교정직원의 감시는 허용되나 감청은 불가능</u>하다.

제81조

① 남녀 수용자를 함께 수용하고 있는 시설에서는 <u>여성 전용구역에 여자 책임자를 두고 해당 구역의 모든 열쇠를 관리하도록 해야 한다.</u>

② <u>남자 직원은 여자 직원의 동반 없이 여성 전용구역에 출입할 수 없다.</u>

③ <u>여자 직원만이 여성 수용자를 관리해야 한다.</u> 그러나 남자 직원, 특히 의사와 교사가 교정시설이나 여성 전용구역에서 직무를 수행하는 것을 제한하지 않는다. 14. 교정7 ★

제82조

③ 직무상 수용자와 직접 접촉하는 교정시설의 직원들은 <u>특별한 경우를 제외하고 무기를 소지해서는 안 된다.</u> 더구나 <u>무기의 사용에 관한 훈련을 받지 아니한 직원</u>에게는 <u>어떠한 상황에서도 무기를 지급해서는 안 된다.</u>

■ 제2부 특별한 범주에 적용되는 규칙

제89조

① 이들 원칙들을 집행하는 데 있어서는 처우의 개별화와 이 목적을 위하여 수형자를 그룹으로 분류하는 신축성 있는 제도가 필요하다. 그러므로 이들 그룹은 각각의 처우에 적합한 개별 교도소에 구분하여 수용되는 것이 바람직하다.

② 교도소가 모든 그룹에 대하여 동일한 정도의 보안조치를 할 필요는 없다. 상이한 그룹의 필요에 맞추어 다양한 수준의 보안조치를 취하는 것이 바람직하다. 개방교도소는 도주에 대한 물리적 보안조치 없이 수형자의 자율을 신뢰하는 바로 그 사실에 의하여, 신중하게 선발된 수형자의 사회복귀에 가장 유익한 상황을 제공한다.

③ 폐쇄교도소에서 수형자의 수는 개별처우가 방해받을 정도로 많지 않은 것이 바람직하다. 몇몇 나라에서는 이들 교도소의 수용인원이 500명을 넘지 않아야 하는 것으로 생각되고 있다. 개방교도소의 수용인원은 가능한 한 적어야 한다.

제93조

② 상이한 그룹의 수형자의 처우에는 가능한 한 다른 교도소 또는 교도소의 다른 구역이 사용되어야 한다.

제95조

수형자의 그룹과 처우방법에 따라 각각 적합한 특전제도를 모든 교도소에 마련하여 수형자들에게 선행을 장려하고 책임감을 향상시키며 처우에 관한 그들의 관심과 협조를 불러일으키도록 해야 한다.

제97조

① 교도작업은 성질상 고통을 주는 것이어서는 안 된다.

제100조

① 시설의 공장 및 농장은 가능한 한 교정당국에 의하여 직접 운영되어야 하고 개인 계약자에 의하여 운영되어서는 안 된다(→ 직영작업의 원칙). 08. 교정9

제101조

② 직업병을 포함하여 산업재해로부터 수형자들을 보호하기 위한 규정이 마련되어야 하며, 이 규정은 법률에 의하여 자유노동자에게 인정되는 조건보다 불리한 것이어서는 안 된다.

제102조

① 수형자의 하루 및 주당 최대 작업시간은 자유노동자의 고용에 관한 해당 지역의 기준과 관습을 참작하여 법률 또는 행정규칙으로 정해야 한다.

제103조

① 수형자의 <u>작업에 대한 공정한 보수제도가 있어야 한다</u>(→ 작업임금제 / 작업수입은 국고수입으로 한다는 규정은 없음).

제109조

① 범죄의 위험이 없다고 판명되거나 심각한 정신장애 또는 정신질환을 진단받은 자로서 교정시설에서 생활하는 것이 상태를 악화시키는 경우 가능한 조속히 해당 수용자를 정신보건시설로 이송하는 조치를 취해야 한다. 08. 교정9

② 정신장애 또는 정신질환을 가진 수용자들은 필요 시 자격을 가진 보건의료 전문가의 감독 하에 특수시설에서 관찰 및 치료를 받아야 한다.

제111조

② <u>유죄판결을 받지 아니한 수용자</u>는 <u>무죄로 추정</u>되고, 무죄인 자로서 처우되어야 한다.

제112조

① <u>미결수용자는 수형자와 분리 수용</u>되어야 한다. 12. 교정7

② <u>소년 미결수용자</u>는 <u>성인과 분리</u>되며 원칙적으로 다른 <u>시설에 구금</u>되어야 한다.

제115조

미결수용자에게는 <u>청결하고 적당한 사복을 입도록 허용</u>되어야 한다. 미결수용자가 수용자복을 입는 경우에는 그 <u>수용자복은 수형자에게 지급하는 것과는 다른 것</u>이어야 한다.

제116조

미결수용자에게는 항상 <u>작업의 기회가 주어져야 하나 작업의 의무가 부과되어서는 안 된다</u>. 미결수용자가 작업을 선택한 경우 <u>보수가 지급</u>되어야 한다.

제120조

① <u>미결수용자의 변호를 위한 법률자문가 또는 법률구조 제공자에 대한 권리와 지원</u> 방식은 제61조에 명시된 원칙에 입각하여 결정되어야 한다.

② 미결수용자는 자신의 변호를 준비하기 위해 필기도구를 제공받을 것을 요청할 수 있으며 <u>자신의 법률자문가 또는 법률구조 제공자에게 기밀로 요구사항을 전달</u>할 수 있어야 한다.

02 교도관직무규칙

🗆 제1장 총칙

■ 제1절 통칙

제1조 목적

이 규칙은 「형의 집행 및 수용자의 처우에 관한 법률」의 시행을 위하여 교도관의 직무에 관한 사항을 정함을 목적으로 한다.

제2조 정의

이 규칙에서 사용하는 용어의 뜻은 다음과 같다.

1. "교도관"이란 다음 각 목의 어느 하나에 해당하는 업무를 담당하는 공무원을 말한다.

   가. 수용자의 구금 및 형의 집행

   나. 수용자의 지도, 처우 및 계호(戒護)

   다. 수용자의 보건 및 위생

   라. 수형자의 교도작업 및 직업능력개발훈련

   마. 수형자의 교육·교화프로그램 및 사회복귀 지원

   바. 수형자의 분류심사 및 가석방

   사. 교도소·구치소 및 그 지소(支所)(이하 "교정시설"이라 한다)의 경계(警戒) 및 운영·관리

   아. 그 밖의 교정행정에 관한 사항

2. "교정직 교도관"이란 「공무원임용령」 별표 1에 따른 교정직렬공무원을 말한다.

3. "직업훈련 교도관"이란 「전문경력관 규정」 제2조 제1항에 따른 전문경력관 임용절차에 따라 임용된 사람으로서 「국민 평생 직업능력 개발법」 제33조에 따른 직업능력개발훈련교사를 말한다.

4. "보건위생직 교도관"이란 「공무원임용령」 별표 1에 따른 의무·약무·간호·의료기술·식품위생직렬공무원을 말하며, 해당 직렬에 따라 각각 의무직교도관, 약무직교도관, 간호직교도관, 의료기술직교도관, 식품위생직교도관으로 한다.

5. "기술직 교도관"이란 「공무원임용령」 별표 1에 따른 공업·농업·시설·전산·방송통신·운전직렬공무원을 말한다.

6. "관리운영직 교도관"이란 「공무원임용령」 별표 1에 따른 관리운영직군공무원을 말한다.

7. "상관"이란 직무수행을 할 때 다른 교도관을 지휘·감독할 수 있는 직위나 직급에 있는 교도관을 말한다.

8. "당직간부"란 교정시설의 장(이하 "소장"이라 한다)이 지명하는 교정직교도관으로서 보안과의 보안업무 전반에 걸쳐 보안과장을 보좌하고, 휴일 또는 야간(당일 오후 6시부터 다음날 오전 9시까지를 말한다. 이하 같다)에 소장을 대리하는 사람을 말한다. 21. 교정71)

■ 제2절 근무의 일반원칙

제5조 근무의 구분

① 교도관의 근무는 그 내용에 따라 보안근무와 사무근무로 구분하고, 보안근무는 근무 방법에 따라 주간근무와 주·야간 교대 근무(이하 "교대근무"라 한다)로 구분한다.

제6조 직무의 우선순위

수용자의 도주, 폭행, 소요, 자살 등 구금목적을 해치는 행위에 관한 방지 조치는 다른 모든 직무에 우선한다. 20. 교정7★ 2)

제7조 직무의 처리

교도관은 직무를 신속·정확·공정하게 처리하고, 그 결과를 지체 없이 상관에게 문서 또는 구두로 보고하여야 한다. 다만, 상관으로부터 특별히 명령받은 직무로서 그 직무처리에 많은 시일이 걸리는 경우에는 그 중간 처리 상황을 보고하여야 한다. 19. 승진★

제8조 근무장소 이탈금지

교도관은 상관의 허가 없이 또는 정당한 사유 없이 근무장소를 이탈하거나 근무장소 외의 장소에 출입하지 못한다.

제9조 교도관의 공동근무

소장은 2명 이상의 교도관을 공동으로 근무하게 하는 경우에는 책임자를 지정하고 직무를 분담시켜 책임한계를 분명히 하여야 한다. 18. 승진

제10조 교도관의 지휘·감독

교도관은 직무수행을 위하여 특히 필요하다고 인정되는 경우에는 그 직무수행에 참여하는 하위직급의 다른 직군 교도관을 지휘·감독할 수 있다. 19. 승진★

제12조 수용자에 대한 호칭

수용자를 부를 때에는 수용자 번호를 사용한다. 다만, 수용자의 심리적 안정이나 교화를 위하여 필요한 경우에는 수용자 번호와 성명을 함께 부르거나 성명만을 부를 수 있다. 20. 교정7★ 3)

---

1) 당직간부란 보안과장이 지명하는 교정직교도관으로서 보안과의 보안업무 전반에 걸쳐 보안과장을 보좌하고, 휴일 또는 야간에 소장을 대리하는 사람을 말한다. (   ) ▶ ×
2) 수용자의 도주, 폭행, 소요, 자살 등 구금목적을 해치는 행위에 관한 방지 조치는 다른 모든 직무에 우선한다. (   ) ▶ ○
3) 수용자를 부를 때에는 수용자 번호와 성명을 함께 부르는 것이 원칙이다. (   ) ▶ ×

제13조 수용기록부 등의 관리 등

② 교도관은 제1항에 따른 <u>수용자의 신상 관계 서류를 공무상으로 사용하기 위하여 열람·복사 등을 하려면 상관의 허가를</u> 받아야 한다. 18. 승진

제14조 수용자의 손도장 증명

① <u>수용자가 작성한 문서로서</u> 해당 수용자의 날인이 필요한 것은 <u>오른손 엄지손가락으로</u> 손도장을 찍게 한다. 다만, 수용자가 오른손 엄지손가락으로 손도장을 찍을 수 없는 경우에는 <u>다른 손가락으로</u> 손도장을 찍게 하고, 그 손도장 옆에 어느 손가락인지를 기록하게 한다. 20. 교정[4])

② 제1항의 경우에는 문서 작성 시 <u>참여한 교도관이 서명 또는 날인하여 해당 수용자의 손도장임을 증명하여야</u> 한다.

제15조 비상소집 응소

교도관은 천재지변이나 그 밖의 중대한 사태가 발생하여 비상소집 명령을 받은 경우에는 지체 없이 소집에 응하여 상관의 지시를 받아야 한다.

제16조 소방기구 점검 등

소장은 교도관으로 하여금 매월 1회 이상 소화기 등 소방기구를 점검하게 하고 그 사용법의 교육과 소방훈련을 하게 하여야 한다. 21. 교정[5])

■ 제3절 근무시간

제18조 보안근무자의 근무시간

① 보안근무자의 근무시간은 다음과 같다.
  1. 주간근무: 1일 주간 8시간 18. 승진
  2. 교대근무: 제1부, 제2부, 제3부 및 제4부의 4개 부로 나누어 서로 교대하여 근무하게 한다. 다만, 소장은 교정직교도관의 부족 등 근무의 형편상 부득이한 경우에는 교대근무자를 제1부와 제2부의 2개 부 또는 제1부, 제2부 및 제3부의 3개 부로 나누어 근무하게 할 수 있다.

제20조 근무시간 연장 등

① 소장은 교도관의 부족, 직무의 특수성 등 근무의 형편에 따라 특히 필요하다고 인정하는 경우에는 제18조와 제19조에도 불구하고 <u>근무시간을 연장하거나 조정할 수 있고 휴일 근무를 명할 수 있다.</u>

---

4) 수용자가 작성한 문서로서 해당 수용자의 날인이 필요한 것은 오른손 엄지손가락으로 손도장을 찍게 하는 것이 원칙이다. ( )
  ▶ ○
5) 소장은 교도관으로 하여금 매주 1회 이상 소화기 등 소방기구를 점검하게 하고 그 사용법의 교육과 소방훈련을 하게 하여야 한다. ( )
  ▶ ×

■ 제4절 교도관회의

제21조 교도관회의의 설치

소장의 자문에 응하여 교정행정에 관한 중요한 시책의 집행 방법 등을 심의하게 하기 위하여 소장 소속의 교도관회의(이하 이 절에서 "회의"라 한다)를 둔다.

제22조 회의의 구성과 소집

① 회의는 소장, 부소장 및 각 과의 과장과 소장이 지명하는 6급 이상의 교도관(지소의 경우에는 7급 이상의 교도관)으로 구성된다.

② 소장은 회의의 의장이 되며, 매주 1회 이상 회의를 소집하여야 한다.

제24조 서기

① 소장은 회의의 사무를 원활히 처리하기 위하여 총무과(지소의 경우에는 총무계) 소속의 교도관 중에서 서기 1명을 임명하여야 한다.

☐ 제2장 교정직교도관의 직무

■ 제1절 직무통칙

제25조 교정직교도관의 직무

① 교정직교도관은 다음 각 호의 사무를 담당한다.

　1. 수용자에 대한 지도·처우·계호

　2. 삭제

　3. 교정시설의 경계

　4. 교정시설의 운영·관리

　5. 그 밖의 교정행정에 관한 사항

② 소장은 제1항에도 불구하고 교정시설의 운영을 위하여 특히 필요하다고 인정하는 경우에는 교정직교도관으로 하여금 그 밖의 교도관의 직무를 수행하게 할 수 있다.

제31조 수용자의 의류 등의 관리

① 교정직교도관은 수용자가 지급받은 의류, 침구, 그 밖의 생활용품(이하 이 조에서 "의류등"이라 한다)을 낭비하지 아니하도록 지도하여야 한다.

② 교정직교도관은 수용자의 의류등이 오염되거나 파손된 경우에는 상관에게 보고하고, 상관의 지시를 받아 교환·수리·세탁·소독 등 적절한 조치를 하여야 한다. 23. 경채

제32조 수용자의 청원 등 처리

① 교정직교도관은 수용자가 「형의 집행 및 수용자의 처우에 관한 법률」(이하 "법"이라 한다) 제117조에 따른 청원, 「국가인권위원회법」 제31조에 따른 진정 및 「공공기관의 정보공개에 관한 법률」에 따른 정보공개청구 등을 하는 경우에는 지체 없이 상관에게 보고하여야 한다. 10. 교정9

② 수용자가 상관 등과의 면담을 요청한 경우에는 그 사유를 파악하여 상관에게 보고하여야 한다. 10. 교정9

제34조 계호의 원칙

교정직교도관이 수용자를 계호할 때에는 수용자를 자신의 시선 또는 실력지배권 밖에 두어서는 아니 된다.

제35조 인원점검 등

① 소장은 당직간부의 지휘 아래 교정직교도관으로 하여금 전체 수용자를 대상으로 하는 인원점검을 매일 2회 이상 충분한 사이를 두고 하게 하여야 한다. 23. 경채

③ 교정직교도관은 자신이 담당하는 수용자를 대상으로 작업을 시작하기 전과 마친 후, 인원변동 시 등에 수시로 인원점검을 하여야 한다.

④ 교정직교도관은 수용자가 작업·운동 등 동작 중인 경우에는 항상 시선으로 인원에 이상이 있는지를 파악하여야 한다.

제36조 야간 거실문의 개폐

① 교정직교도관은 일과종료(작업·교육 등 일과를 마치고 수용자를 거실로 들여보낸 다음 거실문을 잠그는 것을 말한다. 이하 같다) 후부터 그 다음날 일과시작(작업·교육 등 일과를 위하여 수용자를 거실에서 나오게 하기 위하여 거실문을 여는 것을 말한다. 이하 같다) 전까지는 당직간부의 허가를 받아 거실문을 여닫거나 수용자를 거실 밖으로 나오게 할 수 있다. 다만, 자살, 자해, 응급환자 발생 등 사태가 급박하여 당직간부의 허가를 받을 시간적 여유가 없는 경우에는 그러하지 아니하다.

② 제1항에 따라 거실문을 여닫거나 수용자를 거실 밖으로 나오게 하는 경우에는 사전에 거실 내 수용자의 동정(動靜)을 확인하여야 하고, 제1항 단서의 경우가 아니면 2명 이상의 교정직교도관이 계호하여야 한다.

제37조 징벌대상행위의 보고 등

① 교정직교도관은 수용자가 법 제107조 각 호의 어느 하나에 해당하는 행위(이하 "징벌대상행위"라 한다)를 하는 경우에는 지체 없이 상관에게 보고하여야 한다. 다만, 수용자가 도주, 소요, 폭동 등 특히 중대한 징벌대상행위를 한 경우에는 지체 없이 비상신호나 그 밖의 방법으로 보안과에 알리는 등 체포 및 진압을 위한 모든 수단을 동원함과 동시에 상관에게 보고하여야 한다.

② 교정직교도관은 제1항에도 불구하고 도주하는 수용자를 체포할 기회를 잃을 염려가 있는 경우에는 지체 없이 그를 추격하여야 한다.

제38조 재난 시의 조치

교정직교도관은 천재지변이나 그 밖의 재해가 발생한 경우에는 수용자의 계호를 특히 엄중하게 하고, 상관의 지휘를 받아 적절한 피난 준비를 하여야 한다. 다만, 상관의 지휘를 받을 시간적 여유가 없는 경우에는 수용자의 생명과 안전을 위한 대피 등의 조치를 최우선적으로 하여야 한다.

제40조 수용자의 호송

① 교정직교도관이 수용자를 교정시설 밖으로 호송(護送)하는 경우에는 미리 호송계획서를 작성하여 상관에게 보고하여야 한다. 21. 교정7

② 교정직교도관은 수용자의 호송 중 도주 등의 사고가 발생하지 아니하도록 수용자의 동정을 철저히 파악하여야 한다.

제41조 접견 참여 등

① 교정직교도관이 「형의 집행 및 수용자의 처우에 관한 법률 시행령」(이하 이 조에서 "영"이라 한다) 제62조 제1항에 따라 수용자의 접견에 참여하는 경우에는 수용자와 그 상대방의 행동·대화내용을 자세히 관찰하여야 한다. 20. 교정7[6)]

제42조 정문 근무

① 정문에 근무하는 교정직교도관(이하 이 조에서 "정문근무자"라 한다)은 정문 출입자와 반출·반입 물품을 검사·단속하여야 한다.

② 정문근무자는 제1항의 검사·단속을 할 때 특히 필요하다고 인정하는 경우에는 출입자의 신체와 휴대품을 검사할 수 있다. 이 경우 검사는 필요한 최소한도의 범위에서 하여야 하며, 출입자 중 여성에 대한 검사는 여성교도관이 하여야 한다.

④ 정문근무자는 수용자의 취침 시간부터 기상 시간까지는 당직간부의 허가 없이 정문을 여닫을 수 없다. 21. 교정7★[7)]

제44조 사형 집행

사형집행은 상관의 지시를 받은 교정직교도관이 하여야 한다.

■ 제2절 당직간부의 직무

제49조 당직간부의 편성

① 당직간부는 교대근무의 각 부별로 2명 이상 편성한다. 이 경우 정(正)당직간부는 1명, 부(副)당직간부는 1명 이상으로 한다. 23. 경채

② 당직간부는 교정관 또는 교감으로 임명한다. 다만, 교정시설의 사정에 따라 결원의 범위에서 교위 중 적임자를 선정해 당직간부에 임명할 수 있다. 23. 경채

제55조 비상소집망 점검

당직간부는 매주 1회 이상 교도관의 비상소집망을 확인하여 정확하게 유지하도록 하여야 한다. 18. 승진

---

6) 교정직교도관이 수용자의 접견에 참여하는 경우에는 수용자와 그 상대방의 행동·대화내용을 자세히 관찰하여야 한다. ( )
▶ ○

7) 정문근무자는 수용자의 취침 시간부터 기상 시간까지는 보안과장의 허가 없이 정문을 여닫을 수 없다. ( )
▶ ×

제56조 수용 · 석방사무의 감독

① 당직간부는 교정시설에 수용되거나 교정시설에서 석방되는 사람의 신상을 직접 확인하는 등 수용 및 석방에 관한 사무를 감독하여야 한다.

② 출정(出廷)감독자는 법원에서 무죄판결 등 구속영장이 실효되는 판결이 선고되어 즉시 석방되는 사람의 신상을 직접 확인하는 등 석방에 관한 사무를 감독하여야 한다. 18. 승진

■ 제3절 사회복귀업무 교도관의 직무

제63조 교화상담

① 사회복귀업무 교도관은 수형자 중 환자, 계호상 독거(獨居)수용자 및 징벌자에 대하여 처우상 필요하다고 인정하는 경우에는 수시로 교화상담(수형자 특성을 고려하여 적당한 장소와 시기에 하는 개별적인 교화활동을 말한다. 이하 같다)을 하여야 한다. 다만, 해당 수형자가 환자인 경우에는 의무직교도관(공중보건의를 포함한다)의 의견을 들어야 한다.

② 사회복귀업무 교도관은 신입수형자와 교화상담을 하여야 한다. 다만, 다른 교정시설로부터 이송되어 온 수형자는 필요하다고 인정되는 경우에 할 수 있다. 18. 승진

③ 사회복귀업무 교도관은 사형확정자나 사형선고를 받은 사람의 심리적 안정을 위하여 수시로 상담을 하여야 하며, 필요하다고 인정하는 경우에는 외부인사와 결연을 주선하여 수용생활이 안정되도록 하여야 한다.

■ 제4절 분류심사업무 교도관의 직무

제68조 분류검사

분류심사업무 교도관은 개별처우계획을 수립하기 위하여 수형자의 인성, 지능, 적성 등을 측정 · 진단하기 위한 검사를 한다. 18. 승진

제69조 교정성적 평가

분류심사업무 교도관은 매월 수형자의 교정성적을 평가하고 일정 기간마다 개별처우계획을 변경하기 위하여 필요한 평가자료를 확보하여야 한다.

📖 제3장 기술·관리운영 직군 교도관의 직무

제75조 보건위생직교도관의 직무

② 보건위생직교도관은 직무상 필요한 경우에 수용자를 동행 계호할 수 있다.

제77조 감염병 환자 및 응급환자의 진료

① 의무관은 감염병 환자가 발생했거나 발생할 우려가 있는 경우에는 지체 없이 소장에게 보고해야 하며, 그 치료와 예방에 노력해야 한다.

② 의무관은 응급환자가 발생한 경우에는 정상 근무시간이 아니더라도 지체 없이 출근하여 진료해야 한다.

제79조 수용자의 의사에 반하는 의료조치

① 의무관은 법 제40조 제2항의 조치(→ 수용자가 진료 또는 음식물의 섭취를 계속 거부하여 그 생명에 위험을 가져올 급박한 우려가 있을 때 적당한 진료 또는 영양보급 등의 조치)를 위하여 필요하다고 인정하는 경우에는 의료과에 근무하는 교정직교도관(의료과에 근무하는 교정직교도관이 없거나 부족한 경우에는 당직간부)에게 법 제100조(→ 강제력의 행사)에 따른 조치를 하도록 요청할 수 있다.

제80조 의약품의 관리

① 약무직교도관은 의약품을 교도관용, 수용자용 등으로 용도를 구분하여 보관해야 한다.

② 제1항에 따른 수용자용 의약품은 예산으로 구입한 것과 수용자 또는 수용자 가족 등이 구입한 것으로 구분하여 보관해야 한다.

③ 유독물은 잠금장치가 된 견고한 용기에 넣어 출입문 잠금장치가 이중으로 되어 있는 장소에 보관·관리해야 한다. 다만, 보관장소의 부족 등 부득이한 경우에는 이중 잠금장치가 된 견고한 용기에 넣어 보관·관리할 수 있다.

④ 약무직교도관은 천재지변이나 그 밖의 중대한 사태에 대비해 필요한 약품을 확보해야 하며, 월 1회 이상 그 수량 및 보관상태 등을 점검한 후 점검 결과를 상관에게 보고해야 한다. 23. 경채

제81조 교정직교도관 등에 대한 의료교육

① 의무관은 의료과 및 의료수용동 등에 근무하는 교정직교도관에 대해 월 1회 이상 감염병 예방, 소독, 그 밖의 의료업무 수행에 필요한 소양교육을 해야 한다.

② 의무관은 간병수용자에 대해 간호방법, 구급요법 등 간호에 필요한 사항을 훈련시켜야 한다.

③ 의무관은 교도관에 대해 연 1회 이상 간호방법, 심폐소생술, 응급처치 등의 교육을 해야 한다.

제82조 사망진단서 작성

의무관은 수용자가 교정시설에서 사망한 경우에는 검시(檢屍)를 하고 사망진단서를 작성하여야 한다. 23. 경채

제84조 위생검사

① 의무관은 매일 1회 이상 의료수용동의 청결, 온도, 환기, 그 밖의 사항을 확인하여야 한다.

② 의무관은 교정시설의 모든 설비와 수용자가 사용하는 물품 또는 급식 등에 관하여 매주 1회 이상 전반적으로 그 위생에 관계된 사항을 확인하여야 하고, 그 결과 특히 중요한 사항은 소장에게 보고하여야 한다.

제86조 기술직교도관의 직무

② 기술직교도관은 직무를 수행하기 위하여 필요한 경우에는 수용자를 동행·계호할 수 있다.

제90조 관리운영직교도관의 직무

② 관리운영직교도관은 직무를 수행하기 위하여 필요한 경우에는 수용자를 동행·계호할 수 있다.

제4장 직업훈련교도관의 직무

제93조 직업훈련교도관의 직무

① 직업훈련교도관은 수형자의 직업능력개발훈련(이하 이 절에서 "훈련"이라 한다)에 관한 사무와 그 밖의 교정 행정에 관한 사항을 담당하며, 직무수행상 필요한 경우에는 수용자를 동행·계호할 수 있다.

03 민영교도소 등의 설치·운영에 관한 법률

📖 제1장 총칙

제1조 목적

이 법은 「형의 집행 및 수용자의 처우에 관한 법률」 제7조에 따라 교도소 등의 설치·운영에 관한 업무의 일부를 민간에 위탁하는 데에 필요한 사항을 정함으로써 교도소 등의 운영의 효율성을 높이고 수용자의 처우 향상과 사회 복귀를 촉진함을 목적으로 한다.

제2조 정의

이 법에서 사용하는 용어의 뜻은 다음과 같다.

1. "교정업무(矯正業務)"란 「형의 집행 및 수용자의 처우에 관한 법률」 제2조 제4호에 따른 수용자(이하 "수용자"라 한다)의 수용·관리, 교정(矯正)·교화(敎化), 직업교육, 교도작업(矯導作業), 분류·처우, 그 밖에 「형의 집행 및 수용자의 처우에 관한 법률」에서 정하는 업무를 말한다.
2. "수탁자(受託者)"란 제3조에 따라 교정업무를 위탁받기로 선정된 자를 말한다.
3. "교정법인"이란 법무부장관으로부터 교정업무를 포괄적으로 위탁받아 교도소·소년교도소 또는 구치소 및 그 지소(이하 "교도소등"이라 한다)를 설치·운영하는 법인을 말한다.
4. "민영교도소등"이란 교정법인이 운영하는 교도소등을 말한다.

제3조 교정업무의 민간 위탁

① 법무부장관은 필요하다고 인정하면 이 법에서 정하는 바에 따라 교정업무를 공공단체 외의 법인·단체 또는 그 기관이나 개인에게 위탁할 수 있다. 다만, 교정업무를 포괄적으로 위탁하여 한 개 또는 여러 개의 교도소 등을 설치·운영하도록 하는 경우에는 법인에만 위탁할 수 있다. 23. 교정7★ 1)

제4조 위탁계약의 체결

① 법무부장관은 교정업무를 위탁하려면 수탁자와 대통령령으로 정하는 방법으로 계약(이하 "위탁계약"이라 한다)을 체결하여야 한다.
② 법무부장관은 필요하다고 인정하면 민영교도소등의 직원이 담당할 업무와 민영교도소등에 파견된 소속 공무원이 담당할 업무를 구분하여 위탁계약을 체결할 수 있다.
③ 법무부장관은 위탁계약을 체결하기 전에 계약 내용을 기획재정부장관과 미리 협의하여야 한다. 23. 교정72)

---

1) 법무부장관은 교정업무를 포괄적으로 위탁하여 교도소를 설치·운영하도록 하는 경우 개인에게 위탁할 수 있다. ( ) ▶ ×
2) 법무부장관은 위탁계약을 체결하기 전에 계약 내용을 기획재정부장관과 미리 협의하여야 한다. ( ) ▶ ○

④ <u>위탁계약의 기간은 다음 각 호와 같이 하되, 그 기간은 갱신할 수 있다.</u> 23. 교정7 ★ 3)

   1. <u>수탁자가 교도소등의 설치비용을 부담하는 경우: 10년 이상 20년 이하</u>

   2. <u>그 밖의 경우: 1년 이상 5년 이하</u>

제5조 위탁계약의 내용

① 위탁계약에는 다음 각 호의 사항이 포함되어야 한다.

   1. 위탁업무를 수행할 때 수탁자가 제공하여야 하는 시설과 교정업무의 기준에 관한 사항

   2. 수탁자에게 지급하는 위탁의 대가와 그 금액의 조정 및 지급 방법에 관한 사항

   3. 계약기간에 관한 사항과 계약기간의 수정·갱신 및 계약의 해지에 관한 사항

   4. <u>교도작업에서의 작업장려금·위로금 및 조위금 지급에 관한 사항</u>

   5. 위탁업무를 재위탁할 수 있는 범위에 관한 사항

   6. 위탁수용 대상자의 범위에 관한 사항

   7. 그 밖에 법무부장관이 필요하다고 인정하는 사항

제6조 위탁업무의 정지

① 법무부장관은 수탁자가 이 법 또는 이 법에 따른 명령이나 처분을 위반하면 <u>6개월 이내의 기간을 정하여 위탁업무의 전부 또는 일부의 정지를 명할 수 있다.</u> 23. 교정7 ★ 4)

② 법무부장관은 제1항에 따른 정지명령을 한 경우에는 <u>소속 공무원에게 정지된 위탁업무를 처리하도록 하여야</u> 한다.

🔲 제2장 교정법인

제10조 교정법인의 정관 변경 등

① 제3조 제1항 단서에 따라 교정업무를 위탁받은 법인은 위탁계약을 이행하기 전에 <u>법인의 목적사업에 민영교도소등의 설치·운영이 포함되도록 정관을 변경하여야 한다.</u>

② 제1항에 따른 정관 변경과 교정법인의 정관 변경은 <u>법무부장관의 인가</u>를 받아야 한다. 다만, 대통령령으로 정하는 <u>경미한 사항의 변경은 법무부장관에게 신고</u>하여야 한다. 11. 특채

제11조 임원

① 교정법인은 이사 중에서 위탁업무를 전담하는 자를 선임하여야 한다.

---

3) 수탁자가 교도소의 설치비용을 부담하는 경우가 아니라면 위탁계약의 기간은 6년 이상 10년 이하로 하며, 그 기간은 갱신이 가능하다. (　)   ▶ ×

4) 법무부장관은 수탁자가 이 법 또는 이 법에 따른 명령이나 처분을 위반하면 6개월 이내의 기간을 정하여 위탁업무의 전부 또는 일부의 정지를 명할 수 있다. (　)   ▶ ○

② 교정법인의 대표자 및 감사와 제1항에 따라 <u>위탁업무를 전담하는 이사</u>(이하 "임원"이라 한다)는 법무부장관의 승인을 받아 취임한다. 24. 교정95)

③ 교정법인 <u>이사의 과반수</u>는 대한민국 국민이어야 하며, 이사의 5분의 1 이상은 교정업무에 종사한 경력이 5년 이상이어야 한다. 19. 승진★

제13조 임원 등의 겸직 금지

① 교정법인의 대표자는 그 교정법인이 운영하는 <u>민영교도소등의 장을 겸할 수 없다.</u> 22. 교정7★6)

② <u>이사</u>는 <u>감사</u>나 해당 교정법인이 운영하는 <u>민영교도소등의 직원</u>(민영교도소등의 장은 제외)을 겸할 수 없다. 19. 승진

③ 감사는 교정법인의 <u>대표자·이사 또는 직원</u>(그 교정법인이 운영하는 <u>민영교도소등의 직원을 포함</u>)을 겸할 수 없다. 19. 승진

제14조 재산

① 교정법인은 대통령령으로 정하는 기준에 따라 민영교도소등의 운영에 필요한 기본재산을 갖추어야 한다.

② 교정법인은 <u>기본재산</u>에 대하여 다음 각 호의 행위를 하려면 <u>법무부장관의 허가</u>를 받아야 한다. 다만, 대통령령으로 정하는 <u>경미한 사항은 법무부장관에게 신고</u>하여야 한다. 20. 교정97)

　1. 매도·증여 또는 교환

　2. 용도 변경

　3. 담보 제공

　4. 의무의 부담이나 권리의 포기

③ 교정법인의 재산 중 교도소등 수용시설로 직접 사용되고 있는 것으로서 대통령령으로 정하는 것은 국가 또는 다른 교정법인 외의 자에게 매도·증여 또는 교환하거나 담보로 제공할 수 없다.

제15조 회계의 구분

① <u>교정법인의 회계</u>는 그가 운영하는 민영교도소등의 설치·운영에 관한 회계와 법인의 일반업무에 관한 회계로 구분한다.

② 제1항에 따른 민영교도소등의 설치·운영에 관한 회계는 <u>교도작업회계와 일반회계</u>로 구분하며, 각 회계의 세입·세출에 관한 사항은 대통령령으로 정한다. 20. 교정98)

③ 제1항에 따른 법인의 일반업무에 관한 회계는 일반업무회계와 수익사업회계로 구분할 수 있다.

④ 제2항에 따른 <u>민영교도소등의 설치·운영에 관한 회계의 예산은 민영교도소등의 장이 편성</u>하여 <u>교정법인의 이사회가 심의·의결</u>하고 민영교도소등의 장이 집행한다.

---

5) 교정법인은 이사 중에서 위탁업무를 전담하는 자를 선임(選任)하여야 하며, 위탁업무를 전담하는 이사는 법무부장관의 승인을 받아 취임한다. (　)　　　　　　　　　　　　　　　　　　　　　　　　　　　　▶ ○

6) 교정법인의 대표자는 그 교정법인이 운영하는 민영교도소 등의 장을 겸할 수 없다. (　)　　　　　　　　▶ ○

7) 교정법인은 기본재산에 대하여 용도변경 또는 담보제공의 행위를 하려면 기획재정부장관의 허가를 받아야 한다. (　) ▶ ×

8) 민영교도소등의 설치·운영에 관한 회계는 교도작업회계와 일반회계로 구분하며, 민영교도소에 수용된 수용자가 작업하여 발생한 수입은 국고수입으로 한다. (　)　　　　　　　　　　　　　　　　　　　　　　　　▶ ○

제17조 합병 및 해산의 인가

① 교정법인이 다음 각 호의 어느 하나에 해당하는 행위를 하려면 법무부장관의 인가를 받아야 한다.
   1. 다른 법인과의 합병
   2. 회사인 경우 분할 또는 분할합병
   3. 해산

제18조 잔여재산의 귀속

① 해산한 교정법인의 잔여재산 귀속은 합병하거나 파산한 경우가 아니면 정관으로 정하는 바에 따른다.
② 제1항에 따라 처분되지 아니한 교정법인의 재산은 국고에 귀속한다.

🗔 제3장 민영교도소등의 설치·운영

제22조 민영교도소등의 검사

① 교정법인은 민영교도소등의 시설이 이 법과 이 법에 따른 명령 및 위탁계약의 내용에 적합한지에 관하여 법무부장관의 검사를 받아야 한다.
② 법무부장관은 제1항에 따른 검사를 한 결과 해당 시설이 이 법에 따른 수용시설로서 적당하지 아니하다고 인정되면 교정법인에 대하여 보정을 명할 수 있다.

제23조 운영 경비

① 법무부장관은 사전에 기획재정부장관과 협의하여 민영교도소등을 운영하는 교정법인에 대하여 매년 그 교도소등의 운영에 필요한 경비를 지급한다. 24. 교정9★ 9)

제24조 수용 의제

민영교도소등에 수용된 수용자는 「형의 집행 및 수용자의 처우에 관한 법률」에 따른 교도소등에 수용된 것으로 본다.

제25조 수용자의 처우

① 교정법인은 위탁업무를 수행할 때 같은 유형의 수용자를 수용·관리하는 국가운영의 교도소등과 동등한 수준 이상의 교정서비스를 제공하여야 한다. 18. 교정7
② 교정법인은 민영교도소등에 수용되는 자에게 특별한 사유가 있다는 이유로 수용을 거절할 수 없다. 다만, 수용·작업·교화, 그 밖의 처우를 위하여 특별히 필요하다고 인정되는 경우에는 법무부장관에게 수용자의 이송을 신청할 수 있다. 20. 승진★ 10)
③ 교정법인의 임직원과 민영교도소등의 장 및 직원은 수용자에게 특정 종교나 사상을 강요하여서는 아니 된다.

---

9) 법무부장관은 사전에 기획재정부장관과 협의하여 민영교도소를 운영하는 교정법인에 대하여 매년 그 교도소의 운영에 필요한 경비를 지급한다. ( )　　　　　　　　　　　　　　　　　　　　　　　　　▶ ○
10) 교정법인은 민영교도소 등에 수용되는 자에게 수용관리·처우 목적상 특별한 사유가 있을 경우 수용을 거절할 수 있다. ( )
　　▶ ✕

제26조 작업 수입

민영교도소등에 수용된 수용자가 작업하여 생긴 수입은 국고수입으로 한다. 22. 교정7★ 11)

제27조 보호장비의 사용 등

① 민영교도소등의 장은 제40조에 따라 준용되는 「형의 집행 및 수용자의 처우에 관한 법률」 제37조 제1항·제2항(→ 외부의료시설에서 진료, 치료감호시설로 이송), 제63조 제3항(→ 외부교육기관에 통학·위탁교육), 제68조 제1항(→ 외부통근작업), 제77조 제1항(→ 일반귀휴), 제97조(→ 보호장비의 사용), 제100조부터 제102조까지(→ 강제력의 행사, 무기의 사용, 재난시의 조치) 및 제107조부터 제109조까지(→ 징벌, 징벌의 종류, 징벌의 부과)의 규정에 따른 처분 등을 하려면 제33조 제2항에 따라 법무부장관이 민영교도소등의 지도·감독을 위하여 파견한 소속 공무원(이하 이 조에서 "감독관"이라 한다)의 승인을 받아야 한다. 다만, 긴급한 상황으로 승인을 받을 만한 시간적 여유가 없을 때에는 그 처분 등을 한 후 즉시 감독관에게 알려서 승인을 받아야 한다.

② 민영교도소등의 장은 제40조에 따라 준용되는 「형의 집행 및 수용자의 처우에 관한 법률」 제121조 제1항에 따른 가석방 적격심사를 신청하려면 감독관의 의견서를 첨부하여야 한다.

③ 민영교도소등의 장은 제40조에 따라 준용되는 「형의 집행 및 수용자의 처우에 관한 법률」 제123조에 따른 석방을 하려면 관계 서류를 조사한 후 감독관의 확인을 받아 석방하여야 한다.

☐ 제4장 민영교도소등의 직원

제28조 결격사유

다음 각 호의 어느 하나에 해당하는 자는 민영교도소등의 직원으로 임용될 수 없으며, 임용 후 다음 각 호의 어느 하나에 해당하는 자가 되면 당연히 퇴직한다.

1. 대한민국 국민이 아닌 자 22. 교정7 12)
2. 「국가공무원법」 제33조 각 호의 어느 하나에 해당하는 자
3. 제12조에 따라 임원취임 승인이 취소된 후 2년이 지나지 아니한 자
4. 제36조에 따른 해임명령으로 해임된 후 2년이 지나지 아니한 자

제29조 임면 등

① 교정법인의 대표자는 민영교도소등의 직원을 임면한다. 다만, 민영교도소등의 장 및 대통령령으로 정하는 직원(→ 교도소등에 두는 과의 과장 이상의 직에 준하는 직위의 직원)을 임면(→ 임명·해임)할 때에는 미리 법무부장관의 승인을 받아야 한다. 16. 교정7★

② 교정법인의 대표자는 민영교도소등의 장 외의 직원을 임면할 권한을 민영교도소등의 장에게 위임할 수 있다. 24. 교정9 13)

---

11) 민영교도소 등에 수용된 수용자가 작업하여 생긴 수입은 국고수입으로 한다. (   )　　　▶ ○
12) 대한민국 국민이 아닌 자는 민영교도소의 직원으로 임용될 수 없다. (   )　　　▶ ○
13) 교정법인의 대표자는 민영교도소의 장 외의 직원을 임면할 권한을 민영교도소의 장에게 위임할 수 있다. (   )　　　▶ ○

제30조 직원의 직무

① 민영교도소등의 직원은 대통령령으로 정하는 바에 따라 「형의 집행 및 수용자의 처우에 관한 법률」에 따른 교도관의 직무를 수행한다.

제31조 제복 착용과 무기 구입

① 민영교도소등의 직원은 근무 중 법무부장관이 정하는 제복을 입어야 한다. 20. 교정9[14]
② 민영교도소등의 운영에 필요한 무기는 해당 교정법인의 부담으로 법무부장관이 구입하여 배정한다. 16. 교정7

🗒 제5장 지원·감독 등

제32조 지원

법무부장관은 필요하다고 인정하면 직권으로 또는 해당 교정법인이나 민영교도소등의 장의 신청을 받아 민영교도소등에 소속 공무원을 파견하여 업무를 지원하게 할 수 있다.

제33조 감독 등

① 법무부장관은 민영교도소등의 업무 및 그와 관련된 교정법인의 업무를 지도·감독하며, 필요한 경우 지시나 명령을 할 수 있다. 다만, 수용자에 대한 교육과 교화프로그램에 관하여는 그 교정법인의 의견을 최대한 존중하여야 한다. 22. 교정7★ [15]
② 법무부장관은 제1항에 따른 지도·감독상 필요하다고 인정하면 민영교도소등에 소속 공무원을 파견하여 그 민영교도소등의 업무를 지도·감독하게 하여야 한다.

제34조 보고·검사

① 민영교도소등의 장은 대통령령으로 정하는 바에 따라 매월 또는 분기마다 다음 각 호의 사항을 법무부장관에게 보고하여야 한다.
  1. 수용 현황
  2. 교정 사고의 발생 현황 및 징벌 현황
  3. 무기 등 보안장비의 보유·사용 현황
  4. 보건의료서비스와 주식·부식의 제공 현황
  5. 교육·직업훈련 등의 실시 현황
  6. 외부 통학, 외부 출장 직업훈련, 귀휴, 사회 견학, 외부 통근 작업 및 외부 병원 이송 등 수용자의 외부 출입 현황

---

14) 민영교도소등의 직원은 근무 중 법무부장관이 정하는 제복을 입어야 한다. ( )　　　　　　▶ ○
15) 검찰총장은 민영교도소의 업무 및 그와 관련된 교정법인의 업무를 지도·감독하며, 필요한 경우 지시나 명령을 할 수 있지만, 수용자에 대한 교육과 교화프로그램에 관하여는 그 교정법인의 의견을 최대한 존중하여야 한다. ( )　　　　　　▶ ×

7. 교도작업의 운영 현황

8. 직원의 인사·징계에 관한 사항

9. 그 밖에 법무부장관이 필요하다고 인정하는 사항

제35조 위탁업무의 감사

① 법무부장관은 위탁업무의 처리 결과에 대하여 매년 1회 이상 감사를 하여야 한다.

② 법무부장관은 제1항에 따른 감사 결과 위탁업무의 처리가 위법 또는 부당하다고 인정되면 해당 교정법인이나 민영교도소등에 대하여 적절한 시정조치를 명할 수 있으며, 관계 임직원에 대한 인사 조치를 요구할 수 있다.

제36조 징계처분명령 등

① 법무부장관은 민영교도소등의 직원이 위탁업무에 관하여 이 법 또는 이 법에 따른 명령이나 처분을 위반하면 그 직원의 임면권자에게 해임이나 정직·감봉 등 징계처분을 하도록 명할 수 있다. 20. 교정916)

📋 제6장 보칙

제37조 공무원 의제 등

① 민영교도소등의 직원은 법령에 따라 공무(公務)에 종사하는 것으로 본다.

② 교정법인의 임직원 중 교정업무를 수행하는 자와 민영교도소등의 직원은 「형법」이나 그 밖의 법률에 따른 벌칙을 적용할 때에는 공무원으로 본다.

③ 민영교도소등의 장 및 직원은 「형사소송법」이나 「사법경찰관리의 직무를 수행할 자와 그 직무범위에 관한 법률」을 적용할 때에는 교도소장·구치소장 또는 교도관리로 본다.

제38조 손해배상

① 교정법인의 임직원과 민영교도소등의 직원이 위탁업무를 수행할 때 고의 또는 과실로 법령을 위반하여 국가에 손해를 입힌 경우 그 교정법인은 손해를 배상하여야 한다.

제39조 권한의 위임

법무부장관은 이 법에 따른 권한의 일부를 관할 지방교정청장에게 위임할 수 있다. 24. 교정917)

---

16) 법무부장관은 민영교도소등의 직원이 위탁업무에 관하여 「민영교도소등의 설치·운영에 관한 법률」에 따른 명령이나 처분을 위반하면 그 직원의 임면권자에게 해임이나 정직·감봉 등 징계처분을 하도록 명할 수 있다. (   )　　▶ ○

17) 법무부장관은 「민영교도소 등의 설치·운영에 관한 법률」에 따른 권한의 일부를 교정본부장에게 위임할 수 있다. (   )　　▶ ×

제40조 「형의 집행 및 수용자의 처우에 관한 법률」의 준용

민영교도소등에 수용된 자에 관하여 성질상 허용되지 아니하는 경우와 이 법 및 위탁계약으로 달리 정한 경우 외에는 「형의 집행 및 수용자의 처우에 관한 법률」을 준용한다.

제41조 부분위탁

국가가 운영하는 교도소등의 업무 중 직업훈련·교도작업 등 일부 교정업무를 특정하여 위탁하는 경우 그 수탁자에 관하여는 성질상 허용되지 아니하는 경우와 위탁계약으로 달리 정한 경우 외에는 교정법인에 관한 규정을 준용한다.

04 형의 집행 및 수용자의 처우에 관한 법률(법) 및 동법 시행령(영)·시행규칙(규칙)

제1편 총칙

법 제1조 목적

이 법은 수형자의 교정교화와 건전한 사회복귀를 도모하고, 수용자의 처우와 권리 및 교정시설의 운영에 관하여 필요한 사항을 규정함을 목적으로 한다.

영 제1조 목적

이 영은 「형의 집행 및 수용자의 처우에 관한 법률」에서 위임된 사항과 그 시행에 필요한 사항을 규정함을 목적으로 한다.

규칙 제1조 목적

이 규칙은 「형의 집행 및 수용자의 처우에 관한 법률」 및 같은 법 시행령에서 위임된 사항과 그 시행에 필요한 사항을 규정함을 목적으로 한다.

법 제2조 정의

이 법에서 사용하는 용어의 뜻은 다음과 같다. 23. 경채★

1. "수용자"란 수형자·미결수용자·사형확정자 등 법률과 적법한 절차에 따라 교도소·구치소 및 그 지소(이하 "교정시설"이라 한다)에 수용된 사람을 말한다.
2. "수형자"란 징역형·금고형 또는 구류형의 선고를 받아 그 형이 확정되어 교정시설에 수용된 사람과 벌금 또는 과료를 완납하지 아니하여 노역장 유치명령을 받아 교정시설에 수용된 사람을 말한다.
3. "미결수용자"란 형사피의자 또는 형사피고인으로서 체포되거나 구속영장의 집행을 받아 교정시설에 수용된 사람을 말한다.
4. "사형확정자"란 사형의 선고를 받아 그 형이 확정되어 교정시설에 수용된 사람을 말한다.

규칙 제2조 정의

이 규칙에서 사용하는 용어의 뜻은 다음과 같다. 16. 경채

1. "자비구매물품"이란 수용자가 교도소·구치소 및 그 지소(이하 "교정시설"이라 한다)의 장의 허가를 받아 자신의 비용으로 구매할 수 있는 물품을 말한다.
2. "교정시설의 보관범위"란 수용자 1명이 교정시설에 보관할 수 있는 물품의 수량으로서 법무부장관이 정하는 범위를 말한다.
3. "수용자가 지닐 수 있는 범위"란 수용자 1명이 교정시설 안에서 지닌 채 사용할 수 있는 물품의 수량으로서 법무부장관이 정하는 범위를 말한다.

4. "전달금품"이란 수용자 외의 사람이 교정시설의 장(이하 "소장"이라 한다)의 허가를 받아 수용자에게 건넬 수 있는 금품을 말한다.

5. "처우등급"이란 수형자의 처우 및 관리와 관련하여 수형자를 수용할 시설, 수형자에 대한 계호의 정도, 처우의 수준 및 처우의 내용을 구별하는 기준을 말한다. 11. 교정7

6. "외부통근자"란 건전한 사회복귀와 기술습득을 촉진하기 위하여 외부기업체 또는 교정시설 안에 설치된 외부기업체의 작업장에 통근하며 작업하는 수형자를 말한다.

7. "교정장비"란 교정시설 안(교도관이 교정시설 밖에서 수용자를 계호하고 있는 경우 그 장소를 포함한다)에서 사람의 생명과 신체의 보호, 도주의 방지 및 교정시설의 안전과 질서유지를 위하여 교도관이 사용하는 장비와 기구 및 그 부속품을 말한다.

규칙 제3조 범죄횟수

① 수용자의 범죄횟수는 징역 또는 금고 이상의 형을 선고받아 확정된 횟수로 한다. 다만, 집행유예의 선고를 받은 사람이 유예기간 중 고의로 범한 죄로 금고 이상의 실형이 확정(→ 집행유예의 실효, 「형법」 제63조)되지 아니하고 그 기간이 지난 경우에는 집행이 유예된 형은 범죄횟수에 포함하지 아니한다. 18. 승진★

② 형의 집행을 종료하거나 그 집행이 면제된 날부터 다음 각 호의 기간이 지난 경우에는 범죄횟수에 포함하지 아니한다. 다만, 그 기간 중 자격정지 이상의 형을 선고받아 확정된 경우는 제외한다. 18. 승진★

 1. 3년을 초과하는 징역 또는 금고: 10년

 2. 3년 이하의 징역 또는 금고: 5년

③ 수용기록부 등 수용자의 범죄횟수를 기록하는 문서에는 필요한 경우 수용횟수(징역 또는 금고 이상의 형을 선고받고 그 집행을 위하여 교정시설에 수용된 횟수를 말한다)를 함께 기록하여 해당 수용자의 처우에 참고할 수 있도록 한다. 18. 승진

＋「형의 실효 등에 관한 법률」의 주요 내용

제2조【정의】 이 법에서 사용하는 용어의 뜻은 다음과 같다.

 1. "수형인"이란 「형법」 제41조에 규정된 형을 받은 자를 말한다.
 2. "수형인명부"란 자격정지 이상의 형을 받은 수형인을 기재한 명부로서 검찰청 및 군검찰부에서 관리하는 것을 말한다.
 3. "수형인명표"란 자격정지 이상의 형을 받은 수형인을 기재한 명표로서 수형인의 등록기준지 시·구·읍·면 사무소에서 관리하는 것을 말한다.
 4. "수사자료표"란 수사기관이 피의자의 지문을 채취하고 피의자의 인적사항과 죄명 등을 기재한 표(전산입력되어 관리되거나 자기테이프, 마이크로필름, 그 밖에 이와 유사한 매체에 기록·저장된 표를 포함한다)로서 경찰청에서 관리하는 것을 말한다.
 5. "범죄경력자료"란 수사자료표 중 다음 각 목에 해당하는 사항에 관한 자료를 말한다.
    가. 벌금 이상의 형의 선고, 면제 및 선고유예
    나. 보호감호, 치료감호, 보호관찰
    다. 선고유예의 실효
    라. 집행유예의 취소
    마. 벌금 이상의 형과 함께 부과된 몰수, 추징, 사회봉사명령, 수강명령 등의 선고 또는 처분
 6. "수사경력자료"란 수사자료표 중 벌금 미만의 형의 선고, 사법경찰관의 불송치결정 및 검사의 불기소처분에 관한 자료 등 범죄경력자료를 제외한 나머지 자료를 말한다.
 7. "전과기록"이란 수형인명부, 수형인명표 및 범죄경력자료를 말한다.

제7조【형의 실효】① 수형인이 자격정지 이상의 형을 받지 아니하고 형의 집행을 종료하거나 그 집행이 면제된 날부터 다음 각 호의 구분에 따른 기간이 경과한 때에 그 형은 실효된다. 다만, 구류와 과료는 형의 집행을 종료하거나 그 집행이 면제된 때에 그 형이 실효된다. 17. 교정9

  1. 3년을 초과하는 징역·금고: 10년

  2. 3년 이하의 징역·금고: 5년

  3. 벌금: 2년 24. 교정9[1]

② 하나의 판결로 여러 개의 형이 선고된 경우에는 각 형의 집행을 종료하거나 그 집행이 면제된 날부터 가장 무거운 형에 대한 제1항의 기간이 경과한 때에 형의 선고는 효력을 잃는다. 다만, 제1항 제1호 및 제2호를 적용할 때 징역과 금고는 같은 종류의 형으로 보고 각 형기를 합산한다. 17. 교정9

제8조【수형인명부 및 수형인명표의 정리】① 다음 각 호의 어느 하나에 해당하는 경우에는 수형인명부의 해당란을 삭제하고 수형인명표를 폐기한다.

  1. 제7조 또는 「형법」 제81조에 따라 형이 실효되었을 때 24. 교정9[2]

  2. 형의 집행유예기간이 경과한 때

  3. 자격정지기간이 경과한 때

  4. 일반사면이나 형의 선고의 효력을 상실하게 하는 특별사면 또는 복권이 있을 때

법 제3조 적용범위

이 법은 교정시설의 구내와 교도관이 수용자를 계호(戒護)하고 있는 그 밖의 장소로서 교도관의 통제가 요구되는 공간에 대하여 적용한다. 17. 교정9

법 제4조 인권의 존중

이 법을 집행하는 때에 수용자의 인권은 최대한으로 존중되어야 한다.

법 제5조 차별금지

수용자는 합리적인 이유 없이 성별, 종교, 장애, 나이, 사회적 신분, 출신지역, 출신국가, 출신민족, 용모 등 신체조건, 병력(病歷), 혼인 여부, 정치적 의견 및 성적(性的) 지향 등을 이유로 차별받지 아니한다(→ 상대적 평등).

법 제5조의2 기본계획의 수립

① 법무부장관은 이 법의 목적을 효율적으로 달성하기 위하여 5년마다 형의 집행 및 수용자 처우에 관한 기본계획(이하 "기본계획"이라 한다)을 수립하고 추진하여야 한다.

② 기본계획에는 다음 각 호의 사항이 포함되어야 한다. 19. 승진

  1. 형의 집행 및 수용자 처우에 관한 기본 방향

  2. 인구·범죄의 증감 및 수사 또는 형 집행의 동향 등 교정시설의 수요 증감에 관한 사항

---

1) 벌금형을 받은 사람이 자격정지 이상의 형을 받지 아니하고 그 형의 집행을 종료한 날부터 2년이 경과한 때에 그 형은 실효된다. ( )
  ▶ ○

2) 「형법」 제81조(형의 실효)에 따라 형이 실효되었을 때에는 수형인명부의 해당란을 삭제하고 수형인명표를 폐기한다. ( )
  ▶ ○

3. 교정시설의 수용 실태 및 적정한 규모의 교정시설 유지 방안

4. 수용자에 대한 처우 및 교정시설의 유지·관리를 위한 적정한 교도관 인력 확충 방안

5. 교도작업과 직업훈련의 현황, 수형자의 건전한 사회복귀를 위한 작업설비 및 프로그램의 확충 방안

6. 수형자의 교육·교화 및 사회적응에 필요한 프로그램의 추진방향

7. 수용자 인권보호 실태와 인권 증진 방안

8. 교정사고의 발생 유형 및 방지에 필요한 사항

9. 형의 집행 및 수용자 처우와 관련하여 관계 기관과의 협력에 관한 사항

10. 그 밖에 법무부장관이 필요하다고 인정하는 사항

③ 법무부장관은 기본계획을 수립 또는 변경하려는 때에는 법원, 검찰 및 경찰 등 관계 기관과 협의하여야 한다.

④ 법무부장관은 기본계획을 수립하기 위하여 실태조사와 수요예측 조사를 실시할 수 있다.

⑤ 법무부장관은 기본계획을 수립하기 위하여 필요하다고 인정하는 경우에는 관계 기관의 장에게 필요한 자료를 요청할 수 있다. 이 경우 자료를 요청받은 관계 기관의 장은 특별한 사정이 없으면 요청에 따라야 한다.

법 제5조의3 협의체의 설치 및 운영

① 법무부장관은 형의 집행 및 수용자 처우에 관한 사항을 협의하기 위하여 법원, 검찰 및 경찰 등 관계 기관과 협의체를 설치하여 운영할 수 있다.

② 제1항에 따른 협의체의 설치 및 운영 등에 필요한 사항은 대통령령으로 정한다. 19. 승진

영 제1조의2 협의체의 구성 및 운영 등

① 「형의 집행 및 수용자의 처우에 관한 법률」(이하 "법"이라 한다) 제5조의3에 따른 협의체(이하 "협의체"라 한다)는 위원장을 포함하여 12명의 위원으로 구성한다.

② 협의체의 위원장은 법무부차관이 되고, 협의체의 위원은 다음 각 호의 사람이 된다.

1. 기획재정부, 교육부, 법무부, 국방부, 행정안전부, 보건복지부, 고용노동부, 경찰청 및 해양경찰청 소속 고위공무원단에 속하는 공무원(국방부의 경우에는 고위공무원단에 속하는 공무원 또는 이에 상당하는 장성급 장교를, 경찰청 및 해양경찰청의 경우에는 경무관 이상의 경찰공무원을 말한다) 중에서 해당 소속 기관의 장이 지명하는 사람 각 1명

2. 법원행정처 소속 판사 또는 3급 이상의 법원일반직공무원 중에서 법원행정처장이 지명하는 사람 1명

3. 대검찰청 소속 검사 또는 고위공무원단에 속하는 공무원 중에서 검찰총장이 지명하는 사람 1명

③ 협의체의 위원장은 협의체 회의를 소집하며, 회의 개최 7일 전까지 회의의 일시·장소 및 안건 등을 각 위원에게 알려야 한다.

④ 협의체의 위원장은 협의체의 회의 결과를 위원이 소속된 기관의 장에게 통보해야 한다.

법 제6조 교정시설의 규모 및 설비

① 신설하는 교정시설은 수용인원이 500명 이내의 규모가 되도록 하여야 한다. 다만, 교정시설의 기능·위치나 그 밖의 사정을 고려하여 그 규모를 늘릴 수 있다. 23. 경채★

② 교정시설의 거실·작업장·접견실이나 그 밖의 수용생활을 위한 설비는 그 목적과 기능에 맞도록 설치되어야 한다. 특히, 거실은 수용자가 건강하게 생활할 수 있도록 적정한 수준의 공간과 채광·통풍·난방을 위한 시설이 갖추어져야 한다. 23. 경채★

③ 법무부장관은 수용자에 대한 처우 및 교정시설의 유지·관리를 위한 적정한 인력을 확보하여야 한다.

법 제7조 교정시설 설치·운영의 민간위탁

① 법무부장관은 교정시설의 설치 및 운영에 관한 업무의 일부를 법인 또는 개인에게 위탁할 수 있다. 23. 경채★

② 제1항에 따라 위탁을 받을 수 있는 법인 또는 개인의 자격요건, 교정시설의 시설기준, 수용대상자의 선정 기준, 수용자 처우의 기준, 위탁절차, 국가의 감독, 그 밖에 필요한 사항은 따로 법률(→ 민영교도소 등의 설치·운영에 관한 법률)로 정한다.

법 제8조 교정시설의 순회점검

법무부장관은 교정시설의 운영, 교도관의 복무, 수용자의 처우 및 인권실태 등을 파악하기 위하여 매년 1회 이상 교정시설을 순회점검하거나 소속 공무원으로 하여금 순회점검하게 하여야 한다. 23. 경채★

법 제9조 교정시설의 시찰 및 참관

① 판사와 검사는 직무상 필요하면 교정시설을 시찰할 수 있다. 23. 경채★

② 제1항의 판사와 검사 외의 사람은 교정시설을 참관하려면 학술연구 등 정당한 이유를 명시하여 교정시설의 장(이하 "소장"이라 한다)의 허가를 받아야 한다. 18. 교정9★

영 제2조 판사 등의 시찰

① 판사 또는 검사가 법 제9조 제1항에 따라 교도소·구치소 및 그 지소(이하 "교정시설"이라 한다)를 시찰할 경우에는 미리 그 신분을 나타내는 증표를 교정시설의 장(이하 "소장"이라 한다)에게 제시해야 한다. 23. 경채★

② 소장은 제1항의 경우에 교도관에게 시찰을 요구받은 장소를 안내하게 해야 한다. 18. 교정9★

영 제3조 참관

① 소장은 법 제9조 제2항에 따라 판사와 검사 외의 사람이 교정시설의 참관을 신청하는 경우에는 그 성명·직업·주소·나이·성별 및 참관 목적을 확인한 후 허가 여부를 결정하여야 한다. 18. 교정9

② 소장은 외국인에게 참관을 허가할 경우에는 미리 관할 지방교정청장의 승인을 받아야 한다. 23. 경채★

③ 소장은 제1항 및 제2항에 따라 허가를 받은 사람에게 참관할 때의 주의사항을 알려주어야 한다.

법 제10조 교도관의 직무

이 법에 규정된 사항 외에 교도관의 직무에 관하여는 따로 법률로 정한다. 11. 교정9

제2편 수용자의 처우

☐ 제1장 수용

법 제11조 구분수용

① 수용자는 다음 각 호에 따라 구분하여 수용한다. 14. 교정7★

  1. 19세 이상 수형자: 교도소

  2. 19세 미만 수형자: 소년교도소

  3. 미결수용자: 구치소

  4. 사형확정자: 교도소 또는 구치소. 이 경우 구체적인 구분 기준은 법무부령(→ 규칙 제150조)으로 정한다.
    23. 교정7

② 교도소 및 구치소의 각 지소에는 교도소 또는 구치소에 준하여 수용자를 수용한다.

법 제12조 구분수용의 예외

① 다음 각 호의 어느 하나에 해당하는 사유가 있으면 교도소에 미결수용자를 수용할 수 있다. 23. 교정9★ 3)

  1. 관할 법원 및 검찰청 소재지에 구치소가 없는 때

  2. 구치소의 수용인원이 정원을 훨씬 초과하여 정상적인 운영이 곤란한 때

  3. 범죄의 증거인멸을 방지하기 위하여 필요하거나 그 밖에 특별한 사정이 있는 때

② 취사 등의 작업을 위하여 필요하거나 그 밖에 특별한 사정이 있으면 구치소에 수형자를 수용할 수 있다.
  21. 교정7★

③ 수형자가 소년교도소에 수용 중에 19세가 된 경우에도 교육·교화프로그램, 작업, 직업훈련 등을 실시하기 위하여 특히 필요하다고 인정되면 23세가 되기 전까지는 계속하여 수용할 수 있다(→「소년법」 제63조와 비교). 23. 교정9★ 4)

④ 소장은 특별한 사정이 있으면 제11조의 구분수용 기준에 따라 다른 교정시설로 이송하여야 할 수형자를 6개월을 초과하지 아니하는 기간 동안 계속하여 수용할 수 있다. 23. 교정9★ 5)

법 제13조 분리수용

① 남성과 여성은 분리하여 수용한다.

② 제12조(→ 구분수용의 예외)에 따라 수형자와 미결수용자, 19세 이상의 수형자와 19세 미만의 수형자를 같은 교정시설에 수용하는 경우에는 서로 분리하여 수용한다. 23. 교정7★ 6)

---

3) 구치소의 수용인원이 정원을 훨씬 초과하여 정상적인 운영이 곤란한 때에는 교도소에 미결수용자를 수용할 수 있다. (　)　▶ ○

4) 수형자가 소년교도소에 수용 중에 19세가 된 경우에도 교육·교화프로그램, 작업, 직업훈련 등을 실시하기 위하여 특히 필요하다고 인정되면 23세가 되기 전까지는 계속하여 수용할 수 있다. (　)　▶ ○

5) 소장은 특별한 사정이 있으면 「형의 집행 및 수용자의 처우에 관한 법률」 제11조의 구분수용 기준에 따라 다른 교정시설로 이송하여야 할 수형자를 9개월을 초과하지 아니하는 기간 동안 계속하여 수용할 수 있다. (　)　▶ ×

6) 19세 이상 수형자와 19세 미만 수형자를 같은 교정시설에 수용하는 경우에는 서로 분리하여 수용한다. (　)　▶ ○

영 제24조 호송 시 분리

수용자를 이송이나 출정(出廷), 그 밖의 사유로 호송하는 경우에는 <u>수형자는 미결수용자와, 여성수용자는 남성수용자와, 19세 미만의 수용자는 19세 이상의 수용자와 각각 호송 차량의 좌석을 분리하는 등의 방법으로 서로 접촉하지 못하게 하여야 한다.</u> 23. 교정7★ 7)

법 제14조 독거수용

<u>수용자는 독거수용한다.</u> 다만, 다음 각 호의 어느 하나에 해당하는 사유가 있으면 <u>혼거수용할 수 있다.</u> 23. 교정9★ 8)

1. <u>독거실 부족 등 시설여건이 충분하지 아니한 때</u>
2. <u>수용자의 생명 또는 신체의 보호, 정서적 안정을 위하여 필요한 때</u>
3. <u>수형자의 교화 또는 건전한 사회복귀를 위하여 필요한 때</u>

영 제4조 독거실의 비율

<u>교정시설을 새로 설치하는 경우에는 법 제14조(→ 독거수용)에 따른 수용자의 거실수용을 위하여 독거실(獨居室)과 혼거실(混居室)의 비율이 적정한 수준이 되도록 한다.</u> 23. 경채★

영 제5조 독거수용의 구분

독거수용은 다음 각 호와 같이 구분한다.

1. <u>처우상 독거수용</u>: 주간에는 교육·작업 등의 처우를 위하여 일과(日課)에 따른 공동생활을 하게 하고 <u>휴업일과 야간에만 독거수용하는 것을 말한다.</u> 24. 교정9★ 9)
2. <u>계호(戒護)상 독거수용</u>: 사람의 생명·신체의 보호 또는 교정시설의 안전과 질서유지를 위하여 <u>항상 독거수용하고 다른 수용자와의 접촉을 금지하는 것을 말한다.</u> 다만, 수사·재판·실외운동·목욕·접견·진료 등을 위하여 필요한 경우에는 <u>그러하지 아니하다.</u> 24. 교정9★

영 제6조 계호상 독거수용자의 시찰

① 교도관은 제5조 제2호에 따라 독거수용된 사람(이하 "계호상 독거수용자"라 한다)을 <u>수시로 시찰</u>하여 건강상 또는 교화상 이상이 없는지 살펴야 한다. 24. 교정9★

② 교도관은 제1항의 시찰 결과, 계호상 독거수용자가 <u>건강상 이상</u>이 있는 것으로 보이는 경우에는 교정시설에 <u>근무하는 의사(공중보건의사를 포함한다. 이하 "의무관"이라 한다)에게 즉시 알려야 하고,</u> 교화상 문제가 있다고 인정하는 경우에는 <u>소장에게 지체 없이 보고하여야 한다.</u> 24. 교정9★ 10)

---

7) 외국 국적의 여성인 신입수용자 A를 이송이나 출정으로 호송하는 경우 남성수용자와 호송 차량의 좌석을 분리하는 등의 방법으로 서로 접촉하지 못하게 하여야 한다. ( )　　　　　　　　　　　　▶ ○

8) 「형의 집행 및 수용자의 처우에 관한 법률」상 독거수용이 원칙이지만 수용자의 생명 또는 신체의 보호, 정서적 안정을 위하여 필요한 때에는 혼거수용할 수 있다. ( )　　　　　　　　　　　　▶ ○

9) 처우상 독거수용이란 주간에는 교육·작업 등의 처우를 위하여 일과(日課)에 따른 공동생활을 하게 하고, 휴일과 야간에만 독거수용하는 것을 말한다. ( )　　　　　　　　　　　　▶ ✕

10) 교도관은 시찰 결과, 계호상 독거수용자가 건강상 이상이 있는 것으로 보이는 경우에는 교정시설에 근무하는 의사(공중보건의사 포함)에게 즉시 알려야 하고, 교화상 문제가 있다고 인정하는 경우에는 소장에게 지체 없이 보고하여야 한다. ( )　　▶ ○

③ 의무관은 제2항의 통보를 받은 즉시 해당 수용자를 상담·진찰하는 등 적절한 의료조치를 하여야 하며, 계호상 독거수용자를 계속하여 독거수용하는 것이 건강상 해롭다고 인정하는 경우에는 그 의견을 소장에게 즉시 보고하여야 한다.

④ 소장은 계호상 독거수용자를 계속하여 독거수용하는 것이 건강상 또는 교화상 해롭다고 인정하는 경우에는 이를 즉시 중단하여야 한다. 24. 교정9★ 11)

영 제8조 혼거수용 인원의 기준

혼거수용 인원은 3명 이상으로 한다. 다만, 요양이나 그 밖의 부득이한 사정이 있는 경우에는 예외로 한다. 20. 승진★ 12)

영 제9조 혼거수용의 제한

소장은 노역장 유치명령을 받은 수형자와 징역형·금고형 또는 구류형을 선고받아 형이 확정된 수형자를 혼거수용해서는 아니 된다. 다만, 징역형·금고형 또는 구류형의 집행을 마친 다음에 계속해서 노역장 유치명령을 집행하거나 그 밖에 부득이한 사정이 있는 경우에는 그러하지 아니하다. 20. 승진★ 13)

법 제15조 수용거실 지정

소장은 수용자의 거실을 지정하는 경우에는 죄명·형기·죄질·성격·범죄전력·나이·경력 및 수용생활 태도, 그 밖에 수용자의 개인적 특성을 고려하여야 한다. 19. 승진★

영 제10조 수용자의 자리 지정

소장은 수용자의 생명·신체의 보호, 증거인멸의 방지 및 교정시설의 안전과 질서유지를 위하여 필요하다고 인정하면 혼거실·교육실·강당·작업장, 그 밖에 수용자들이 서로 접촉할 수 있는 장소에서 수용자의 자리를 지정할 수 있다. 15. 교정7

영 제11조 거실의 대용금지

소장은 수용자거실을 작업장으로 사용해서는 아니 된다. 다만, 수용자의 심리적 안정, 교정교화 또는 사회적응능력 함양을 위하여 특히 필요하다고 인정하면 그러하지 아니하다. 20. 승진★ 14)

영 제12조 현황표 등의 부착 등

① 소장은 수용자거실에 면적, 정원 및 현재인원을 적은 현황표를 붙여야 한다.

---

11) 소장은 계호상 독거수용자를 계속하여 독거수용하는 것이 건강상 또는 교화상 해롭다고 인정하는 경우에는 이를 즉시 중단하여야 한다. (   )　　▶○
12) 혼거수용 인원은 3명 이상으로 한다. 다만, 요양이나 그 밖의 부득이한 사정이 있는 경우에는 예외로 한다. (   )　　▶○
13) 소장은 노역장 유치명령을 받은 수형자와 징역형·금고형 또는 구류형을 선고받아 형이 확정된 수형자를 혼거수용해서는 아니 된다. 다만, 징역형·금고형 또는 구류형의 집행을 마친 다음에 계속해서 노역장 유치명령을 집행하거나 그 밖에 부득이한 사정이 있는 경우에는 그러하지 아니하다. (   )　　▶○
14) 소장은 수용자거실을 작업장으로 사용해서는 아니 되지만, 수용자의 심리적 안정, 교정교화 또는 사회적응능력 함양을 위하여 특히 필요하다고 인정하면 작업장으로 사용할 수 있다. (   )　　▶○

② 소장은 수용자거실 앞에 <u>이름표</u>를 붙이되, 이름표 윗부분에는 <u>수용자의 성명·출생연도·죄명·형명(刑名)</u> 및 형기(刑期)를 적고, 그 <u>아랫부분</u>에는 <u>수용자번호 및 입소일</u>을 적되, <u>윗부분의 내용이 보이지 않도록 해야 한다.</u>
20. 승진[15]

③ 소장은 수용자가 법령에 따라 지켜야 할 사항과 수용자의 권리구제 절차에 관한 사항을 수용자거실의 보기 쉬운 장소에 붙이는 등의 방법으로 비치하여야 한다. 18. 승진

법 제16조 신입자의 수용 등

① 소장은 법원·검찰청·경찰관서 등으로부터 처음으로 교정시설에 수용되는 사람(이하 "신입자"라 한다)에 대하여는 집행지휘서, 재판서, 그 밖에 수용에 필요한 서류를 조사한 후 수용한다. 19. 승진★

② 소장은 신입자에 대하여는 <u>지체 없이 신체·의류 및 휴대품을 검사하고 건강진단을 하여야 한다.</u> 18. 승진★

③ <u>신입자</u>는 제2항에 따라 소장이 실시하는 <u>검사 및 건강진단을 받아야 한다.</u>

영 제13조 신입자의 인수

① 소장은 법원·검찰청·경찰관서 등으로부터 처음으로 교정시설에 수용되는 사람(이하 "신입자"라 한다)을 인수한 경우에는 <u>호송인(護送人)</u>에게 인수서를 써 주어야 한다. 이 경우 <u>신입자에게 부상·질병, 그 밖에 건강에 이상</u>(이하 이 조에서 "부상등"이라 한다)이 있을 때에는 <u>호송인으로부터 그 사실에 대한 확인서를 받아야 한다.</u>

② 신입자를 인수한 교도관은 제1항의 인수서에 신입자의 성명, 나이 및 인수일시를 적고 서명 또는 날인하여야 한다.

③ 소장은 제1항 후단에 따라 확인서를 받는 경우에는 호송인에게 신입자의 성명, 나이, 인계일시 및 부상등의 사실을 적고 서명 또는 날인하도록 하여야 한다.

영 제14조 신입자의 신체 등 검사

소장은 신입자를 인수한 경우에는 교도관에게 신입자의 <u>신체·의류 및 휴대품을 지체 없이</u> 검사하게 하여야 한다. 16. 교정7

영 제15조 신입자의 건강진단

법 제16조 제2항에 따른 신입자의 <u>건강진단은 수용된 날부터 3일 이내</u>에 하여야 한다. 다만, <u>휴무일이 연속되는 등 부득이한 사정이 있는 경우에는 예외로 한다.</u> 19. 승진★

영 제16조 신입자의 목욕

소장은 신입자에게 질병이나 그 밖의 부득이한 사정이 있는 경우가 아니면 <u>지체 없이 목욕</u>을 하게 하여야 한다. 19. 승진

영 제17조 신입자의 신체 특징 기록 등

① 소장은 신입자의 키·용모·문신·흉터 등 신체 특징과 가족 등 보호자의 연락처를 수용기록부에 기록하여야 하며, 교도관이 업무상 필요한 경우가 아니면 이를 열람하지 못하도록 하여야 한다.

---

15) 소장은 수용자거실 앞에 이름표를 붙이되, 이름표 윗부분에는 수용자번호 및 입소일을 적고, 그 아랫부분에는 수용자의 성명·출생연도·죄명·형명 및 형기를 적되 윗부분의 내용이 보이지 않도록 하여야 한다. ( )　　▶ ×

② 소장은 신입자 및 다른 교정시설로부터 이송(移送)되어 온 사람(이하 "이입자"라 한다)에 대하여 수용자번호를 지정하고 <u>수용 중 번호표를 상의의 왼쪽 가슴</u>에 붙이게 하여야 한다. 다만, 수용자의 <u>교화 또는 건전한 사회복귀를 위하여 특히 필요</u>하다고 인정하면 <u>번호표를 붙이지 아니할 수 있다</u>. 20. 승진★ 16)

영 제18조 신입자거실 수용 등

① 소장은 신입자가 <u>환자이거나 부득이한 사정이 있는 경우가 아니면 수용된 날부터 3일 동안 신입자거실에 수용</u>하여야 한다. 23. 교정7★

② 소장은 제1항에 따라 신입자거실에 수용된 사람에게는 <u>작업을 부과해서는 아니 된다</u>. 23. 교정7★ 17)18)

③ 소장은 <u>19세 미만의 신입자</u> 그 밖에 특히 필요하다고 인정하는 수용자에 대하여는 제1항의 기간을 <u>30일까지 연장</u>할 수 있다. 19. 승진★

영 제19조 수용기록부 등의 작성

소장은 신입자 또는 이입자를 <u>수용한 날부터 3일 이내</u>에 수용기록부, 수용자명부 및 형기종료부를 작성·정비하고 필요한 사항을 기록하여야 한다. 19. 승진★

영 제20조 신입자의 신원조사

① 소장은 신입자의 신원에 관한 사항을 조사하여 수용기록부에 기록하여야 한다.

② 소장은 신입자의 본인 확인 및 수용자의 처우 등을 위하여 불가피한 경우 「개인정보 보호법」 제23조에 따른 정보, 같은 법 시행령 제18조 제2호에 따른 범죄경력자료에 해당하는 정보, 같은 영 제19조에 따른 주민등록번호, 여권번호, 운전면허의 면허번호 또는 외국인등록번호가 포함된 자료를 처리할 수 있다.

법 제16조의2 간이입소절차

다음 각 호의 어느 하나에 해당하는 신입자의 경우에는 <u>법무부장관이 정하는 바에 따라 간이입소절차를 실시</u>한다. 20. 승진★

1. 「형사소송법」 제200조의2, 제200조의3 또는 제212조에 따라 <u>체포되어 교정시설에 유치된 피의자</u>

2. 「형사소송법」 제201조의2 제10항 및 제71조의2에 따른 <u>구속영장 청구에 따라 피의자 심문을 위하여 교정시설에 유치된 피의자</u>

법 제17조 고지사항

신입자 및 다른 교정시설로부터 이송되어 온 사람에게는 <u>말이나 서면</u>으로 다음 각 호의 사항을 알려 주어야 한다. 23. 경채★

---

16) 소장은 신입자 및 다른 교정시설로부터 이송되어 온 사람에 대하여 수용자의 교화 또는 건전한 사회복귀를 위하여 특히 필요하다고 인정하면 번호표를 붙이지 아니할 수 있다. ( )　　　　　▶ ○

17) 소장은 신입자가 환자이거나 부득이한 사정이 있는 경우가 아니면 수용된 날부터 3일 동안 신입자거실에 수용하여야 하며, 신입자거실에 수용된 사람에게는 작업을 부과할 수 있다. ( )　　　　　▶ ×

18) 소장은 외국 국적의 여성인 신입수용자 A가 환자이거나 부득이한 사정이 있는 경우가 아니면 수용된 날부터 3일 동안 신입자거실에 수용해야 하고, 신청에 따라 작업을 부과할 수 있다. ( )　　　　　▶ ×

1. 형기의 기산일 및 종료일
2. 접견·편지, 그 밖의 수용자의 권리에 관한 사항
3. 청원, 「국가인권위원회법」에 따른 진정, 그 밖의 권리구제에 관한 사항
4. 징벌·규율, 그 밖의 수용자의 의무에 관한 사항
5. 일과(日課) 그 밖의 수용생활에 필요한 기본적인 사항

법 제18조 수용의 거절

① 소장은 다른 사람의 건강에 위해를 끼칠 우려가 있는 감염병에 걸린 사람의 수용을 거절할 수 있다(→ 상대적 수용거절). 20. 승진★

② 소장은 제1항에 따라 수용을 거절하였으면 그 사유를 지체 없이 수용지휘기관과 관할 보건소장에게 통보하고 법무부장관에게 보고하여야 한다. 20. 승진★ 19)

영 제52조 감염병의 정의

법 제18조 제1항, 법 제53조 제1항 제3호 및 법 제128조 제2항에서 "감염병"이란 「감염병의 예방 및 관리에 관한 법률」에 따른 감염병을 말한다.

법 제19조 사진촬영 등

① 소장은 신입자 및 다른 교정시설로부터 이송되어 온 사람에 대하여 다른 사람과의 식별을 위하여 필요한 한도에서 사진촬영, 지문채취, 수용자 번호지정, 그 밖에 대통령령으로 정하는 조치를 하여야 한다.

② 소장은 수용목적상 필요하면 수용 중인 사람에 대하여도 제1항의 조치를 할 수 있다. 11. 사시

법 제20조 수용자의 이송

① 소장은 수용자의 수용·작업·교화·의료, 그 밖의 처우를 위하여 필요하거나 시설의 안전과 질서유지를 위하여 필요하다고 인정하면 법무부장관의 승인을 받아 수용자를 다른 교정시설로 이송할 수 있다. 14. 사시★

② 법무부장관은 제1항의 이송승인에 관한 권한을 대통령령으로 정하는 바에 따라 지방교정청장에게 위임할 수 있다. 21. 교정9★ 20)

영 제22조 지방교정청장의 이송승인권

① 지방교정청장은 법 제20조 제2항에 따라 다음 각 호의 어느 하나에 해당하는 경우에는 수용자의 이송을 승인할 수 있다. 23. 교정7★ 21)

---

19) 소장은 다른 사람의 건강에 위해를 끼칠 우려가 있는 감염병에 걸린 사람의 수용을 거절하였으면 그 사유를 지체 없이 수용지휘기관과 관할 보건소장에게 통보하고 법무부장관에게 보고하여야 한다. (   )　　　　　　　　　　　　▶ ○
20) 법무부장관은 이송승인에 관한 권한을 법무부령으로 정하는 바에 따라 지방교정청장에게 위임할 수 있다. (   )　　▶ ×
21) 지방교정청장은 수용시설의 공사 등으로 수용거실이 일시적으로 부족한 때, 교정시설 간 수용인원의 뚜렷한 불균형을 조정하기 위하여 특히 필요하다고 인정되는 때, 교정시설의 안전과 질서유지를 위하여 긴급하게 이송할 필요가 있다고 인정되는 때, 다른 지방교정청장의 요청에 의하여 수용인원을 다른 지방교정청과 조정할 필요가 있을 때에 해당하는 경우에는 수용자의 이송을 승인할 수 있다. (   )　　　　　　　　　　　　　　　　　　　　　　　　　　▶ ×

1. 수용시설의 공사 등으로 수용거실이 일시적으로 부족한 때
2. 교정시설 간 수용인원의 뚜렷한 불균형을 조정하기 위하여 특히 필요하다고 인정되는 때
3. 교정시설의 안전과 질서유지를 위하여 긴급하게 이송할 필요가 있다고 인정되는 때

② 제1항에 따른 지방교정청장의 이송승인은 관할 내 이송으로 한정한다. 20. 승진★ [22]

영 제23조 이송 중지

소장은 수용자를 다른 교정시설에 이송하는 경우에 의무관으로부터 수용자가 건강상 감당하기 어렵다는 보고를 받으면 이송을 중지하고 그 사실을 이송받을 소장에게 알려야 한다. 21. 교정9★ [23]

✛「수형자 등 호송 규정」의 주요 내용

제1조【목적】 이 영은 수형자나 그 밖에 법령에 따라 구속된 사람의 호송에 필요한 사항을 규정함을 목적으로 한다.

제2조【호송공무원】 교도소·구치소 및 그 지소(이하 "교정시설"이라 한다) 간의 호송은 교도관이 행하며, 그 밖의 호송은 경찰관 또는 「검찰청법」 제47조에 따라 사법경찰관리로서의 직무를 수행하는 검찰청 직원이 행한다. 21. 교정9★

제5조【수송관서에의 통지】 발송관서는 미리 수송관서에 대하여 피호송자의 성명·발송시일·호송사유 및 방법을 통지하여야 한다. 13. 교정9

제6조【영치금품의 처리】 피호송자의 영치금품은 다음과 같이 처리한다.
1. 영치금은 발송관서에서 수송관서에 전자금융을 이용하여 송금한다. 다만, 소액의 금전 또는 당일 호송을 마칠 수 있는 때에는 호송관에게 탁송(託送)할 수 있다.
2. 피호송자가 법령에 의하여 호송 중에 물품 등을 자신의 비용으로 구매할 수 있는 때에 그 청구가 있으면 필요한 금액을 호송관에게 탁송하여야 한다.
3. 영치품은 호송관에게 탁송한다. 다만, 위험하거나 호송관이 휴대하기 적당하지 아니한 영치품은 발송관서에서 수송관서에 직송(直送)할 수 있다.
4. 송치중의 영치금품을 호송관에게 탁송한 때에는 호송관서에 보관책임이 있고, 그러지 아니한 때에는 발송관서에 보관책임이 있다. 21. 교정9

제7조【호송시간】 호송은 일출전 또는 일몰후에는 행할 수 없다. 다만, 열차·선박·항공기를 이용하는 때 또는 특별한 사유가 있는 때에는 예외로 한다. 19. 승진

제8조【피호송자의 숙박】 ① 피호송자의 숙박은 열차·선박 및 항공기를 제외하고는 경찰관서 또는 교정시설을 이용하여야 하며, 숙박의뢰를 받은 경찰관서의 장 또는 교정시설의 장은 부득이한 경우를 제외하고는 이를 거절할 수 없다.

제10조【피호송자의 도주 등】 ① 피호송자가 도주한 때에는 호송관은 즉시 그 지방 및 인근 경찰관서와 호송관서에 통지하여야 하며, 호송관서는 관할 지방검찰청, 사건소관 검찰청, 호송을 명령한 관서, 발송관서 및 수송관서에 통지하여야 한다. 19. 승진
② 제1항의 경우에는 서류와 금품은 발송관서에 반환하여야 한다. 21. 교정9 [24]

제11조【피호송자의 질병등】 ① 피호송자가 질병에 걸렸을 때에는 적당한 치료를 하여야 하며, 호송을 계속할 수 없다고 인정한 때에는 피호송자를 그 서류 및 금품과 함께 인근 교정시설 또는 경찰관서에 일시 유치할 수 있다.
③ 질병이 치유된 때에는 제1항의 관서는 즉시 호송을 계속 진행하고 발송관서에 통지해야 한다.

---

22) 지방교정청장은 교정시설의 안전과 질서유지를 위하여 긴급하게 이송할 필요가 있다고 인정되는 때에는 수용자의 이송(관할 내 이송으로 한정)을 승인할 수 있다. ( )　　　　　　　　▶ ○
23) 소장은 수용자를 다른 교정시설에 이송하는 경우에 의무관으로부터 수용자가 건강상 감당하기 어렵다는 보고를 받으면 이송을 중지하고 그 사실을 지방교정청장에게 알려야 한다. ( )　　　　　　　　▶ ×
24) 피호송자가 도주한 때에 서류와 금품은 수송관서로 송부하여야 한다. ( )　　　　　　　　▶ ×

제12조【피호송자의 사망 등】① 피호송자가 사망한 경우 호송관서는 사망지 관할 검사의 지휘에 따라 그 인근 경찰관서 또는 교정시설의 협조를 얻어 피호송자의 사망에 따른 업무를 처리한다.

② 피호송자가 열차·선박 또는 항공기에서 사망한 경우 호송관서는 최초 도착한 곳의 관할 검사의 지휘에 따라 그 인근 경찰관서 또는 교정시설의 협조를 얻어 제1항에 따른 업무를 처리한다. 13. 교정9

제13조【예비·호송비용의 부담】① 호송관의 여비나 피호송자의 호송비용은 호송관서가 부담한다. 다만, 피호송자를 교정시설이나 경찰관서에 숙식하게 한 때에는 그 비용은 교정시설이나 경찰관서가 부담한다. 21. 교정9★

② 제11조와 제12조에 의한 비용은 각각 그 교부를 받은 관서가 부담한다. 19. 승진

법 제21조 수용사실의 알림

소장은 신입자 또는 다른 교정시설로부터 이송되어 온 사람이 있으면 그 사실을 수용자의 가족(배우자, 직계 존속·비속 또는 형제자매를 말한다. 이하 같다)에게 지체 없이 알려야 한다. 다만, 수용자가 알리는 것을 원하지 아니하면 그러하지 아니하다. 20. 승진★ [25]

영 제21조 형 또는 구속의 집행정지 사유의 통보

소장은 수용자에 대하여 건강상의 사유로 형의 집행정지 또는 구속의 집행정지를 할 필요가 있다고 인정하는 경우에는 의무관의 진단서와 인수인에 대한 확인서류를 첨부하여 그 사실을 검사에게, 기소된 상태인 경우에는 법원에도 지체 없이 통보하여야 한다.

🗔 제2장 물품지급

법 제22조 의류 및 침구 등의 지급

① 소장은 수용자에게 건강유지에 적합한 의류·침구, 그 밖의 생활용품을 지급한다(→ 관급의 원칙).

② 의류·침구, 그 밖의 생활용품의 지급기준 등에 관하여 필요한 사항은 법무부령으로 정한다.

영 제25조 생활용품 지급 시의 유의사항

① 소장은 법 제22조 제1항에 따라 의류·침구, 그 밖의 생활용품(이하 "의류등"이라 한다)을 지급하는 경우에는 수용자의 건강, 계절 등을 고려하여야 한다.

② 소장은 수용자에게 특히 청결하게 관리할 수 있는 재질의 식기를 지급하여야 하며, 다른 사람이 사용한 의류 등을 지급하는 경우에는 세탁하거나 소독하여 지급하여야 한다.

규칙 제4조 의류의 품목

① 수용자 의류의 품목은 평상복·특수복·보조복·의복부속물·모자 및 신발로 한다. 18. 승진

② 제1항에 따른 품목별 구분은 다음 각 호와 같다.

---

25) 소장은 신입자 또는 다른 교정시설로부터 이송되어 온 사람이 있으면 그 사실을 수용자의 가족(배우자, 직계 존속·비속, 형제자매) 또는 동거친족에게 지체 없이 통지하여야 한다. ( )　　　　▶ ✕

1. 평상복은 겨울옷·봄가을옷·여름옷을 수형자용(用), 미결수용자용 및 피보호감호자(종전의 「사회보호법」에 따라 보호감호선고를 받고 교정시설에 수용 중인 사람을 말한다. 이하 같다)용과 남녀용으로 각각 구분하여 18종으로 한다.
2. 특수복은 모범수형자복·외부통근자복·임산부복·환자복·운동복 및 반바지로 구분하고, 그 중 모범수형자복 및 외부통근자복은 겨울옷·봄가을옷·여름옷을 남녀용으로 각각 구분하여 6종으로 하고, 임산부복은 봄가을옷·여름옷을 수형자용과 미결수용자용으로 구분하여 4종으로 하며, 환자복은 겨울옷·여름옷을 남녀용으로 구분하여 4종으로 하고, 운동복 및 반바지는 각각 1종으로 한다.
3. 보조복은 위생복·조끼 및 비옷으로 구분하여 3종으로 한다. 18. 승진
4. 의복부속물은 러닝셔츠·팬티·겨울내의·장갑·양말로 구분하여 5종으로 한다. 18. 승진
5. 모자는 모범수형자모·외부통근자모·방한모 및 위생모로 구분하여 4종으로 한다.
6. 신발은 고무신·운동화 및 방한화로 구분하여 3종으로 한다.

규칙 제5조 의류의 품목별 착용 시기 및 대상

수용자 의류의 품목별 착용 시기 및 대상은 다음 각 호와 같다.
1. 평상복: 실내생활 수용자, 교도작업·직업능력개발훈련(이하 "직업훈련"이라 한다) 수용자, 각종 교육을 받는 수용자 및 다른 교정시설로 이송되는 수용자가 착용
2. 모범수형자복: 제74조 제1항 제1호의 개방처우급에 해당하는 수형자가 작업·교육 등 일상생활을 하는 때, 가석방예정자가 실외생활을 하는 때 및 수형자가 사회봉사활동 등 대내외 행사 참석 시 소장이 필요하다고 인정하는 때 착용
3. 삭제
4. 외부통근자복: 외부통근자로서 실외생활을 하는 때에 착용
5. 임산부복: 임신하거나 출산한 수용자가 착용
6. 환자복: 의료거실 수용자가 착용
7. 삭제
8. 운동복: 소년수용자로서 운동을 하는 때에 착용
9. 반바지: 수용자가 여름철에 실내생활 또는 운동을 하는 때에 착용
10. 위생복: 수용자가 운영지원작업(이발·취사·간병, 그 밖에 교정시설의 시설운영과 관리에 필요한 작업을 말한다. 이하 같다)을 하는 때에 착용
11. 조끼: 수용자가 겨울철에 겉옷 안에 착용
12. 비옷: 수용자가 우천 시 실외작업을 하는 때에 착용
13. 러닝셔츠·팬티·겨울내의 및 양말: 모든 수형자 및 소장이 지급할 필요가 있다고 인정하는 미결수용자가 착용
14. 장갑: 작업을 하는 수용자 중 소장이 지급할 필요가 있다고 인정하는 자가 착용
15. 삭제
16. 모자
    가. 모범수형자모: 모범수형자복 착용자가 착용
    나. 외부통근자모: 외부통근자복 착용자가 착용
    다. 삭제
    라. 방한모: 외부작업 수용자가 겨울철에 착용
    마. 위생모: 취사장에서 작업하는 수용자가 착용

17. 신발

  가. 고무신 및 운동화: 수용자가 선택하여 착용

  나. 방한화: 작업을 하는 수용자 중 소장이 지급할 필요가 있다고 인정하는 사람이 착용

규칙 제6조 침구의 품목

수용자 침구의 품목은 이불 2종(솜이불·겹이불), 매트리스 2종(일반매트리스·환자매트리스), 담요 및 베개로 구분한다.

규칙 제7조 침구의 품목별 사용 시기 및 대상

수용자 침구의 품목별 사용 시기 및 대상은 다음 각 호와 같다.

1. 이불

  가. 솜이불: 환자·노인·장애인·임산부 등의 수용자 중 소장이 지급할 필요가 있다고 인정하는 자가 겨울철에 사용

  나. 겹이불: 수용자가 봄·여름·가을철에 사용

2. 매트리스

  가. 일반매트리스: 수용자가 겨울철에 사용

  나. 환자매트리스: 의료거실에 수용된 수용자 중 의무관이 지급할 필요가 있다고 인정하는 사람이 사용

3. 담요 및 베개: 모든 수용자가 사용

규칙 제8조 의류·침구 등 생활용품의 지급기준

① 수용자에게 지급하는 의류 및 침구는 1명당 1매로 하되, 작업 여부 또는 난방 여건을 고려하여 2매를 지급할 수 있다.

② 의류·침구 외에 수용자에게 지급하는 생활용품의 품목, 지급수량, 사용기간, 지급횟수 등에 대한 기준은 별표 1과 같다.

③ 생활용품 지급일 이후에 수용된 수용자에 대하여는 다음 지급일까지 쓸 적절한 양을 지급하여야 한다.

④ 신입수용자에게는 수용되는 날에 칫솔, 치약 및 수건 등 수용생활에 필요한 최소한의 생활용품을 지급하여야 한다.

규칙 제9조 의류·침구의 색채·규격

수용자 의류·침구의 품목별 색채 및 규격은 법무부장관이 정한다.

규칙 제84조 물품지급

① 소장은 수형자의 경비처우급에 따라 물품에 차이를 두어 지급할 수 있다. 다만, 주·부식, 음료, 그 밖에 건강유지에 필요한 물품은 그러하지 아니하다. 20. 승진 ★ 26)

② 제1항에 따라 의류를 지급하는 경우 수형자가 개방처우급인 경우에는 색상, 디자인 등을 다르게 할 수 있다. 18. 승진 ★

---

26) 소장은 수형자의 경비처우급에 따라 물품에 차이를 두어 지급할 수 있으나, 주·부식, 음료, 그 밖에 건강유지에 필요한 물품은 그러하지 아니하다. (　) ▶ ○

영 제26조 생활기구의 비치

① 소장은 거실·작업장, 그 밖에 수용자가 생활하는 장소(이하 이 조에서 "거실등"이라 한다)에 수용생활에 필요한 기구를 갖춰 둬야 한다.

② 거실등에는 갖춰 둔 기구의 품목·수량을 기록한 품목표를 붙여야 한다.

법 제23조 음식물의 지급

① 소장은 수용자에게 건강상태, 나이, 부과된 작업의 종류, 그 밖의 개인적 특성을 고려하여 건강 및 체력을 유지하는 데에 필요한 음식물을 지급한다. 17. 교정7

② 음식물의 지급기준 등에 관하여 필요한 사항은 법무부령으로 정한다.

영 제27조 음식물의 지급

법 제23조에 따라 수용자에게 지급하는 음식물은 주식·부식·음료, 그 밖의 영양물로 한다.

영 제28조 주식의 지급

① 수용자에게 지급하는 주식은 쌀로 한다.

② 소장은 쌀 수급이 곤란하거나 그 밖에 필요하다고 인정하면 주식을 쌀과 보리 등 잡곡의 혼합곡으로 하거나 대용식을 지급할 수 있다. 17. 교정7

규칙 제10조 주식의 지급

소장이 「형의 집행 및 수용자의 처우에 관한 법률 시행령」(이하 "영"이라 한다) 제28조 제2항에 따라 주식을 쌀과 보리 등 잡곡의 혼합곡으로 하거나 대용식을 지급하는 경우에는 법무부장관이 정하는 바에 따른다.

규칙 제11조 주식의 지급

① 수용자에게 지급하는 주식은 1명당 1일 390 그램을 기준으로 한다. 18. 승진

② 소장은 수용자의 나이, 건강, 작업 여부 및 작업의 종류 등을 고려하여 필요한 경우에는 제1항의 지급 기준량을 변경할 수 있다.

③ 소장은 수용자의 기호 등을 고려하여 주식으로 빵이나 국수 등을 지급할 수 있다. 23. 경채★

규칙 제12조 주식의 확보

소장은 수용자에 대한 원활한 급식을 위하여 해당 교정시설의 직전 분기 평균 급식 인원을 기준으로 1개월분의 주식을 항상 확보하고 있어야 한다. 23. 경채★

규칙 제13조 부식

① 부식은 주식과 함께 지급하며, 1명당 1일의 영양섭취기준량은 별표 2와 같다.

② 소장은 작업의 장려나 적절한 처우를 위하여 필요하다고 인정하는 경우 특별한 부식을 지급할 수 있다. 23. 경채

규칙 제14조 주·부식의 지급횟수 등

① 주·부식의 지급횟수는 1일 3회로 한다. 23. 경채

② 수용자에게 지급하는 음식물의 총열량은 1명당 1일 2천 500킬로칼로리를 기준으로 한다. 18. 승진 ★

영 제29조 특식의 지급

소장은 국경일이나 그 밖에 이에 준하는 날에는 특별한 음식물을 지급할 수 있다.

규칙 제15조 특식 등 지급

① 영 제29조에 따른 특식은 예산의 범위에서 지급한다.

② 소장은 작업시간을 3시간 이상 연장하는 경우에는 수용자에게 주·부식 또는 대용식 1회분을 간식으로 지급할 수 있다. 23. 경채 ★ 27)

영 제30조 환자의 음식물

소장은 의무관의 의견을 고려하여 환자에게 지급하는 음식물의 종류 또는 정도를 달리 정할 수 있다.

> ## 법 제24조 물품의 자비구매
>
> ① 수용자는 소장의 허가를 받아 자신의 비용으로 음식물·의류·침구, 그 밖에 수용생활에 필요한 물품을 구매할 수 있다. 12. 교정9
>
> ② 물품의 자비구매 허가범위 등에 관하여 필요한 사항은 법무부령으로 정한다.

영 제31조 자비 구매 물품의 기준

수용자가 자비로 구매하는 물품은 교화 또는 건전한 사회복귀에 적합하고 교정시설의 안전과 질서를 해칠 우려가 없는 것이어야 한다.

규칙 제16조 자비구매물품의 종류 등

① 자비구매물품의 종류는 다음 각 호와 같다.

1. 음식물
2. 의약품 및 의료용품
3. 의류·침구류 및 신발류
4. 신문·잡지·도서 및 문구류
5. 수형자 교육 등 교정교화에 필요한 물품
6. 그 밖에 수용생활에 필요하다고 인정되는 물품

② 제1항 각 호에 해당하는 자비구매물품의 품목·유형 및 규격 등은 영 제31조에 어긋나지 아니하는 범위에서 소장이 정하되, 수용생활에 필요한 정도, 가격과 품질, 다른 교정시설과의 균형, 공급하기 쉬운 정도 및 수용자의 선호도 등을 고려하여야 한다.

---

27) 소장은 작업시간을 3시간 이상 연장하는 경우에는 수용자에게 주·부식 또는 대용식 1회분을 간식으로 지급할 수 있다. (   )

▶ ○

③ 법무부장관은 자비구매물품 공급의 교정시설 간 균형 및 교정시설의 안전과 질서유지를 위하여 공급물품의 품목 및 규격 등에 대한 통일된 기준을 제시할 수 있다.

규칙 제17조 구매허가 및 신청제한

① 소장은 수용자가 자비구매물품의 구매를 신청하는 경우에는 법무부장관이 교정성적 또는 제74조에 따른 경비처우급을 고려하여 정하는 보관금의 사용한도, 교정시설의 보관범위 및 수용자가 지닐 수 있는 범위에서 허가한다.
② 소장은 감염병(「감염병의 예방 및 관리에 관한 법률」에 따른 감염병을 말한다)의 유행 또는 수용자의 징벌집행 등으로 자비구매물품의 사용이 중지된 경우에는 구매신청을 제한할 수 있다. 20. 교정728)

규칙 제18조 우선 공급

소장은 교도작업제품(교정시설 안에서 수용자에게 부과된 작업에 의하여 생산된 물품을 말한다)으로서 자비구매물품으로 적합한 것은 제21조에 따라 지정받은 자비구매물품 공급자를 거쳐 우선하여 공급할 수 있다.

규칙 제19조 제품 검수

① 소장은 물품공급업무 담당공무원을 검수관으로 지정하여 제21조에 따라 지정받은 자비구매물품 공급자로부터 납품받은 제품의 수량·상태 및 소비기한 등을 검사하도록 해야 한다. <개정 2024.2.8.>
② 검수관은 공급제품이 부패, 파손, 규격미달, 그 밖의 사유로 수용자에게 공급하기에 부적당하다고 인정하는 경우에는 소장에게 이를 보고하고 필요한 조치를 하여야 한다.

규칙 제20조 주요사항 고지 등

① 소장은 수용자에게 자비구매물품의 품목·가격, 그 밖에 구매에 관한 주요사항을 미리 알려주어야 한다.
② 소장은 제품의 변질, 파손, 그 밖의 정당한 사유로 수용자가 교환, 반품 또는 수선을 원하는 경우에는 신속히 적절한 조치를 하여야 한다.

규칙 제21조 공급업무의 담당자 지정

① 법무부장관은 자비구매물품의 품목·규격·가격 등의 교정시설 간 균형을 유지하고 공급과정의 효율성·공정성을 높이기 위하여 그 공급업무를 담당하는 법인 또는 개인을 지정할 수 있다.
② 제1항에 따라 지정받은 법인 또는 개인은 그 업무를 처리하는 경우 교정시설의 안전과 질서유지를 위하여 선량한 관리자로서의 의무를 다하여야 한다.
③ 자비구매물품 공급업무의 담당자 지정 등에 관한 세부사항은 법무부장관이 정한다.

---

28) 소장은 감염병의 유행으로 자비구매물품의 사용이 중지된 경우에는 구매신청을 제한할 수 있다. (   )　　　▶ ○

영 제32조 자비 구매 의류등의 사용

소장은 수용자가 자비로 구매한 의류등을 보관한 후 그 수용자가 사용하게 할 수 있다.

영 제33조 의류등의 세탁 등

① 소장은 수용자가 사용하는 의류등을 적당한 시기에 세탁·수선 또는 교체(이하 이 조에서 "세탁등"이라 한다) 하도록 하여야 한다.

② 자비로 구매한 의류등을 세탁등을 하는 경우 드는 비용은 수용자가 부담한다.

📖 제3장 금품관리

법 제25조 휴대금품의 보관 등

① 소장은 수용자의 휴대금품을 교정시설에 보관한다. 다만, 휴대품이 다음 각 호(→ 보관불허사유)의 어느 하나에 해당하는 것이면 수용자로 하여금 자신이 지정하는 사람에게 보내게 하거나 그 밖에 적당한 방법으로 처분하게 할 수 있다. 17. 교정9

　1. 썩거나 없어질 우려가 있는 것

　2. 물품의 종류·크기 등을 고려할 때 보관하기에 적당하지 아니한 것

　3. 사람의 생명 또는 신체에 위험을 초래할 우려가 있는 것

　4. 시설의 안전 또는 질서를 해칠 우려가 있는 것

　5. 그 밖에 보관할 가치가 없는 것

② 소장은 수용자가 제1항 단서에 따라 처분하여야 할 휴대품을 상당한 기간 내에 처분하지 아니하면 폐기할 수 있다(→ 수용자의 동의 불요).

영 제34조 휴대금품의 정의 등

① 법 제25조에서 "휴대금품"이란 신입자가 교정시설에 수용될 때에 지니고 있는 현금(자기앞수표를 포함한다. 이하 같다)과 휴대품을 말한다.

② 법 제25조 제1항 각 호(→ 보관불허사유)의 어느 하나에 해당하지 아니한 신입자의 휴대품은 보관한 후 사용하게 할 수 있다.

③ 법 제25조 제1항 단서에 따라 신입자의 휴대품을 팔 경우에는 그 비용을 제외한 나머지 대금을 보관할 수 있다.
　17. 교정9

④ 소장은 신입자가 법 제25조 제1항 각 호(→ 보관불허사유)의 어느 하나에 해당하는 휴대품을 법무부장관이 정한 기간에 처분하지 않은 경우에는 본인에게 그 사실을 고지한 후 폐기한다.

영 제35조 금품의 보관

수용자의 현금을 보관하는 경우에는 그 금액을 보관금대장에 기록하고 수용자의 물품을 보관하는 경우에는 그 품목·수량 및 규격을 보관품대장에 기록해야 한다.

영 제36조 귀중품의 보관

소장은 보관품이 금·은·보석·유가증권·인장, 그 밖에 특별히 보관할 필요가 있는 귀중품인 경우에는 잠금장치가 되어 있는 견고한 용기에 넣어 보관해야 한다(→ 특별보관). 23. 경채★

영 제37조 보관품 매각대금의 보관

소장은 수용자의 신청에 따라 보관품을 팔 경우에는 그 비용을 제외한 나머지 대금을 보관할 수 있다. 23. 경채

영 제38조 보관금의 사용 등

① 소장은 수용자가 그의 가족(배우자, 직계존비속 또는 형제자매를 말한다. 이하 같다) 또는 배우자의 직계존속에게 도움을 주거나 그 밖에 정당한 용도로 사용하기 위하여 보관금의 사용을 신청한 경우에는 그 사정을 고려하여 허가할 수 있다.
② 제1항에 따라 보관금을 사용하는 경우 발생하는 비용은 수용자가 부담한다.
③ 보관금의 출납·예탁(預託), 보관금품의 보관 등에 관하여 필요한 사항은 법무부장관이 정한다.

영 제44조 보관의 예외

음식물은 보관의 대상이 되지 않는다. 23. 경채★

법 제26조 수용자가 지니는 물품 등

① 수용자는 편지·도서, 그 밖에 수용생활에 필요한 물품을 법무부장관이 정하는 범위에서 지닐 수 있다.
  19. 승진★
② 소장은 제1항에 따라 법무부장관이 정하는 범위를 벗어난 물품으로서 교정시설에 특히 보관할 필요가 있다고 인정하지 아니하는 물품은 수용자로 하여금 자신이 지정하는 사람에게 보내게 하거나 그 밖에 적당한 방법으로 처분하게 할 수 있다.
③ 소장은 수용자가 제2항에 따라 처분하여야 할 물품을 상당한 기간 내에 처분하지 아니하면 폐기할 수 있다.

영 제39조 지닐 수 없는 물품의 처리

법 제26조 제2항 및 제3항에 따라 지닐 수 있는 범위를 벗어난 수용자의 물품을 처분하거나 폐기하는 경우에는 제34조 제3항 및 제4항을 준용한다.

영 제40조 물품의 폐기

수용자의 물품을 폐기하는 경우에는 그 품목·수량·이유 및 일시를 관계 장부에 기록하여야 한다. 23. 경채

① 수용자 외의 사람이 수용자에게 금품을 건네줄 것을 신청하는 때에는 소장은 다음 각 호(→ 금품전달불허사유)의 어느 하나에 해당하지 아니하면 허가하여야 한다.

1. 수형자의 교화 또는 건전한 사회복귀를 해칠 우려가 있는 때
2. 시설의 안전 또는 질서를 해칠 우려가 있는 때

② 소장은 수용자 외의 사람이 수용자에게 주려는 금품이 제1항 각 호(→ 금품전달불허사유)의 어느 하나에 해당하거나 수용자가 금품을 받지 아니하려는 경우에는 해당 금품을 보낸 사람에게 되돌려 보내야 한다. 19. 승진

③ 소장은 제2항의 경우에 금품을 보낸 사람을 알 수 없거나 보낸 사람의 주소가 불분명한 경우에는 금품을 다시 가지고 갈 것을 공고하여야 하며, 공고한 후 6개월이 지나도 금품을 돌려달라고 청구하는 사람이 없으면 그 금품은 국고에 귀속된다. 19. 승진

④ 소장은 제2항 또는 제3항에 따른 조치를 하였으면 그 사실을 수용자에게 알려 주어야 한다. 19. 승진

영 제41조 금품전달 신청자의 확인

소장은 수용자가 아닌 사람이 법 제27조 제1항에 따라 수용자에게 금품을 건네줄 것을 신청하는 경우에는 그의 성명·주소 및 수용자와의 관계를 확인해야 한다. 23. 경채

영 제42조 전달 허가금품의 사용 등

① 소장은 법 제27조 제1항에 따라 수용자에 대한 금품의 전달을 허가한 경우에는 그 금품을 보관한 후 해당 수용자가 사용하게 할 수 있다. 24. 교정929)

② 법 제27조 제1항에 따라 수용자에게 건네주려고 하는 금품의 허가범위 등에 관하여 필요한 사항은 법무부령으로 정한다.

규칙 제22조 전달금품의 허가

① 소장은 수용자 외의 사람이 수용자에게 금원(金員)을 건네줄 것을 신청하는 경우에는 현금·수표 및 우편환의 범위에서 허가한다. 다만, 수용자 외의 사람이 온라인으로 수용자의 예금계좌에 입금한 경우에는 금원을 건네줄 것을 허가한 것으로 본다.

② 소장은 수용자 외의 사람이 수용자에게 음식물을 건네줄 것을 신청하는 경우에는 법무부장관이 정하는 바에 따라 교정시설 안에서 판매되는 음식물 중에서 허가한다. 다만, 제30조 각 호에 해당하는 종교행사 및 제114조 각 호에 해당하는 교화프로그램의 시행을 위하여 특히 필요하다고 인정하는 경우에는 교정시설 안에서 판매되는 음식물이 아니더라도 건네줄 것을 허가할 수 있다.

③ 소장은 수용자 외의 사람이 수용자에게 음식물 외의 물품을 건네줄 것을 신청하는 경우에는 다음 각 호의 어느 하나에 해당하지 아니하면 법무부장관이 정하는 교정시설의 보관범위 및 수용자가 지닐 수 있는 범위에서 허가한다.

---

29) 소장은 수용자 외의 사람이 신청한 수용자에 대한 금품의 전달을 허가한 경우 그 금품을 지체 없이 수용자에게 전달하여 사용하게 하여야 한다. (　)
▶ ×

1. 오감 또는 통상적인 검사장비로는 내부검색이 어려운 물품
2. 음란하거나 현란한 그림·무늬가 포함된 물품
3. 사행심을 조장하거나 심리적인 안정을 해칠 우려가 있는 물품
4. 도주·자살·자해 등에 이용될 수 있는 금속류, 끈 또는 가죽 등이 포함된 물품
5. 위화감을 조성할 우려가 있는 높은 가격의 물품
6. 그 밖에 수형자의 교화 또는 건전한 사회복귀를 해칠 우려가 있거나 교정시설의 안전 또는 질서를 해칠 우려가 있는 물품

영 제43조 전달 허가물품의 검사

소장은 법 제27조 제1항에 따라 건네줄 것을 허가한 물품은 검사할 필요가 없다고 인정되는 경우가 아니면 교도관으로 하여금 검사하게 해야 한다. 이 경우 그 물품이 의약품인 경우에는 의무관으로 하여금 검사하게 해야 한다. 17. 교정9

법 제28조 유류금품의 처리

① 소장은 사망자 또는 도주자가 남겨두고 간 금품이 있으면 사망자의 경우에는 그 상속인에게, 도주자의 경우에는 그 가족에게 그 내용 및 청구절차 등을 알려 주어야 한다. 다만, 썩거나 없어질 우려가 있는 것은 폐기할 수 있다. 24. 교정9[30]

② 소장은 상속인 또는 가족이 제1항의 금품을 내어달라고 청구하면 지체 없이 내어주어야 한다. 다만, 제1항에 따른 알림을 받은 날(알려줄 수가 없는 경우에는 청구사유가 발생한 날)부터 1년이 지나도 청구하지 아니하면 그 금품은 국고에 귀속된다. 19. 승진

영 제45조 유류금품의 처리

① 소장은 사망자의 유류품을 건네받을 사람이 원거리에 있는 등 특별한 사정이 있는 경우에는 유류품을 받을 사람의 청구에 따라 유류품을 팔아 그 대금을 보낼 수 있다. 24. 교정9[31]

② 법 제28조에 따라 사망자의 유류금품을 보내거나 제1항에 따라 유류품을 팔아 대금을 보내는 경우에 드는 비용은 유류금품의 청구인이 부담한다.

법 제29조 보관금품의 반환 등

① 소장은 수용자가 석방될 때 제25조에 따라 보관하고 있던 수용자의 휴대금품을 본인에게 돌려주어야 한다. 다만, 보관품을 한꺼번에 가져가기 어려운 경우 등 특별한 사정이 있어 수용자가 석방 시 소장에게 일정 기간 동안(1개월 이내의 범위로 한정한다) 보관품을 보관하여 줄 것을 신청하는 경우에는 그러하지 아니하다. 24. 교정9[32]

---

30) 소장은 사망자 또는 도주자가 남겨두고 간 금품이 있으면 사망자의 경우에는 그 상속인에게, 도주자의 경우에는 그 가족에게 그 내용 및 청구절차 등을 알려 주어야 한다. 다만, 썩거나 없어질 우려가 있는 것은 폐기할 수 있다. ( ) ▶ ○

31) 소장은 사망자의 유류품을 건네받을 사람이 원거리에 있는 등 특별한 사정이 있는 경우에는 유류품을 팔아 그 대금을 보내야 한다. ( ) ▶ ×

32) 소장은 수용자가 석방될 때 보관하고 있던 수용자의 휴대금품을 본인에게 돌려주어야 한다. 다만, 보관품을 한꺼번에 가져가기 어려운 경우 등 특별한 사정이 있어 수용자가 석방 시 소장에게 일정 기간 동안(3개월 이내의 범위로 한정한다) 보관품을 보관하여 줄 것을 신청하는 경우에는 그러하지 아니하다. ( ) ▶ ×

② 제1항 단서에 따른 보관 기간이 지난 보관품에 관하여는 제28조(→ 유류금품의 처리)를 준용한다. 이 경우 "사망자" 및 "도주자"는 "피석방자"로, "금품"은 "보관품"으로, "상속인" 및 "가족"은 "피석방자 본인 또는 가족"으로 본다. 19. 승진

□ 제4장 위생과 의료

법 제30조 위생 · 의료 조치의무
소장은 수용자가 건강한 생활을 하는 데에 필요한 위생 및 의료상의 적절한 조치를 하여야 한다.

영 제46조 보건 · 위생관리계획의 수립 등
소장은 수용자의 건강, 계절 및 시설여건 등을 고려하여 보건 · 위생관리계획을 정기적으로 수립하여 시행하여야 한다.

법 제31조 청결유지
소장은 수용자가 사용하는 모든 설비와 기구가 항상 청결하게 유지되도록 하여야 한다.

영 제47조 시설의 청소 · 소독
① 소장은 거실 · 작업장 · 목욕탕, 그 밖에 수용자가 공동으로 사용하는 시설과 취사장, 주식 · 부식 저장고, 그 밖에 음식물 공급과 관련된 시설을 수시로 청소 · 소독하여야 한다. 20. 승진33)
② 소장은 저수조 등 급수시설을 6개월에 1회 이상 청소 · 소독하여야 한다. 20. 승진★

법 제32조 청결의무
① 수용자는 자신의 신체 및 의류를 청결히 하여야 하며, 자신이 사용하는 거실 · 작업장, 그 밖의 수용시설의 청결유지에 협력하여야 한다. 21. 교정7
② 수용자는 위생을 위하여 머리카락과 수염을 단정하게 유지하여야 한다. 21. 교정7

영 제48조 청결의무
수용자는 교도관이 법 제32조 제1항에 따라 자신이 사용하는 거실, 작업장, 그 밖의 수용시설의 청결을 유지하기 위하여 필요한 지시를 한 경우에는 이에 따라야 한다.

법 제33조 운동 및 목욕
① 소장은 수용자가 건강유지에 필요한 운동 및 목욕을 정기적으로 할 수 있도록 하여야 한다.
② 운동시간 · 목욕횟수 등에 관하여 필요한 사항은 대통령령으로 정한다.

---

33) 소장은 수용자가 공동으로 사용하는 시설과 저수조 등 급수시설을 6개월에 1회 이상 청소 · 소독하여야 한다. ( ) ▶ ×

영 제49조 실외운동

소장은 수용자가 매일(공휴일 및 법무부장관이 정하는 날은 제외한다)「국가공무원 복무규정」제9조에 따른 근무시간 내에서 1시간 이내의 실외운동을 할 수 있도록 하여야 한다. 다만, 다음 각 호의 어느 하나에 해당하면 실외운동을 실시하지 아니할 수 있다. 20. 승진★ 34)

1. 작업의 특성상 실외운동이 필요 없다고 인정되는 때
2. 질병 등으로 실외운동이 수용자의 건강에 해롭다고 인정되는 때
3. 우천, 수사, 재판, 그 밖의 부득이한 사정으로 실외운동을 하기 어려운 때

영 제50조 목욕횟수

소장은 작업의 특성, 계절, 그 밖의 사정을 고려하여 수용자의 목욕횟수를 정하되 부득이한 사정이 없으면 매주 1회 이상이 되도록 한다. 20. 승진★ 35)

법 제34조 건강검진

① 소장은 수용자에 대하여 건강검진을 정기적으로 하여야 한다. 11. 교정7
② 건강검진의 횟수 등에 관하여 필요한 사항은 대통령령으로 정한다. 11. 교정7

영 제51조 건강검진횟수

① 소장은 수용자에 대하여 1년에 1회 이상 건강검진을 하여야 한다. 다만, 19세 미만의 수용자와 계호상 독거수용자에 대하여는 6개월에 1회 이상 하여야 한다. 20. 승진★ 36)
② 제1항의 건강검진은「건강검진기본법」제14조에 따라 지정된 건강검진기관에 의뢰하여 할 수 있다. 20. 승진37)

법 제35조 감염병 등에 관한 조치

소장은 감염병이나 그 밖에 감염의 우려가 있는 질병의 발생과 확산을 방지하기 위하여 필요한 경우 수용자에 대하여 예방접종·격리수용·이송, 그 밖에 필요한 조치를 하여야 한다. 23. 교정9★ 38)

영 제53조 감염병에 관한 조치

① 소장은 수용자가 감염병에 걸렸다고 의심되는 경우에는 1주 이상 격리수용하고 그 수용자의 휴대품을 소독하여야 한다. 23. 교정9★ 39)

---

34) 소장은 작업의 특성상 실외운동이 필요 없다고 인정되면 수용자의 실외운동을 실시하지 않을 수 있다. ( )　　▶ ○
35) 소장은 작업의 특성, 계절 등을 고려하여 수용자의 목욕횟수를 정하되 부득이한 사정이 없으면 매주 2회 이상이 되도록 한다. ( )　　▶ ×
36) 소장은 수용자에 대하여 1년에 1회 이상 건강검진을 하여야 한다. 다만, 19세 미만의 수용자와 계호상 독거수용자에 대하여는 6개월에 1회 이상 하여야 한다. ( )　　▶ ○
37) 소장은 모든 수용자에 대하여「건강검진기본법」에 따라 지정된 건강검진기관에 의뢰하여 1년에 1회 이상 건강검진을 하여야 한다. ( )　　▶ ×
38) 소장은 감염병이나 그 밖에 감염의 우려가 있는 질병의 발생과 확산을 방지하기 위하여 필요한 경우 수용자에 대하여 예방접종·격리수용·이송, 그 밖에 필요한 조치를 하여야 한다. ( )　　▶ ○
39) 소장은 수용자가 감염병에 걸렸다고 의심되는 경우에는 2주 이상 격리수용하고 그 수용자의 휴대품을 소독하여야 한다. ( )　　▶ ×

② 소장은 감염병이 유행하는 경우에는 수용자가 자비로 구매하는 음식물의 공급을 중지할 수 있다(→ 임의적). 23. 교정9★ 40)

③ 소장은 수용자가 감염병에 걸린 경우에는 즉시 격리수용하고 그 수용자가 사용한 물품과 설비를 철저히 소독하여야 한다(→ 필요적). 23. 교정9

④ 소장은 제3항의 사실을 지체 없이 법무부장관에게 보고하고 관할 보건기관의 장에게 알려야 한다. 23. 교정9 41)

법 제36조 부상자 등 치료

① 소장은 수용자가 부상을 당하거나 질병에 걸리면 적절한 치료를 받도록 하여야 한다.

② 제1항의 치료를 위하여 교정시설에 근무하는 간호사는 야간 또는 공휴일 등에 「의료법」 제27조에도 불구하고 대통령령으로 정하는 경미한 의료행위를 할 수 있다. 23. 경채★

영 제54조 의료거실 수용 등

소장은 수용자가 부상을 당하거나 질병에 걸린 경우에는 그 수용자를 의료거실에 수용하거나, 다른 수용자에게 그 수용자를 간병하게 할 수 있다.

영 제54조의2 간호사의 의료행위

법 제36조 제2항에서 "대통령령으로 정하는 경미한 의료행위"란 다음 각 호의 의료행위를 말한다. 20. 승진★ 42)

1. 외상 등 흔히 볼 수 있는 상처의 치료

2. 응급을 요하는 수용자에 대한 응급처치

3. 부상과 질병의 악화방지를 위한 처치

4. 환자의 요양지도 및 관리

5. 제1호부터 제4호까지의 의료행위에 따르는 의약품의 투여

법 제37조 외부의료시설 진료 등

① 소장은 수용자에 대한 적절한 치료를 위하여 필요하다고 인정하면 교정시설 밖에 있는 의료시설(이하 "외부의료시설"이라 한다)에서 진료를 받게 할 수 있다. 18. 승진★

② 소장은 수용자의 정신질환 치료를 위하여 필요하다고 인정하면 법무부장관의 승인을 받아 치료감호시설로 이송할 수 있다. 21. 교정7★ 43)

③ 제2항에 따라 이송된 사람은 수용자에 준하여 처우한다.

④ 소장은 제1항 또는 제2항에 따라 수용자가 외부의료시설에서 진료받거나 치료감호시설로 이송되면 그 사실을 그 가족(가족이 없는 경우에는 수용자가 지정하는 사람)에게 지체 없이 알려야 한다. 다만, 수용자가 알리는 것을 원하지 아니하면 그러하지 아니하다. 21. 교정7★

---

40) 소장은 감염병이 유행하는 경우에는 수용자가 자비로 구매하는 음식물의 공급을 중지할 수 있다. (　) ▶ ○

41) 소장은 수용자가 감염병에 걸린 경우 지체 없이 법무부장관에게 보고하고 관할 보건기관의 장에게 알려야 한다. (　) ▶ ○

42) 교정시설에 근무하는 간호사는 수용자가 부상을 당하거나 질병에 걸린 경우 「의료법」 제27조에도 불구하고 투약처방 등 필요한 의료행위를 할 수 있다. (　) ▶ ×

43) 소장은 수용자의 정신질환 치료를 위하여 필요하다고 인정하면 직권으로 치료감호시설로 이송할 수 있다. (　) ▶ ×

⑤ 소장은 수용자가 자신의 고의 또는 중대한 과실로 부상 등이 발생하여 외부의료시설에서 진료를 받은 경우에는 그 진료비의 전부 또는 일부를 그 수용자에게 부담하게 할 수 있다. 20. 승진★ 44)

영 제55조 외부의사의 치료

소장은 특히 필요하다고 인정하면 외부 의료시설에서 근무하는 의사(이하 "외부의사"라 한다)에게 수용자를 치료하게 할 수 있다.

영 제56조 위독 사실의 알림

소장은 수용자가 위독한 경우에는 그 사실을 가족에게 지체 없이 알려야 한다. 17. 교정7

영 제57조 외부 의료시설 입원 등 보고

소장은 법 제37조 제1항에 따라 수용자를 외부 의료시설에 입원시키거나 입원 중인 수용자를 교정시설로 데려온 경우에는 그 사실을 법무부장관에게 지체 없이 보고하여야 한다. 19. 교정7★

법 제38조 자비치료

소장은 수용자가 자신의 비용으로 외부의료시설에서 근무하는 의사(이하 "외부의사"라 한다)에게 치료받기를 원하면 교정시설에 근무하는 의사(공중보건의사를 포함하며, 이하 "의무관"이라 한다)의 의견을 고려하여 이를 허가할 수 있다. 17. 교정9★

법 제39조 진료환경 등

① 교정시설에는 수용자의 진료를 위하여 필요한 의료 인력과 설비를 갖추어야 한다.
② 소장은 정신질환이 있다고 의심되는 수용자가 있으면 정신건강의학과 의사의 진료를 받을 수 있도록 하여야 한다. 23. 경채★
③ 외부의사는 수용자를 진료하는 경우에는 법무부장관이 정하는 사항을 준수하여야 한다. 23. 경채
④ 교정시설에 갖추어야 할 의료설비의 기준에 관하여 필요한 사항은 법무부령으로 정한다.

규칙 제23조 의료설비의 기준

① 교정시설에는 「의료법」 제3조에 따른 의료기관 중 의원(醫院)이 갖추어야 하는 시설 수준 이상의 의료시설(진료실 등의 의료용 건축물을 말한다. 이하 같다)을 갖추어야 한다.
② 교정시설에 갖추어야 하는 의료장비(혈압측정기 등의 의료기기를 말한다)의 기준은 별표 3과 같다.
③ 의료시설의 세부종류 및 설치기준은 법무부장관이 정한다.

규칙 제24조 비상의료용품 기준

① 소장은 수용정원과 시설여건 등을 고려하여 적정한 양의 비상의료용품을 갖추어 둔다.
② 교정시설에 갖추어야 하는 비상의료용품의 기준은 별표 4와 같다.

---

44) 소장은 수용자가 자신의 고의 또는 중대한 과실로 부상 등이 발생하여 외부의료시설에서 진료를 받은 경우에는 그 진료비의 전부 또는 일부를 그 수용자에게 부담하게 할 수 있다. (　)　　　　　▶ ○

법 제40조 수용자의 의사에 반하는 의료조치

① 소장은 수용자가 진료 또는 음식물의 섭취를 거부하면 의무관으로 하여금 관찰·조언 또는 설득을 하도록 하여야 한다. 19. 승진

② 소장은 제1항의 조치에도 불구하고 수용자가 진료 또는 음식물의 섭취를 계속 거부하여 그 생명에 위험을 가져올 급박한 우려가 있으면 의무관으로 하여금 적당한 진료 또는 영양보급 등의 조치를 하게 할 수 있다. 18. 승진★

🗆 제5장 접견·편지수수(便紙授受) 및 전화통화

법 제41조 접견

① 수용자는 교정시설의 외부에 있는 사람과 접견할 수 있다(→ 소장의 허가 ✕). 다만, 다음 각 호(→ 접견제한사유)의 어느 하나에 해당하는 사유가 있으면 그러하지 아니하다. 18. 승진★

　1. 형사 법령에 저촉되는 행위를 할 우려가 있는 때

　2. 「형사소송법」이나 그 밖의 법률에 따른 접견금지의 결정이 있는 때

　3. 수형자의 교화 또는 건전한 사회복귀를 해칠 우려가 있는 때

　4. 시설의 안전 또는 질서를 해칠 우려가 있는 때

⑥ 접견의 횟수·시간·장소·방법 및 접견내용의 청취·기록·녹음·녹화 등에 관하여 필요한 사항은 대통령령으로 정한다. 18. 승진

영 제58조 접견

① 수용자의 접견은 매일(공휴일 및 법무부장관이 정한 날은 제외한다) 「국가공무원 복무규정」 제9조에 따른 근무시간 내에서 한다.

② 변호인(변호인이 되려고 하는 사람을 포함한다. 이하 같다)과 접견하는 미결수용자를 제외한 수용자의 접견시간은 회당 30분 이내로 한다. 22. 교정7★

③ 수형자의 접견 횟수는 매월 4회로 한다(→ 규칙 제87조 참조). 22. 교정7★

④ 삭제

⑤ 법 및 이 영에 규정된 사항 외에 수형자, 사형확정자 및 미결수용자를 제외한 수용자의 접견 횟수·시간·장소 등에 관하여 필요한 사항은 법무부장관이 정한다.

⑥ 소장은 교정시설의 외부에 있는 사람의 수용자 접견에 관한 사무를 수행하기 위하여 불가피한 경우 「개인정보 보호법」 시행령 제19조에 따른 주민등록번호, 여권번호, 운전면허의 면허번호 또는 외국인등록번호가 포함된 자료를 처리할 수 있다.

규칙 제87조 접견

① 수형자의 경비처우급별 접견의 허용횟수는 다음 각 호와 같다. 18. 승진★

  1. 개방처우급: 1일 1회

  2. 완화경비처우급: 월 6회

  3. 일반경비처우급: 월 5회

  4. 중(重)경비처우급: 월 4회

② 제1항 제2호부터 제4호까지의 경우 접견은 1일 1회만 허용한다. 다만, 처우상 특히 필요한 경우에는 그러하지 아니하다. 16. 교정7

③ 소장은 교화 및 처우상 특히 필요한 경우에는 수용자가 다른 교정시설의 수용자와 통신망을 이용하여 화상으로 접견하는 것(이하 "화상접견"이라 한다)을 허가할 수 있다. 이 경우 화상접견은 제1항의 접견 허용횟수에 포함한다. 23. 교정7★

영 제59조 접견의 예외

① 소장은 제58조 제1항 및 제2항에도 불구하고 수형자의 교화 또는 건전한 사회복귀를 위하여 특히 필요하다고 인정하면 접견 시간대 외에도 접견을 하게 할 수 있고 접견시간을 연장할 수 있다.

② 소장은 제58조 제3항에도 불구하고 수형자가 다음 각 호의 어느 하나에 해당하면 접견 횟수를 늘릴 수 있다. 19. 승진★

  1. 19세 미만인 때

  2. 교정성적이 우수한 때

  3. 교화 또는 건전한 사회복귀를 위하여 특히 필요하다고 인정되는 때

영 제59조의2 변호사와의 접견

① 제58조 제2항에도 불구하고 수용자가 다음 각 호의 어느 하나에 해당하는 변호사와 접견하는 시간은 회당 60분으로 한다.

  1. 소송사건의 대리인인 변호사

  2. 「형사소송법」에 따른 상소권회복 또는 재심 청구사건의 대리인이 되려는 변호사

② 수용자가 제1항 각 호의 변호사와 접견하는 횟수는 다음 각 호의 구분에 따르되, 이를 제58조 제3항, 제101조 및 제109조의 접견 횟수에 포함시키지 아니한다. 22. 교정7 45)

  1. 소송사건의 대리인인 변호사: 월 4회

  2. 「형사소송법」에 따른 상소권회복 또는 재심 청구사건의 대리인이 되려는 변호사: 사건 당 2회

③ 소장은 제58조 제1항과 이 조 제1항 및 제2항에도 불구하고 소송사건의 수 또는 소송내용의 복잡성 등을 고려하여 소송의 준비를 위하여 특히 필요하다고 인정하면 접견 시간대 외에도 접견을 하게 할 수 있고, 접견 시간 및 횟수를 늘릴 수 있다.

④ 소장은 제1항 및 제2항에도 불구하고 접견 수요 또는 접견실 사정 등을 고려하여 원활한 접견 사무 진행에 현저한 장애가 발생한다고 판단하면 접견 시간 및 횟수를 줄일 수 있다. 이 경우 줄어든 시간과 횟수는 다음 접견 시에 추가하도록 노력하여야 한다.

---

45) 수용자가 「형사소송법」에 따른 상소권회복 또는 재심 청구사건의 대리인이 되려는 변호사와 접견할 수 있는 횟수는 월 4회이다. ( )   ▶ ✕

⑤ 수용자가 「형사소송법」에 따른 상소권회복 또는 재심 청구사건의 대리인이 되려는 변호사와 접견하는 경우에는 교정시설의 안전 또는 질서를 해칠 우려가 없는 한 접촉차단시설이 설치되지 않은 장소에서 접견하게 한다.

⑥ 제1항부터 제5항까지에서 규정한 사항 외에 수용자와 제1항 각 호의 변호사의 접견에 관하여 필요한 사항은 법무부령으로 정한다.

규칙 제29조의3 소송사건의 대리인인 변호사 등의 접견 등 신청

① 영 제59조의2 제1항 각 호의 변호사(→ 소송사건의 대리인 변호사, 상소권회복 또는 재심 청구사건의 대리인이 되려는 변호사)가 수용자를 접견하고자 하는 경우에는 별지 제32호 서식의 신청서를 소장에게 제출해야 한다. 다만, 영 제59조의2 제1항 제1호의 변호사(→ 소송사건의 대리인 변호사)는 소송위임장 사본 등 소송 사건의 대리인임을 소명할 수 있는 자료를 첨부해야 한다. <개정 2024.2.8.>

② 영 제59조의2 제1항 각 호의 변호사가 같은 조 제3항에 따라 접견 시간을 연장하거나 접견 횟수를 추가하고자 하는 경우에는 별지 제33호 서식의 신청서에 해당 사유를 소명할 수 있는 자료를 첨부하여 소장에게 제출해야 한다. <개정 2024.2.8.>

법 제41조 접견

② 수용자의 접견은 접촉차단시설이 설치된 장소에서 하게 한다. 다만, 다음 각 호의 어느 하나에 해당하는 경우에는 접촉차단시설이 설치되지 아니한 장소에서 접견하게 한다. 22. 교정746)

  1. 미결수용자(형사사건으로 수사 또는 재판을 받고 있는 수형자와 사형확정자를 포함한다)가 변호인(변호인이 되려는 사람을 포함한다. 이하 같다)과 접견하는 경우

  2. 수용자가 소송사건의 대리인인 변호사와 접견하는 경우 등 수용자의 재판청구권 등을 실질적으로 보장하기 위하여 대통령령으로 정하는 경우로서 교정시설의 안전 또는 질서를 해칠 우려가 없는 경우

③ 제2항에도 불구하고 다음 각 호의 어느 하나에 해당하는 경우에는 접촉차단시설이 설치되지 아니한 장소에서 접견하게 할 수 있다.

  1. 수용자가 미성년자인 자녀와 접견하는 경우 21. 교정9★

  2. 그 밖에 대통령령(→ 영 제59조 제3항)으로 정하는 경우

영 제59조 접견의 예외

③ 법 제41조 제3항 제2호에서 "대통령령으로 정하는 경우"란 다음 각 호의 어느 하나에 해당하는 경우를 말한다.

  1. 수형자가 제2항 제2호(→ 교정성적이 우수) 또는 제3호(→ 교화 또는 건전한 사회복귀를 위하여 특히 필요하다고 인정)에 해당하는 경우

  2. 미결수용자의 처우를 위하여 소장이 특별히 필요하다고 인정하는 경우

  3. 사형확정자의 교화나 심리적 안정을 위하여 소장이 특별히 필요하다고 인정하는 경우

규칙 제88조 접견 장소

소장은 개방처우급 수형자에 대하여는 법무부장관이 정하는 바에 따라 접촉차단시설이 설치된 장소 외의 적당한 곳에서 접견을 실시할 수 있다. 다만, 처우상 특히 필요하다고 인정하는 경우에는 그 밖의 수형자(→ 완화·일반·중경비처우급 수형자)에 대하여도 이를 허용할 수 있다. 13. 9급★

---

46) 형사사건으로 수사나 재판을 받고 있는 수형자가 변호인과 접견하는 경우에는 접촉차단시설이 설치되지 아니한 장소에서 접견하게 하여야 한다. (　) ▶ ○

영 제60조 접견 시 외국어 사용

① 수용자와 교정시설 외부의 사람이 접견하는 경우에 법 제41조 제4항에 따라 접견내용이 청취·녹음 또는 녹화될 때에는 외국어를 사용해서는 아니 된다. 다만, 국어로 의사소통하기 곤란한 사정이 있는 경우에는 외국어를 사용할 수 있다. 23. 교정7 ★ 47)48)

② 소장은 제1항 단서의 경우에 필요하다고 인정하면 교도관 또는 통역인으로 하여금 통역하게 할 수 있다.

영 제61조 접견 시 유의사항 고지

소장은 법 제41조에 따라 접견을 하게 하는 경우에는 수용자와 그 상대방에게 접견 시 유의사항을 방송이나 게시물 부착 등 적절한 방법으로 알려줘야 한다.

영 제62조 접견내용의 청취·기록·녹음·녹화

① 소장은 법 제41조 제4항의 청취·기록을 위하여 다음 각 호의 사람을 제외한 수용자의 접견에 교도관을 참여하게 할 수 있다.

　1. 변호인과 접견하는 미결수용자

　2. 소송사건의 대리인인 변호사와 접견하는 수용자

② 소장은 특별한 사정이 없으면 교도관으로 하여금 법 제41조 제5항에 따라 수용자와 그 상대방에게 접견내용의 녹음·녹화 사실을 수용자와 그 상대방이 접견실에 들어가기 전에 미리 말이나 서면 등 적절한 방법으로 알려 주게 하여야 한다.

③ 소장은 법 제41조 제4항에 따라 청취·녹음·녹화한 경우의 접견기록물에 대한 보호·관리를 위하여 접견정보 취급자를 지정하여야 하고, 접견정보 취급자는 직무상 알게 된 접견정보를 누설하거나 권한 없이 처리하거나 다른 사람이 이용하도록 제공하는 등 부당한 목적을 위하여 사용해서는 아니 된다.

④ 소장은 관계기관으로부터 다음 각 호의 어느 하나에 해당하는 사유로 제3항의 접견기록물의 제출을 요청받은 경우에는 기록물을 제공할 수 있다.

　1. 법원의 재판업무 수행을 위하여 필요한 때

　2. 범죄의 수사와 공소의 제기 및 유지에 필요한 때

---

47) 외국인인 수형자는 국어로 의사소통이 곤란한 사정이 없더라도 접견 시 접견내용이 청취, 녹음, 녹화될 때에는 외국어를 사용할 수 있다. (　)　　▶ ×

48) 외국 국적의 여성인 신입수용자 A와 교정시설 외부의 사람이 접견하는 경우에 접견내용이 청취·녹음 또는 녹화될 때, A가 국어로 의사소통하기 곤란한 사정이 있는 경우에는 외국어를 사용할 수 있다. (　)　　▶ ○

⑤ 소장은 제4항에 따라 녹음·녹화 기록물을 제공할 경우에는 제3항의 접견정보 취급자로 하여금 녹음·녹화기록물을 요청한 기관의 명칭, 제공받는 목적, 제공 근거, 제공을 요청한 범위, 그 밖에 필요한 사항을 녹음·녹화기록물 관리프로그램에 입력하게 하고, 따로 이동식 저장매체에 옮겨 담아 제공한다.

법 제42조 접견의 중지 등

교도관은 접견 중인 수용자 또는 그 상대방이 다음 각 호의 어느 하나에 해당하면 접견을 중지할 수 있다. 20. 교정9

1. 범죄의 증거를 인멸하거나 인멸하려고 하는 때
2. 제92조의 금지물품을 주고받거나 주고받으려고 하는 때
3. 형사 법령에 저촉되는 행위를 하거나 하려고 하는 때
4. 수용자의 처우 또는 교정시설의 운영에 관하여 거짓사실을 유포하는 때
5. 수형자의 교화 또는 건전한 사회복귀를 해칠 우려가 있는 행위를 하거나 하려고 하는 때
6. 시설의 안전 또는 질서를 해하는 행위를 하거나 하려고 하는 때

영 제63조 접견중지 사유의 고지

교도관이 법 제42조에 따라 수용자의 접견을 중지한 경우에는 그 사유를 즉시 알려주어야 한다.

법 제43조 편지수수

① 수용자는 다른 사람과 편지를 주고받을 수 있다(→ 소장의 허가 ×). 다만, 다음 각 호(→ 편지수수제한 사유)의 어느 하나에 해당하는 사유가 있으면 그러하지 아니하다. 24. 교정9[49]

  1. 「형사소송법」이나 그 밖의 법률에 따른 편지의 수수금지 및 압수의 결정이 있는 때
  2. 수형자의 교화 또는 건전한 사회복귀를 해칠 우려가 있는 때
  3. 시설의 안전 또는 질서를 해칠 우려가 있는 때
② 제1항 각 호 외의 부분 본문에도 불구하고 같은 교정시설의 수용자 간에 편지를 주고받으려면 소장의 허가를 받아야 한다. 13. 경채★
⑧ 편지발송의 횟수, 편지 내용물의 확인방법 및 편지 내용의 검열절차 등에 관하여 필요한 사항은 대통령령으로 정한다.

영 제64조 편지수수의 횟수

수용자가 보내거나 받는 편지는 법령에 어긋나지 않으면 횟수를 제한하지 않는다. 24. 교정9★

영 제67조 관계기관 송부문서

소장은 법원·경찰관서, 그 밖의 관계기관에서 수용자에게 보내온 문서는 다른 법령에 특별한 규정이 없으면 열람한 후 본인에게 전달하여야 한다. 24. 교정9★[50]

---

49) 수용자는 시설의 안전 또는 질서를 해칠 우려가 있는 때에는 다른 사람과 편지를 주고받을 수 없다. ( )　　▶ ○
50) 소장은 법원·경찰관서, 그 밖의 관계기관에서 수용자에게 보내온 문서는 다른 법령에 특별한 규정이 없으면 열람 없이 본인에게 전달하여야 한다. ( )
　　　▶ ×

영 제68조 편지 등의 대서

소장은 수용자가 편지, 소송서류, 그 밖의 문서를 스스로 작성할 수 없어 대신 써 달라고 요청하는 경우에는 교도관이 대신 쓰게 할 수 있다.

영 제69조 편지 등 발송비용의 부담

수용자의 편지·소송서류, 그 밖의 문서를 보내는 경우에 드는 비용은 수용자가 부담한다. 다만, 소장은 수용자가 그 비용을 부담할 수 없는 경우에는 예산의 범위에서 해당 비용을 부담할 수 있다. 13. 교정7★

법 제43조 편지수수

③ 소장은 수용자가 주고받는 편지에 법령에 따라 금지된 물품이 들어 있는지 확인할 수 있다. 20. 승진★

영 제65조 편지 내용물의 확인

① 수용자는 편지를 보내려는 경우 해당 편지를 봉함하여 교정시설에 제출한다. 다만, 소장은 다음 각 호의 어느 하나에 해당하는 경우로서 법 제43조 제3항에 따른 금지물품의 확인을 위하여 필요한 경우에는 편지를 봉함하지 않은 상태로 제출하게 할 수 있다. 18. 승진★

  1. 다음 각 목의 어느 하나에 해당하는 수용자가 변호인 외의 자에게 편지를 보내려는 경우

     가. 법 제104조 제1항에 따른 마약류사범·조직폭력사범 등 법무부령으로 정하는 수용자(→ 엄중관리대상자)
        18. 승진

     나. 제84조 제2항에 따른 처우등급이 법 제57조 제2항 제4호의 중(重)경비시설 수용대상인 수형자 19. 교정9

  2. 수용자가 같은 교정시설에 수용 중인 다른 수용자에게 편지를 보내려는 경우

  3. 규율위반으로 조사 중이거나 징벌집행 중인 수용자가 다른 수용자에게 편지를 보내려는 경우

② 소장은 수용자에게 온 편지에 금지물품이 들어 있는지를 개봉하여 확인할 수 있다. 20. 승진★ [51]

법 제43조 편지수수

④ 수용자가 주고받는 편지의 내용은 검열받지 아니한다. 다만, 다음 각 호의 어느 하나에 해당하는 사유(→ 예외적 검열가능사유)가 있으면 그러하지 아니하다. 19. 승진★

  1. 편지의 상대방이 누구인지 확인할 수 없는 때

  2. 「형사소송법」이나 그 밖의 법률에 따른 편지검열의 결정이 있는 때

  3. 제1항 제2호 또는 제3호(→ 수형자의 교화 또는 건전한 사회복귀를 해칠 우려, 시설의 안전 또는 질서를 해칠 우려)에 해당하는 내용이나 형사 법령에 저촉되는 내용이 기재되어 있다고 의심할 만한 상당한 이유가 있는 때

  4. 대통령령(→ 영 제66조 제1항)으로 정하는 수용자 간의 편지인 때

---

51) 소장은 수용자에게 온 서신에 금지물품이 들어있는지 확인할 필요성이 있는 경우 개봉하지 않은 상태에서 X-ray 투시기 등으로 외피검사만 할 수 있다. ( ) ▶ ×

영 제66조 편지 내용의 검열

① 소장은 법 제43조 제4항 제4호에 따라 다음 각 호의 어느 하나에 해당하는 수용자가 다른 수용자와 편지를 주고받는 때에는 그 내용을 검열할 수 있다. 24. 교정9 ★ 52)

1. 법 제104조 제1항에 따른 마약류사범·조직폭력사범 등 법무부령(→ 규칙 제194조)으로 정하는 수용자(→ 엄중관리대상자)인 때
2. 편지를 주고받으려는 수용자와 같은(→ 同) 교정시설에 수용 중인 때
3. 규율위반으로 조사 중이거나 징벌집행 중인 때
4. 범죄의 증거를 인멸할 우려가 있는 때

② 수용자 간에 오가는 편지에 대한 제1항의 검열은 편지를 보내는 교정시설에서 한다. 다만, 특히 필요하다고 인정되는 경우에는 편지를 받는 교정시설에서도 할 수 있다. 20. 승진 ★ 53)

③ 소장은 수용자가 주고받는 편지가 법 제43조 제4항 각 호의 어느 하나(→ 예외적 검열가능사유)에 해당하면 이를 개봉한 후 검열할 수 있다. 20. 승진

④ 소장은 제3항에 따라 검열한 결과 편지의 내용이 법 제43조 제5항의 발신 또는 수신 금지사유에 해당하지 아니하면 발신편지는 봉함한 후 발송하고, 수신편지는 수용자에게 건네준다.

⑤ 소장은 편지의 내용을 검열했을 때에는 그 사실을 해당 수용자에게 지체 없이 알려주어야 한다.

법 제43조 편지수수

⑤ 소장은 제3항 또는 제4항 단서에 따라 확인 또는 검열한 결과 수용자의 편지에 법령으로 금지된 물품이 들어 있거나 편지의 내용이 다음 각 호의 어느 하나에 해당하면 발신 또는 수신을 금지할 수 있다. 20. 승진 ★ 54)

1. 암호·기호 등 이해할 수 없는 특수문자로 작성되어 있는 때
2. 범죄의 증거를 인멸할 우려가 있는 때
3. 형사 법령에 저촉되는 내용이 기재되어 있는 때
4. 수용자의 처우 또는 교정시설의 운영에 관하여 명백한 거짓사실을 포함하고 있는 때
5. 사생활의 비밀 또는 자유를 침해할 우려가 있는 때
6. 수형자의 교화 또는 건전한 사회복귀를 해칠 우려가 있는 때
7. 시설의 안전 또는 질서를 해칠 우려가 있는 때

⑥ 소장이 편지를 발송하거나 내어주는 경우에는 신속히 하여야 한다.

⑦ 소장은 제1항 단서 또는 제5항에 따라 발신 또는 수신이 금지된 편지는 그 구체적인 사유를 서면으로 작성해 관리하고, 수용자에게 그 사유를 알린 후 교정시설에 보관한다. 다만, 수용자가 동의하면 폐기할 수 있다. 19. 교정9

---

52) 소장은 규율위반으로 징벌집행 중인 수용자가 다른 수용자와 편지를 주고받는 때에는 그 내용을 검열하여야 한다. (   )
▶ ×
53) 형집행법 시행령 제66조에 따른 수용자 간에 오가는 서신에 대한 검열은 서신을 받는 교정시설에서 한다. 다만, 특히 필요하다고 인정되는 경우에는 서신을 보내는 교정시설에서도 할 수 있다. (   )
▶ ×
54) 소장은 수용자가 주고받는 서신에 법령에 따라 금지된 물품이 들어 있는지 확인할 수 있으며, 확인한 결과 법령으로 금지된 물품이 들어 있으면 서신의 내용과 상관없이 발신 또는 수신을 금지할 수 있다. (   )
▶ ○

법 제44조 전화통화

① 수용자는 소장의 허가를 받아 교정시설의 외부에 있는 사람과 전화통화를 할 수 있다. 10. 특채

② 제1항에 따른 허가에는 통화내용의 청취 또는 녹음을 조건으로 붙일 수 있다. 19. 교정9★

③ 제42조(→ 접견의 중지 등)는 수용자의 전화통화에 관하여 준용한다[→ 접견중지사유(증/저/거/물/교/시)
　 = 전화통화중지사유].

④ 제2항에 따라 통화내용을 청취 또는 녹음하려면 사전에 수용자 및 상대방에게 그 사실을 알려 주어야 한다.

⑤ 전화통화의 허가범위, 통화내용의 청취·녹음 등에 관하여 필요한 사항은 법무부령으로 정한다. 11. 특채

영 제70조 전화통화

수용자의 전화통화에 관하여는 제60조(→ 접견 시 외국어 사용) 제1항 및 제63조(→ 접견중지사유의 고지)를 준용한다.

규칙 제25조 전화통화의 허가

① 소장은 전화통화(발신하는 것만을 말한다. 이하 같다)를 신청한 수용자에 대하여 다음 각 호의 어느 하나에 해당하는 사유(→ 전화통화 불허사유)가 없으면 전화통화를 허가할 수 있다. 다만, 미결수용자에게 전화통화를 허가할 경우 그 허용횟수는 월 2회 이내로 한다. <개정 2024.2.8.> 12. 교정9★

　1. 범죄의 증거를 인멸할 우려가 있을 때

　2. 형사법령에 저촉되는 행위를 할 우려가 있을 때

　3. 「형사소송법」 제91조 및 같은 법 제209조에 따라 접견·편지수수 금지결정을 하였을 때

　4. 교정시설의 안전 또는 질서를 해칠 우려가 있을 때

　5. 수형자의 교화 또는 건전한 사회복귀를 해칠 우려가 있을 때

② 소장은 제1항에 따른 허가를 하기 전에 전화번호와 수신자(수용자와 통화할 상대방을 말한다. 이하 같다)를 확인하여야 한다. 이 경우 수신자에게 제1항 각 호에 해당하는 사유(→ 전화통화 불허사유)가 있으면 제1항의 허가를 아니할 수 있다.

③ 전화통화의 통화시간은 특별한 사정이 없으면 5분(← 3분) 이내로 한다. <개정 2024.2.8.> 20. 승진

규칙 제26조 전화이용시간

① 수용자의 전화통화는 매일(공휴일 및 법무부장관이 정한 날은 제외한다) 「국가공무원 복무규정」 제9조에 따른 근무시간 내에서 실시한다. 20. 승진

② 소장은 제1항에도 불구하고 평일에 전화를 이용하기 곤란한 특별한 사유가 있는 수용자에 대해서는 전화이용시간을 따로 정할 수 있다. 20. 승진55)

---

55) 수용자의 전화통화는 매일(공휴일 및 법무부장관이 정한 날은 제외한다) 「국가공무원 복무규정」 제9조에 따른 근무시간 내에서 실시하되, 소장은 평일에 전화를 이용하기 곤란한 특별한 사유가 있는 수용자에 대해서는 전화이용시간을 따로 정할 수 있다. (　)　▶ ○

규칙 제27조 통화허가의 취소

소장은 다음 각 호의 어느 하나에 해당할 때에는 <u>전화통화의 허가를 취소할 수 있다.</u> 20. 승진[56)]

1. <u>수용자 또는 수신자가 전화통화 내용의 청취·녹음에 동의하지 아니할 때</u>
2. <u>수신자가 수용자와의 관계 등에 대한 확인 요청에 따르지 아니하거나 거짓으로 대답할 때</u>
3. <u>전화통화 허가 후 제25조 제1항 각 호의 어느 하나(→ 전화통화 불허사유)에 해당되는 사유가 발견되거나 발생하였을 때</u>

규칙 제28조 통화내용의 청취·녹음

① 소장은 제25조 제1항 각 호의 어느 하나(→ 전화통화 불허사유)에 해당하지 아니한다고 명백히 인정되는 경우가 아니면 통화내용을 청취하거나 녹음한다.

② 제1항의 녹음기록물은 「공공기록물 관리에 관한 법률」에 따라 관리하고, 특히 녹음기록물이 손상되지 아니하도록 유의해서 보존하여야 한다.

③ 소장은 제1항의 녹음기록물에 대한 보호·관리를 위해 <u>전화통화정보 취급자를 지정해야 하고,</u> 전화통화정보 취급자는 직무상 알게 된 전화통화정보를 누설 또는 권한 없이 처리하거나 다른 사람이 이용하도록 제공하는 등 부당한 목적으로 사용해서는 안 된다. <개정 2024.2.8.>

④ <u>제1항의 녹음기록물을 관계기관에 제공하는 경우에는 영 제62조 제4항 및 제5항(→ 접견기록물 관계기관에 제공)을 준용한다.</u> <개정 2024.2.8.>

규칙 제29조 통화요금의 부담

① <u>수용자의 전화통화 요금은 수용자가 부담한다.</u> 20. 승진★

② 소장은 <u>교정성적이 양호한 수형자 또는 보관금이 없는 수용자 등에 대하여는 제1항에도 불구하고 예산의 범위에서 요금을 부담할 수 있다.</u> 20. 승진[57)]

규칙 제29조의2 세부사항

이 규칙에서 정한 사항 외에 전화통화의 허가범위, 통화내용의 청취·녹음 등에 필요한 세부사항은 법무부장관이 정한다.

[본조신설 2024.2.8.]

영 제71조 참고사항의 기록

<u>교도관은</u> 수용자의 접견, 편지수수, 전화통화 등의 과정에서 <u>수용자의 처우에 특히 참고할 사항을 알게 된 경우에는 그 요지를 수용기록부에 기록해야 한다.</u> 20. 승진[58)]

---

56) 소장은 수용자 또는 수신자가 서로의 관계 등에 대한 확인 요청에 따르지 아니하거나 거짓으로 대답할 때에는 전화통화의 허가를 취소하여야 한다. (　)　　　　　　　　　　　　　　　　　　　　　　　　　　　▶ ×

57) 수용자의 전화통화 요금은 수용자가 부담하되, 소장은 교정성적이 양호한 수형자 또는 보관금이 없는 수용자 등에 대하여는 예산의 범위에서 요금을 부담할 수 있다. (　)　　　　　　　　　　　　　　　　　　　　　　▶ ○

58) 교도관은 수용자의 접견, 편지수수, 전화통화 등의 과정에서 수용자의 처우에 특히 참고할 사항을 알게 된 경우에는 그 요지를 수용기록부에 기록해야 한다. (　)　　　　　　　　　　　　　　　　　　　　　　　▶ ○

규칙 제90조 전화통화의 허용횟수

① 수형자의 경비처우급별 전화통화의 허용횟수는 다음 각 호와 같다. <개정 2024.2.8.> 24. 교정9 ★ 59)

   1. 개방처우급: 월 20회(← 5회) 이내

   2. 완화경비처우급: 월 10회(← 3회) 이내

   3. 일반경비처우급: 월 5회 이내

   4. 중(重)경비처우급: 처우상 특히 필요한 경우 월 2회 이내

② 소장은 제1항에도 불구하고 처우상 특히 필요한 경우에는 개방처우급·완화경비처우급·일반경비처우급(← 개방처우급·완화경비처우급) 수형자의 전화통화 허용횟수를 늘릴 수 있다. <개정 2024.2.8.>

③ 제1항 각 호의 경우 전화통화는 1일 1회만 허용한다. 다만, 처우상 특히 필요한 경우에는 그러하지 아니하다.

🗔 제6장 종교와 문화

법 제45조 종교행사의 참석 등

① 수용자는 교정시설의 안에서 실시하는 종교의식 또는 행사에 참석할 수 있으며, 개별적인 종교상담을 받을 수 있다.

② 수용자는 자신의 신앙생활에 필요한 책이나 물품을 지닐 수 있다.

③ 소장은 다음 각 호의 어느 하나에 해당하는 사유가 있으면 제1항 및 제2항에서 규정하고 있는 사항을 제한할 수 있다. 13. 경채

   1. 수형자의 교화 또는 건전한 사회복귀를 위하여 필요한 때

   2. 시설의 안전과 질서유지를 위하여 필요한 때

④ 종교행사의 종류·참석대상·방법, 종교상담의 대상·방법 및 종교도서·물품을 지닐 수 있는 범위 등에 관하여 필요한 사항은 법무부령으로 정한다.

규칙 제30조 종교행사의 종류

「형의 집행 및 수용자의 처우에 관한 법률」(이하 "법"이라 한다) 제45조에 따른 종교행사의 종류는 다음 각 호와 같다.

1. 종교집회: 예배·법회·미사 등

2. 종교의식: 세례·수계·영세 등

3. 교리 교육 및 상담

4. 그 밖에 법무부장관이 정하는 종교행사

---

59) 중(重)경비처우급 수형자에 대해서는 교화 및 처우상 특히 필요한 경우 전화통화를 월 2회 이내 허용할 수 있다. ( )

▶ ✕

규칙 제31조 종교행사의 방법

① 소장은 교정시설의 안전과 질서를 해치지 아니하는 범위에서 종교단체 또는 종교인이 주재하는 종교행사를 실시한다. 12. 교정9

② 소장은 종교행사를 위하여 각 종교별 성상·성물·성화·성구가 구비된 종교상담실·교리교육실 등을 설치할 수 있으며, 특정 종교행사를 위하여 임시행사장을 설치하는 경우에는 성상 등을 임시로 둘 수 있다.

규칙 제32조 종교행사의 참석대상

수용자는 자신이 신봉하는 종교행사에 참석할 수 있다. 다만, 소장은 다음 각 호의 어느 하나에 해당할 때에는 수용자의 종교행사 참석을 제한할 수 있다. 13. 경채★

1. 종교행사용 시설의 부족 등 여건이 충분하지 아니할 때
2. 수용자가 종교행사 장소를 허가 없이 벗어나거나 다른 사람과 연락을 할 때
3. 수용자가 계속 큰 소리를 내거나 시끄럽게 하여 종교행사를 방해할 때
4. 수용자가 전도를 핑계삼아 다른 수용자의 평온한 신앙생활을 방해할 때
5. 그 밖에 다른 법령에 따라 공동행사의 참석이 제한될 때

규칙 제33조 종교상담

소장은 수용자가 종교상담을 신청하거나 수용자에게 종교상담이 필요한 경우에는 해당 종교를 신봉하는 교도관 또는 교정참여인사(법 제130조의 교정위원, 그 밖에 교정행정에 참여하는 사회 각 분야의 사람 중 학식과 경험이 풍부한 사람을 말한다)로 하여금 상담하게 할 수 있다.

규칙 제34조 종교물품 등을 지닐 수 있는 범위

① 소장은 수용자의 신앙생활에 필요하다고 인정하는 경우에는 외부에서 제작된 휴대용 종교도서 및 성물을 수용자가 지니게 할 수 있다. 20. 교정7★ 60)

② 소장이 수용자에게 제1항의 종교도서 및 성물을 지니는 것을 허가하는 경우에는 그 재질·수량·규격·형태 등을 고려해야 하며, 다른 수용자의 수용생활을 방해하지 않도록 해야 한다.

법 제46조 도서비치 및 이용

소장은 수용자의 지식함양 및 교양습득에 필요한 도서를 비치하고 수용자가 이용할 수 있도록 하여야 한다.
17. 교정9

영 제72조 비치도서의 이용

① 소장은 수용자가 쉽게 이용할 수 있도록 비치도서의 목록을 정기적으로 공개하여야 한다.

② 비치도서의 열람방법, 열람기간 등에 관하여 필요한 사항은 법무부장관이 정한다.

---

60) 소장은 수용자의 신앙생활에 필요한 서적이나 물품을 신청할 경우 외부에서 제작된 휴대용 종교서적 및 성물을 제공하여야 한다. ( ) ▶ ×

> ### 법 제47조 신문등의 구독
>
> ① 수용자는 자신의 비용으로 신문·잡지 또는 도서(이하 "신문등"이라 한다)의 구독을 신청할 수 있다.
> 17. 교정9
> ② 소장은 제1항에 따라 구독을 신청한 신문등이 「출판문화산업 진흥법」에 따른 유해간행물인 경우를 제외하고는 구독을 허가하여야 한다. 20. 승진 ★ 61)
> ③ 제1항에 따라 구독을 신청할 수 있는 신문등의 범위 및 수량은 법무부령으로 정한다.

규칙 제35조 구독신청 수량

법 제47조에 따라 수용자가 구독을 신청할 수 있는 신문·잡지 또는 도서(이하 이 절에서 "신문등"이라 한다)는 교정시설의 보관범위 및 수용자가 지닐 수 있는 범위를 벗어나지 않는 범위에서 신문은 월 3종 이내로, 도서(잡지를 포함한다)는 월 10권 이내로 한다. 다만, 소장은 수용자의 지식함양 및 교양습득에 특히 필요하다고 인정하는 경우에는 신문등의 신청 수량을 늘릴 수 있다. 20. 교정7 ★ 62)

규칙 제36조 구독허가의 취소 등

① 소장은 신문등을 구독하는 수용자가 다음 각 호의 어느 하나에 해당하는 사유가 있으면 구독의 허가를 취소할 수 있다.
   1. 허가 없이 다른 거실 수용자와 신문등을 주고받을 때
   2. 그 밖에 법무부장관이 정하는 신문등과 관련된 지켜야 할 사항을 위반하였을 때
② 소장은 소유자가 분명하지 아니한 도서를 회수하여 비치도서로 전환하거나 폐기할 수 있다.

> ### 법 제48조 라디오 청취와 텔레비전 시청
>
> ① 수용자는 정서안정 및 교양습득을 위하여 라디오 청취와 텔레비전 시청을 할 수 있다.
> ② 소장은 다음 각 호의 어느 하나에 해당하는 사유가 있으면 수용자에 대한 라디오 및 텔레비전의 방송을 일시 중단하거나 개별 수용자에 대하여 라디오 및 텔레비전의 청취 또는 시청을 금지할 수 있다. 23. 경채 ★
>   1. 수형자의 교화 또는 건전한 사회복귀를 해칠 우려가 있는 때
>   2. 시설의 안전과 질서유지를 위하여 필요한 때
> ③ 방송설비·방송프로그램·방송시간 등에 관하여 필요한 사항은 법무부령으로 정한다.

영 제73조 라디오 청취 등의 방법

법 제48조 제1항에 따른 수용자의 라디오 청취와 텔레비전 시청은 교정시설에 설치된 방송설비를 통하여 할 수 있다.

---

61) 소장은 수용자가 구독을 신청한 신문 등이 「출판문화산업 진흥법」에 따른 유해간행물인 경우를 제외하고는 구독을 허가하여야 한다. ( ) ▶ ○
62) 수용자가 자신의 비용으로 구독을 신청할 수 있는 신문·잡지 또는 도서는 교정시설의 보관범위 및 수용자의 소지범위를 벗어나지 아니하는 범위에서 원칙적으로 신문은 월 3종 이내로, 도서(잡지를 포함한다)는 월 5권 이내로 한다. ( ) ▶ ✕

규칙 제37조 방송의 기본원칙

① 수용자를 대상으로 하는 방송은 <u>무상</u>으로 한다.

② 법무부장관은 방송의 전문성을 강화하기 위하여 <u>외부전문가의 협력</u>을 구할 수 있고, 모든 교정시설의 수용자를 대상으로 <u>통합방송</u>을 할 수 있다.

③ 소장은 방송에 대한 의견수렴을 위하여 설문조사 등의 방법으로 수용자의 반응도 및 만족도를 측정할 수 있다.

규칙 제38조 방송설비

① 소장은 방송을 위하여 텔레비전, 라디오, 스피커 등의 장비와 방송선로 등의 시설을 갖추어야 한다.

② 소장은 물품관리법령에 따라 제1항의 장비와 시설을 정상적으로 유지·관리하여야 한다.

규칙 제39조 방송편성시간

소장은 수용자의 건강과 일과시간 등을 고려하여 <u>1일 6시간 이내</u>에서 방송편성시간을 정한다. 다만, 토요일·공휴일, 작업·교육실태 및 수용자의 특성을 고려하여 방송편성시간을 조정할 수 있다. 20. 교정7★[63]

규칙 제40조 방송프로그램

① 소장은 「방송법」 제2조의 텔레비전방송 또는 라디오방송을 녹음·녹화하여 방송하거나 <u>생방송</u>할 수 있으며, 비디오테이프에 의한 영상물 또는 자체 제작한 영상물을 방송할 수 있다.

② 방송프로그램은 그 내용에 따라 다음 각 호와 같이 구분한다.

 1. 교육콘텐츠: 한글·한자·외국어 교육, 보건위생 향상, 성(性)의식 개선, 약물남용 예방 등

 2. 교화콘텐츠: 인간성 회복, 근로의식 함양, 가족관계 회복, 질서의식 제고, 국가관 고취 등

 3. 교양콘텐츠: 다큐멘터리, 생활정보, 뉴스, 직업정보, 일반상식 등

 4. 오락콘텐츠: 음악, 연예, 드라마, 스포츠 중계 등

 5. 그 밖에 수용자의 정서안정에 필요한 콘텐츠

③ 소장은 방송프로그램을 자체 편성하는 경우에는 다음 각 호의 어느 하나에 해당하는 내용이 포함되지 아니하도록 특히 유의하여야 한다.

 1. 폭력조장, 음란 등 미풍양속에 반하는 내용

 2. 특정 종교의 행사나 교리를 찬양하거나 비방하는 내용

 3. 그 밖에 수용자의 정서안정 및 수용질서 확립에 유해하다고 판단되는 내용

규칙 제41조 수용자가 지켜야 할 사항 등

① 수용자는 <u>소장이 지정한 장소</u>에서 <u>지정된 채널</u>을 통하여 텔레비전을 시청하거나 라디오를 <u>청취</u>하여야 한다. 다만, 제86조에 따른 <u>자치생활</u> 수형자는 <u>법무부장관이 정하는 방법</u>에 따라 텔레비전을 시청할 수 있다. 23. 경채★

② 수용자는 방송설비 또는 채널을 임의 조작·변경거나 임의수신 장비를 지녀서는 안 된다.

③ 수용자가 방송시설과 장비를 손상하거나 그 밖의 방법으로 그 효용을 해친 경우에는 배상을 하여야 한다.

---

63) 소장은 수용자의 건강과 일과시간 등을 고려하여 1일 4시간 이내에서 방송편성시간을 정한다. 다만, 토요일·공휴일, 작업·교육실태 및 수용자의 특성을 고려하여 방송편성시간을 조정할 수 있다. (　　) ▶ ✕

법 제49조 집필

① 수용자는 문서 또는 도화(圖畫)를 작성하거나 문예·학술, 그 밖의 사항에 관하여 집필할 수 있다(→ 소장의 허가 ×). 다만, 소장이 시설의 안전 또는 질서를 해칠 명백한 위험이 있다고 인정하는 경우는 예외로 한다. 18. 승진★

② 제1항에 따라 작성 또는 집필한 문서나 도화를 지니거나 처리하는 것에 관하여는 제26조(→ 수용자가 지니는 물품 등)를 준용한다.

③ 제1항에 따라 작성 또는 집필한 문서나 도화가 제43조 제5항 각 호의 어느 하나(→ 발신·수신의 금지사유)에 해당하면 제43조 제7항(→ 보관 또는 폐기 가능)을 준용한다.

④ 집필용구의 관리, 집필의 시간·장소, 집필한 문서 또는 도화의 외부반출 등에 관하여 필요한 사항은 대통령령으로 정한다.

영 제74조 집필용구의 구입비용

집필용구의 구입비용은 수용자가 부담한다. 다만, 소장은 수용자가 그 비용을 부담할 수 없는 경우에는 필요한 집필용구를 지급할 수 있다. 18. 승진★

영 제75조 집필의 시간대·시간 및 장소

① 수용자는 휴업일 및 휴게시간 내에 시간의 제한 없이 집필할 수 있다. 다만, 부득이한 사정이 있는 경우에는 그러하지 아니하다. 20. 교정764)

② 수용자는 거실·작업장, 그 밖에 지정된 장소에서 집필할 수 있다.

영 제76조 문서·도화의 외부 발송 등

① 소장은 수용자 본인이 작성 또는 집필한 문서나 도화(圖畫)를 외부에 보내거나 내가려고 할 때에는 그 내용을 확인하여 법 제43조 제5항 각 호의 어느 하나(→ 발신·수신의 금지사유)에 해당하지 않으면 허가해야 한다.

② 제1항에 따라 문서나 도화를 외부로 보내거나 내갈 때 드는 비용은 수용자가 부담한다. 18. 승진

③ 법 및 이 영에 규정된 사항 외에 수용자의 집필에 필요한 사항은 법무부장관이 정한다.

📖 제7장 특별한 보호

법 제50조 여성수용자의 처우

① 소장은 여성수용자에 대하여 여성의 신체적·심리적 특성을 고려하여 처우하여야 한다.

② 소장은 여성수용자에 대하여 건강검진을 실시하는 경우에는 나이·건강 등을 고려하여 부인과질환에 관한 검사를 포함시켜야 한다. 22. 교정7★65)

---

64) 수용자는 휴업일 및 휴게시간 내에 시간의 제한 없이 집필할 수 있다. 다만, 부득이한 사정이 있는 경우에는 그러하지 아니하다. (   )　　　　　　▶ ○

65) 소장은 여성수용자에 대하여 건강검진을 실시하는 경우에는 나이·건강 등을 고려하여 부인과질환에 관한 검사를 포함시켜야 한다. (   )　　　　　　▶ ○

③ 소장은 생리 중인 여성수용자에 대하여는 <u>위생에 필요한 물품</u>을 <u>지급하여야 한다.</u> 23. 경채★ 66)

④ 삭제

영 제7조 여성수용자에 대한 시찰

소장은 <u>특히 필요하다고 인정하는 경우가 아니면</u> 남성교도관이 <u>야간</u>에 수용자거실에 있는 여성수용자를 <u>시찰하게 하여서는 아니 된다.</u> 23. 경채★

영 제77조 여성수용자의 목욕

① 소장은 제50조에 따라 <u>여성수용자의 목욕횟수</u>를 정하는 경우에는 그 <u>신체적 특성</u>을 특히 고려하여야 한다. 18. 승진★

② 소장은 여성수용자가 목욕을 하는 경우에 <u>계호가 필요하다고 인정하면</u> <u>여성교도관</u>이 하도록 하여야 한다. 12. 경채★

법 제51조 여성수용자 처우 시의 유의사항

① 소장은 <u>여성수용자에 대하여 상담·교육·작업 등</u>(이하 이 조에서 "상담등"이라 한다)을 실시하는 때에는 <u>여성교도관이 담당</u>하도록 하여야 한다. 다만, 여성교도관이 부족하거나 그 밖의 부득이한 사정이 있으면 그러하지 아니하다. 23. 경채★

② 제1항 단서에 따라 남성교도관이 <u>1인</u>의 여성수용자에 대하여 실내에서 상담등을 하려면 <u>투명한 창문이 설치된 장소에서 다른 여성을 입회시킨 후</u> 실시하여야 한다. 22. 교정7★ 67)

법 제52조 임산부인 수용자의 처우

① 소장은 수용자가 <u>임신 중이거나 출산(유산·사산을 포함한다)한 경우</u>에는 모성보호 및 건강유지를 위하여 <u>정기적인 검진 등</u> 적절한 조치를 하여야 한다. 22. 교정7★ 68)

② 소장은 수용자가 <u>출산하려고 하는 경우</u>에는 <u>외부의료시설에서 진료를 받게 하는 등</u> 적절한 조치를 하여야 한다.

영 제78조 출산의 범위

법 제52조 제1항에서 "출산(유산·사산을 포함한다)한 경우"란 출산(유산·사산한 경우를 포함한다) 후 <u>60일</u>이 지나지 아니한 경우를 말한다. 22. 교정7

---

66) 소장은 생리 중인 여성수용자에 대하여 위생에 필요한 물품을 지급할 수 있다. (   )　　　　　　　　▶ ×

67) 소장은 여성교도관이 부족하여 남성교도관이 1인의 여성수용자에 대하여 실내에서 상담 등을 하려면 투명한 창문이 설치된 장소에서 다른 여성을 입회시킨 후 실시하여야 한다. (   )　　　　　　　　▶ ○

68) 소장은 수용자가 임신 중이거나 출산(유산·사산은 제외한다)한 경우에는 모성보호 및 건강유지를 위하여 정기적인 검진 등 적절한 조치를 하여야 한다. (   )　　　　　　　　▶ ×

> ## 법 제53조 유아의 양육
>
> ① 여성수용자는 자신이 출산한 유아를 교정시설에서 양육할 것을 신청할 수 있다. 이 경우 소장은 다음 각 호의 어느 하나에 해당하는 사유(→ 양육불허사유)가 없으면, 생후 18개월에 이르기까지 허가하여야 한다. 22. 교정7 ★ 69)
> 1. 유아가 질병·부상, 그 밖의 사유로 교정시설에서 생활하는 것이 특히 부적당하다고 인정되는 때
> 2. 수용자가 질병·부상, 그 밖의 사유로 유아를 양육할 능력이 없다고 인정되는 때
> 3. 교정시설에 감염병이 유행하거나 그 밖의 사정으로 유아양육이 특히 부적당한 때
> ② 소장은 제1항에 따라 유아의 양육을 허가한 경우에는 필요한 설비와 물품의 제공, 그 밖에 양육을 위하여 필요한 조치를 하여야 한다.

영 제79조 유아의 양육

소장은 법 제53조 제1항에 따라 유아의 양육을 허가한 경우에는 교정시설에 육아거실을 지정·운영하여야 한다. 21. 교정7

규칙 제42조 임산부수용자 등에 대한 특칙

소장은 임산부인 수용자 및 법 제53조에 따라 유아의 양육을 허가받은 수용자에 대하여 필요하다고 인정하는 경우에는 교정시설에 근무하는 의사(공중보건의사를 포함한다. 이하 "의무관"이라 한다)의 의견을 들어 필요한 양의 죽 등의 주식과 별도로 마련된 부식을 지급할 수 있으며, 양육유아에 대하여는 분유 등의 대체식품을 지급할 수 있다. 21. 교정9 ★ 70)

영 제80조 유아의 인도

① 소장은 유아의 양육을 허가하지 아니하는 경우에는 수용자의 의사를 고려하여 유아보호에 적당하다고 인정하는 법인 또는 개인에게 그 유아를 보낼 수 있다. 다만, 적당한 법인 또는 개인이 없는 경우에는 그 유아를 해당 교정시설의 소재지를 관할하는 시장·군수 또는 구청장에게 보내서 보호하게 하여야 한다. 20. 승진 ★ 71)
② 법 제53조 제1항에 따라 양육이 허가된 유아가 출생 후 18개월이 지나거나, 유아양육의 허가를 받은 수용자가 허가의 취소를 요청하는 때 또는 법 제53조 제1항 각 호의 어느 하나(→ 양육불허사유)에 해당되는 때에도 제1항과 같다.

> ## 법 제53조의2 수용자의 미성년 자녀 보호에 대한 지원
>
> ① 소장은 신입자에게 「아동복지법」 제15조에 따른 보호조치를 의뢰할 수 있음을 알려주어야 한다. 21. 교정7
> ② 소장은 수용자가 「아동복지법」 제15조에 따른 보호조치를 의뢰하려는 경우 보호조치 의뢰가 원활하게 이루어질 수 있도록 지원하여야 한다.

---

69) 여성수용자는 자신이 출산한 유아를 교정시설에서 양육할 것을 신청할 수 있으며, 이 경우 소장은 특별한 사정이 없으면 생후 36개월에 이르기까지 허가하여야 한다. ( )　　　　▶ ✕
70) 소장은 임산부인 수용자에 대하여 필요하다고 인정하는 경우에는 교정시설에 근무하는 교도관의 의견을 들어 필요한 양의 죽 등의 주식과 별도로 마련된 부식을 지급할 수 있다. ( )　　　　▶ ✕
71) 소장은 유아의 양육을 허가하지 아니하는 경우에는 유아보호에 적당하다고 인정하는 법인 또는 개인에게 그 유아를 보내야 한다. 다만, 적당한 법인 또는 개인이 없는 경우에는 그 유아를 해당 교정시설의 소재지를 관할하는 시장·군수 또는 구청장에게 보내서 보호하게 할 수 있다. ( )　　　　▶ ✕

③ 제1항에 따른 안내 및 제2항에 따른 보호조치 의뢰 지원의 방법·절차, 그 밖에 필요한 사항은 법무부장관이 정한다.

법 제54조 수용자에 대한 특별한 처우

① 소장은 노인수용자에 대하여 나이·건강상태 등을 고려하여 그 처우에 있어 적정한 배려를 하여야 한다.

⑤ 노인수용자·장애인수용자·외국인수용자 및 소년수용자에 대한 적정한 배려 또는 처우에 관하여 필요한 사항은 법무부령으로 정한다. 12. 경채

영 제81조 노인수용자 등의 정의

① 법 제54조 제1항에서 "노인수용자"란 65세 이상인 수용자를 말한다. 19. 승진★

규칙 제43조 전담교정시설

① 법 제57조 제6항에 따라 법무부장관이 노인수형자의 처우를 전담하도록 정하는 시설(이하 "노인수형자 전담교정시설"이라 한다)에는 「장애인·노인·임산부 등의 편의증진보장에 관한 법률 시행령」 별표 2의 교도소·구치소 편의시설의 종류 및 설치기준에 따른 편의시설을 갖추어야 한다.

② 노인수형자 전담교정시설에는 별도의 공동휴게실을 마련하고 노인이 선호하는 오락용품 등을 갖춰두어야 한다. 20. 교정7★ [72)]

규칙 제44조 수용거실

① 노인수형자 전담교정시설이 아닌 교정시설에서는 노인수용자를 수용하기 위하여 별도의 거실을 지정하여 운용할 수 있다.

② 노인수용자의 거실은 시설부족 또는 그 밖의 부득이한 사정이 없으면 건물의 1층에 설치하고, 특히 겨울철 난방을 위하여 필요한 시설을 갖추어야 한다. 21. 교정7★

규칙 제45조 주·부식 등 지급

소장은 노인수용자의 나이·건강상태 등을 고려하여 필요하다고 인정하면 제4조부터 제8조까지의 규정, 제10조, 제11조, 제13조 및 제14조에 따른 수용자의 지급기준을 초과하여 주·부식, 의류·침구, 그 밖의 생활용품을 지급할 수 있다. 16. 교정9★

규칙 제46조 운동·목욕

① 소장은 노인수용자의 나이·건강상태 등을 고려하여 필요하다고 인정하면 영 제49조에 따른 운동시간을 연장하거나 영 제50조에 따른 목욕횟수를 늘릴 수 있다. 13. 경채

② 소장은 노인수용자가 거동이 불편하여 혼자서 목욕하기 어려운 경우에는 교도관, 자원봉사자 또는 다른 수용자로 하여금 목욕을 보조하게 할 수 있다. 21. 교정9[73)74)]

---

72) 노인수형자 전담교정시설에는 별도의 개별휴게실을 마련하고 노인이 선호하는 오락용품 등을 갖춰두어야 한다. ( ) ▶ ×

73) 소장은 노인수용자가 거동이 불편하여 혼자서 목욕하기 어려운 경우에는 교도관, 자원봉사자 또는 다른 수용자로 하여금 목욕을 보조하게 할 수 있다. ( ) ▶ ○

74) 소장은 노인수용자가 거동이 불편하여 혼자서 목욕하기 어려운 경우에는 교도관 또는 자원봉사자로 하여금 목욕을 보조하게 할 수 있으나 다른 수용자로 하여금 목욕을 보조하게 할 수는 없다. ( ) ▶ ×

규칙 제47조 전문의료진 등

① 노인수형자 전담교정시설의 장은 노인성 질환에 관한 전문적인 지식을 가진 의료진과 장비를 갖추고, 외부의료시설과 협력체계를 강화하여 노인수형자가 신속하고 적절한 치료를 받을 수 있도록 노력하여야 한다.

② 소장은 노인수용자에 대하여 6개월에 1회 이상 건강검진을 하여야 한다. 19. 교정7★

규칙 제48조 교육·교화프로그램 및 작업

① 노인수형자 전담교정시설의 장은 노인문제에 관한 지식과 경험이 풍부한 외부전문가를 초빙하여 교육하게 하는 등 노인수형자의 교육 받을 기회를 확대하고, 노인전문오락, 그 밖에 노인의 특성에 알맞은 교화프로그램을 개발·시행하여야 한다. 20. 교정7[75]

② 소장은 노인수용자가 작업을 원하는 경우에는 나이·건강상태 등을 고려하여 해당 수용자가 감당할 수 있는 정도의 작업을 부과한다. 이 경우 의무관의 의견을 들어야 한다. 20. 교정7[76]

> **법 제54조 수용자에 대한 특별한 처우**
>
> ② 소장은 장애인수용자에 대하여 장애의 정도를 고려하여 그 처우에 있어 적정한 배려를 하여야 한다.

영 제81조 노인수용자 등의 정의

② 법 제54조 제2항에서 "장애인수용자"란 시각·청각·언어·지체(肢體) 등의 장애로 통상적인 수용생활이 특히 곤란하다고 인정되는 사람으로서 법무부령으로 정하는 수용자를 말한다. 13. 경채★

규칙 제49조 정의

"장애인수용자"란 「장애인복지법 시행령」 별표 1의 제1호부터 제15호까지의 규정에 해당하는 사람으로서 시각·청각·언어·지체(肢體) 등의 장애로 통상적인 수용생활이 특히 곤란하다고 인정되는 수용자를 말한다.

규칙 제50조 전담교정시설

① 법 제57조 제6항에 따라 법무부장관이 장애인수형자의 처우를 전담하도록 정하는 시설(이하 "장애인수형자 전담교정시설"이라 한다)의 장은 장애종류별 특성에 알맞은 재활치료프로그램을 개발하여 시행하여야 한다. 13. 경채

② 장애인수형자 전담교정시설 편의시설의 종류 및 설치기준에 관하여는 제43조 제1항을 준용한다.

규칙 제51조 수용거실

① 장애인수형자 전담교정시설이 아닌 교정시설에서는 장애인수용자를 수용하기 위하여 별도의 거실을 지정하여 운용할 수 있다.

---

75) 노인수형자를 수용하고 있는 시설의 장은 노인문제에 관한 지식과 경험이 풍부한 외부전문가를 초빙하여 교육하게 하는 등 노인수형자의 교육 받을 기회를 확대하고, 노인전문오락, 그 밖에 노인의 특성에 알맞은 교화프로그램을 개발·시행하여야 한다. ( )　　▶ ×

76) 소장은 노인수용자가 작업을 원하는 경우에는 나이·건강상태 등을 고려하여 해당 수용자가 감당할 수 있는 정도의 작업을 부과한다. 이 경우 담당 교도관의 의견을 들어야 한다. ( )　　▶ ×

② 장애인수용자의 거실은 시설부족 또는 그 밖의 부득이한 사정이 없으면 건물의 1층에 설치하고, 특히 장애인이 이용할 수 있는 변기 등의 시설을 갖추도록 하여야 한다. 20. 교정9★ 77)

규칙 제52조 전문의료진 등

장애인수형자 전담교정시설의 장은 장애인의 재활에 관한 전문적인 지식을 가진 의료진과 장비를 갖추도록 노력하여야 한다. 19. 교정7★

규칙 제53조 직업훈련

장애인수형자 전담교정시설의 장은 장애인수형자에 대한 직업훈련이 석방 후의 취업과 연계될 수 있도록 그 프로그램의 편성 및 운영에 특히 유의하여야 한다. 20. 교정778)

규칙 제54조 준용규정

장애인수용자의 장애정도, 건강 등을 고려하여 필요하다고 인정하는 경우 주·부식 등의 지급, 운동·목욕 및 교육·교화프로그램·작업에 관하여 제45조·제46조 및 제48조(→ 노인수용자에 대한 처우규정)를 준용한다(→ 제47조 준용 ✕). 13. 경채

법 제54조 수용자에 대한 특별한 처우

③ 소장은 외국인수용자에 대하여 언어·생활문화 등을 고려하여 적정한 처우를 하여야 한다. 12. 경채

영 제81조 노인수용자 등의 정의

③ 법 제54조 제3항에서 "외국인수용자"란 대한민국의 국적을 가지지 아니한 수용자를 말한다.

규칙 제55조 전담교정시설

법 제57조 제6항에 따라 법무부장관이 외국인수형자의 처우를 전담하도록 정하는 시설의 장은 외국인의 특성에 알맞은 교화프로그램 등을 개발하여 시행하여야 한다. 16. 교정7★

규칙 제56조 전담요원 지정

① 외국인수용자를 수용하는 소장은 외국어에 능통한 소속 교도관을 전담요원으로 지정하여 일상적인 개별면담, 고충해소, 통역·번역 및 외교공관 또는 영사관 등 관계기관과의 연락 등의 업무를 수행하게 하여야 한다. 22. 교정7★ 79)

② 제1항의 전담요원은 외국인 미결수용자에게 소송 진행에 필요한 법률지식을 제공하는 등의 조력을 하여야 한다. 20. 교정7★80)

---

77) 장애인수용자의 거실은 시설부족 또는 그 밖의 부득이한 사정이 없으면 건물의 1층에 설치하고, 특히 장애인이 이용할 수 있는 변기 등의 시설을 갖추도록 하여야 한다. ( )　　　▶ ○

78) 장애인수형자 전담교정시설의 장은 장애인수형자에 대한 직업훈련이 석방 후의 취업과 연계될 수 있도록 그 프로그램의 편성 및 운영에 특히 유의하여야 한다. ( )　　　▶ ○

79) 외국인수용자를 수용하는 소장은 외국어 통역사 자격자를 전담요원으로 지정하여 외교공관 및 영사관 등 관계기관과의 연락 업무를 수행하게 하여야 한다. ( )　　　▶ ✕

80) 외국인수용자 전담요원은 외국인 미결수용자에게 소송 진행에 필요한 법률지식을 제공하는 조력을 하여야 한다. ( ) ▶ ○

규칙 제57조 수용거실 지정

① 소장은 외국인수용자의 수용거실을 지정하는 경우에는 종교 또는 생활관습이 다르거나 민족감정 등으로 인하여 분쟁의 소지가 있는 외국인수용자는 거실을 분리하여 수용하여야 한다. 20. 교정7 ★ 81)

② 소장은 외국인수용자에 대하여는 그 생활양식을 고려하여 필요한 수용설비를 제공하도록 노력하여야 한다. 20. 교정7 ★ 82)

규칙 제58조 주·부식 지급

① 외국인수용자에게 지급하는 음식물의 총열량은 제14조 제2항(→ 1일 2천 500킬로칼로리)에도 불구하고 소속 국가의 음식문화, 체격 등을 고려하여 조정할 수 있다. 20. 교정7 ★ 83)

② 외국인수용자에 대하여는 쌀, 빵 또는 그 밖의 식품을 주식으로 지급하되, 소속 국가의 음식문화를 고려하여야 한다.

③ 외국인수용자에게 지급하는 부식의 지급기준은 법무부장관이 정한다. 11. 교정7

규칙 제59조 위독 또는 사망 시의 조치

소장은 외국인수용자가 질병 등으로 위독하거나 사망한 경우에는 그의 국적이나 시민권이 속하는 나라의 외교공관 또는 영사관의 장이나 그 관원 또는 가족에게 이를 즉시 알려야 한다. 23. 교정7 ★ 84)85)

법 제54조 수용자에 대한 특별한 처우

④ 소장은 소년수용자에 대하여 나이·적성 등을 고려하여 적정한 처우를 하여야 한다.

영 제81조 노인수용자 등의 정의

④ 법 제54조 제4항에서 "소년수용자"란 다음 각 호의 사람을 말한다.

1. 19세 미만의 수형자
2. 법 제12조 제3항(→ 소년교도소에 수용 중 19세가 된 경우 교육 등의 실시를 위해 특히 필요하면 23세가 되기 전까지 계속 수용 가능)에 따라 소년교도소에 수용 중인 수형자
3. 19세 미만의 미결수용자

---

81) 소장은 외국인수용자의 수용거실을 지정하는 경우에는 종교 또는 생활관습이 다르거나 민족감정 등으로 인하여 분쟁의 소지가 있는 외국인수용자는 거실을 분리하여 수용하여야 한다. ( )　　　　　　▶ ○

82) 소장은 외국인수용자의 수용거실을 지정하는 경우에는 반드시 분리수용하도록 하고, 그 생활양식을 고려하여 필요한 설비를 제공하여야 한다. ( )　　　　　　▶ ×

83) 외국인수용자에 대하여 소속국가의 음식문화를 고려할 필요는 없지만, 외국인수용자의 체격 등을 고려하여 지급하는 음식물의 총열량을 조정할 수 있다. ( )　　　　　　▶ ×

84) 소장은 외국인수용자가 질병 등으로 위독하거나 사망한 경우에는 그의 국적이나 시민권이 속하는 나라의 외교공관 또는 영사관의 장이나 그 관원 또는 가족에게 이를 10일 이내에 통지하여야 한다. ( )　　　　　　▶ ×

85) 소장은 외국 국적의 여성인 신입수용자 A가 질병 등으로 위독하거나 사망한 경우에는 그의 국적이 속하는 나라의 외교공관 또는 영사관의 장이나 그 관원 또는 가족에게 이를 즉시 알려야 한다. ( )　　　　　　▶ ○

규칙 제59조의2 전담교정시설

① 법 제57조 제6항에 따라 법무부장관이 19세 미만의 수형자(이하 "소년수형자"라 한다)의 처우를 전담하도록 정하는 시설(이하 "소년수형자 전담교정시설"이라 한다)의 장은 소년의 나이·적성 등 특성에 알맞은 교육·교화프로그램을 개발하여 시행하여야 한다.

② 소년수형자 전담교정시설에는 별도의 공동학습공간을 마련하고 학용품 및 소년의 정서 함양에 필요한 도서, 잡지 등을 갖춰 두어야 한다. 23. 교정7 ★ 86)

규칙 제59조의3 수용거실

① 소년수형자 전담교정시설이 아닌 교정시설에서는 소년수용자(영 제81조 제4항에 따른 소년수용자를 말한다. 이하 같다)를 수용하기 위하여 별도의 거실을 지정하여 운용할 수 있다. 21. 교정7 ★ 87)

② 소년수형자 전담교정시설이 아닌 교정시설에서 소년수용자를 수용한 경우 교육·교화프로그램에 관하여는 제59조의2 제1항을 준용한다.

규칙 제59조의4 의류

법무부장관은 제4조 및 제5조에도 불구하고 소년수용자의 나이·적성 등을 고려하여 필요하다고 인정하는 경우 의류의 품목과 품목별 착용 시기 및 대상을 달리 정할 수 있다.
[본조신설 2024.2.8.]

규칙 제59조의5 접견·전화

소장은 소년수형자등의 나이·적성 등을 고려하여 필요하다고 인정하면 제87조 및 제90조에 따른 접견 및 전화통화 횟수를 늘릴 수 있다. 21. 교정9 ★ 88)

규칙 제59조의6 사회적 처우

제92조(→ 사회적 처우) 제1항에도 불구하고 소장은 소년수형자등의 나이·적성 등을 고려하여 필요하다고 인정하면 소년수형자등에게 같은 항 각 호(→ 사회견학, 사회봉사, 자신이 신봉하는 종교행사 참석, 연극·영화·그 밖의 문화공연 관람)에 해당하는 활동을 허가할 수 있다. 이 경우 소장이 허가할 수 있는 활동에는 발표회 및 공연 등 참가 활동을 포함한다. 20. 교정789)

규칙 제59조의7 준용규정

소년수용자의 나이·건강상태 등을 고려하여 필요하다고 인정하는 경우 주·부식 등의 지급, 운동·목욕, 전문의료진 등 및 작업에 관하여 제45조부터 제48조까지의 규정(→ 노인수용자에 대한 처우규정)을 준용한다(→ 제47조 준용 ○). 16. 교정9

---

86) 소년수형자 전담교정시설에는 별도의 개별학습공간을 마련하고 학용품 및 소년의 정서 함양에 필요한 도서, 잡지 등을 갖춰두 어야 한다. (   )　　　　　　　　　　　　　　　　　　　　　　　　　　　　　　　　　▶ ×

87) 소년수형자 전담교정시설이 아닌 교정시설에서는 소년수용자를 수용할 수 없다. (   )　　　　　　　　　▶ ×

88) 소장은 소년수형자 등의 나이·적성 등을 고려하여 필요하다고 인정하면 접견 및 전화통화 횟수를 늘릴 수 있다. (   )　　▶ ○

89) 소장은 소년수형자의 나이·적성 등을 고려하여 필요하다고 인정하면 발표회 및 공연 등 참가활동을 제외한 본인이 희망하는 활동을 허가할 수 있다. (   )　　　　　　　　　　　　　　　　　　　　　　　　　　　　　　　▶ ×

제8장 수형자의 처우

제1절 통칙

> ### 법 제55조 수형자 처우의 원칙
> 수형자에 대하여는 교육·교화프로그램, 작업, 직업훈련 등을 통하여 교정교화를 도모하고 사회생활에 적응하는 능력을 함양하도록 처우하여야 한다. 18. 승진

영 제82조 수형자로서의 처우 개시
① 소장은 미결수용자로서 자유형이 확정된 사람에 대하여는 검사의 집행 지휘서가 도달된 때부터 수형자로 처우할 수 있다. 13. 경채
② 제1항의 경우 검사는 집행 지휘를 한 날부터 10일 이내에 재판서나 그 밖에 적법한 서류를 소장에게 보내야 한다.

> ### 법 제56조 개별처우계획의 수립 등
> ① 소장은 제62조의 분류처우위원회의 의결에 따라 수형자의 개별적 특성에 알맞은 교육·교화프로그램, 작업, 직업훈련 등의 처우에 관한 계획(이하 "개별처우계획"이라 한다)을 수립하여 시행한다.
> ② 소장은 수형자가 스스로 개선하여 사회에 복귀하려는 의욕이 고취되도록 개별처우계획을 정기적으로 또는 수시로 점검하여야 한다.

규칙 제60조 이송·재수용 수형자의 개별처우계획 등
① 소장은 해당 교정시설의 특성 등을 고려하여 필요한 경우에는 다른 교정시설로부터 이송되어 온 수형자의 개별처우계획(법 제56조 제1항에 따른 개별처우계획을 말한다. 이하 같다)을 변경할 수 있다. 17. 교정9
② 소장은 형집행정지 중에 있는 사람이 기간만료 또는 그 밖의 정지사유가 없어져 재수용된 경우에는 석방 당시와 동일한 처우등급을 부여할 수 있다. 19. 교정7★
③ 소장은 형집행정지 중에 있는 사람이 「자유형등에 관한 검찰집행사무규칙」 제33조 제2항에 따른 형집행정지의 취소로 재수용된 경우에는 석방 당시보다 한 단계 낮은 처우등급(제74조의 경비처우급에만 해당한다)을 부여할 수 있다. <신설 2024.2.8.>
④ 소장은 가석방의 취소로 재수용되어 잔형(殘刑)이 집행되는 경우에는 석방 당시보다 한 단계 낮은 처우등급(제74조의 경비처우급에만 해당한다)을 부여한다. 다만, 「가석방자관리규정」 제5조 단서를 위반하여 가석방이 취소되는 등 가석방 취소사유에 특히 고려할 만한 사정이 있는 때에는 석방당시와 동일한 처우등급을 부여할 수 있다. 18. 승진★
⑤ 소장은 형집행정지 중이거나 가석방기간 중에 있는 사람이 형사사건으로 재수용되어 형이 확정된 경우에는 개별처우계획을 새로 수립하여야 한다. 20. 승진★ [90]

---

90) 소장은 형집행정지 중이거나 가석방기간 중에 있는 사람이 형사사건으로 재수용되어 형이 확정된 경우에는 석방당시와 동일한 처우등급을 부여한다. (　) ▶ ×

규칙 제61조 국제수형자 및 군수형자의 개별처우계획

① 소장은 「국제수형자이송법」에 따라 외국으로부터 이송되어 온 수형자에 대하여는 개별처우계획을 새로 수립하여 시행한다. 이 경우 해당 국가의 교정기관으로부터 접수된 그 수형자의 수형생활 또는 처우 등에 관한 내용을 고려할 수 있다. 18. 승진

② 소장은 군사법원에서 징역형 또는 금고형이 확정되거나 그 형의 집행 중에 있는 사람이 이송되어 온 경우에는 개별처우계획을 새로 수립하여 시행한다. 이 경우 해당 군교도소로부터 접수된 그 수형자의 수형생활 또는 처우 등에 관한 내용을 고려할 수 있다. 18. 승진

법 제57조 처우

① 수형자는 제59조의 분류심사의 결과에 따라 그에 적합한 교정시설에 수용되며, 개별처우계획에 따라 그 특성에 알맞은 처우를 받는다.

② 교정시설은 도주방지 등을 위한 수용설비 및 계호의 정도(이하 "경비등급"이라 한다)에 따라 다음 각 호로 구분한다. 다만, 동일한 교정시설이라도 구획을 정하여 경비등급을 달리할 수 있다. 12. 교정9★

  1. 개방시설: 도주방지를 위한 통상적인 설비의 전부 또는 일부를 갖추지 아니하고 수형자의 자율적 활동이 가능하도록 통상적인 관리·감시의 전부 또는 일부를 하지 아니하는 교정시설

  2. 완화경비시설: 도주방지를 위한 통상적인 설비 및 수형자에 대한 관리·감시를 일반경비시설보다 완화한 교정시설

  3. 일반경비시설: 도주방지를 위한 통상적인 설비를 갖추고 수형자에 대하여 통상적인 관리·감시를 하는 교정시설

  4. 중(重)경비시설: 도주방지 및 수형자 상호 간의 접촉을 차단하는 설비를 강화하고 수형자에 대한 관리·감시를 엄중히 하는 교정시설

⑦ 제2항 각 호의 시설의 설비 및 계호의 정도에 관하여 필요한 사항은 대통령령으로 정한다.

영 제83조 경비등급별 설비 및 계호

법 제57조 제2항 각 호의 수용설비 및 계호의 정도는 다음 각 호의 규정에 어긋나지 않는 범위에서 법무부장관이 정한다.

1. 수형자의 생명이나 신체, 그 밖의 인권 보호에 적합할 것
2. 교정시설의 안전과 질서유지를 위하여 필요한 최소한의 범위일 것
3. 법 제56조 제1항의 개별처우계획의 시행에 적합할 것

법 제57조 처우

③ 수형자에 대한 처우는 교화 또는 건전한 사회복귀를 위하여 교정성적에 따라 상향 조정될 수 있으며, 특히 그 성적이 우수한 수형자는 개방시설에 수용되어 사회생활에 필요한 적정한 처우를 받을 수 있다.

영 제84조 수형자의 처우등급 부여 등

① 법 제57조 제3항에서 "교정성적"이란 수형자의 수용생활 태도, 상벌 유무, 교육 및 작업의 성과 등을 종합적으로 평가한 결과를 말한다.

② 소장은 수형자의 처우수준을 개별처우계획의 시행에 적합하게 정하거나 조정하기 위하여 교정성적에 따라 처우등급을 부여할 수 있다.

③ 수형자에게 부여하는 처우등급에 관하여 필요한 사항은 법무부령으로 정한다.

> ### 법 제57조 처우
> ④ 소장은 가석방 또는 형기 종료를 앞둔 수형자 중에서 법무부령으로 정하는 일정한 요건을 갖춘 사람에 대해서는 가석방 또는 형기 종료 전 일정 기간 동안 지역사회 또는 교정시설에 설치된 개방시설에 수용하여 사회적응에 필요한 교육, 취업지원 등의 적정한 처우(→ 중간처우)를 할 수 있다.

규칙 제93조 중간처우

① 소장은 개방처우급 혹은 완화경비처우급 수형자가 다음 각 호의 사유에 모두 해당하는 경우에는 교정시설에 설치된 개방시설에 수용하여 사회 적응에 필요한 교육, 취업지원 등 적정한 처우를 할 수 있다. <개정 2024.2.8.> 22. 교정7 ★ [91]

1. 형기가 2년(← 3년) 이상인 사람
2. 범죄 횟수가 3회(← 2회) 이하인 사람
3. 중간처우를 받는 날부터 가석방 또는 형기 종료 예정일까지 기간이 3개월 이상 2년 6개월 미만(← 1년 6개월 이하)인 사람

② 소장은 제1항에 따른 처우의 대상자 중 다음 각 호의 사유에 모두 해당하는 수형자에 대해서는 지역사회에 설치된 개방시설에 수용하여 제1항에 따른 처우를 할 수 있다. <개정 2024.2.8.> 19. 교정7

1. 범죄 횟수가 1회인 사람
2. 중간처우를 받는 날부터 가석방 또는 형기 종료 예정일까지의 기간이 1년 6개월 미만인 사람

③ 제1항 및 제2항에 따른 중간처우 대상자의 선발절차, 교정시설 또는 지역사회에 설치하는 개방시설의 종류 및 기준, 그 밖에 필요한 사항은 법무부장관이 정한다. <개정 2024.2.8.> 24. 교정9 [92]

> ### 법 제57조 처우
> ⑤ 수형자는 교화 또는 건전한 사회복귀를 위하여 교정시설 밖의 적당한 장소에서 봉사활동·견학, 그 밖에 사회적응에 필요한 처우를 받을 수 있다.

규칙 제92조 사회적 처우

① 소장은 개방처우급·완화경비처우급 수형자에 대하여 교정시설 밖에서 이루어지는 다음 각 호에 해당하는 활동을 허가할 수 있다. 다만, 처우상 특히 필요한 경우에는 일반경비처우급 수형자에게도 이를 허가할 수 있다. 18. 승진 ★

1. 사회견학
2. 사회봉사

---

91) 소장은 개방처우급 혹은 완화경비처우급 수형자가 형기가 3년 이상이고, 범죄 횟수가 2회 이하이며, 중간처우를 받는 날부터 가석방 또는 형기 종료 예정일까지 기간이 3개월 이상 1년 6개월 이하인 경우에는 교정시설에 설치된 개방시설에 수용하여 사회적응에 필요한 교육, 취업지원 등 적정한 처우를 할 수 있다. (　)　　▶ ×

92) 완화경비처우급 수형자에 대한 중간처우 대상자의 선발절차는 법무부장관이 정한다. (　)　　▶ ○

3. 자신이 신봉하는 종교행사 참석

4. 연극, 영화, 그 밖의 문화공연 관람

② 제1항 각 호의 활동을 허가하는 경우 소장은 별도의 수형자 의류를 지정하여 입게 한다. 다만, 처우상 필요한 경우에는 자비구매의류를 입게 할 수 있다. 14. 교정7

③ 제1항 제4호(→ 연극, 영화, 그 밖의 문화공연 관람)의 활동에 필요한 비용은 수형자가 부담한다. 다만, 처우상 필요한 경우에는 예산의 범위에서 그 비용을 지원할 수 있다. 23. 교정7★ 93)

법 제57조 처우

⑥ 학과교육생 · 직업훈련생 · 외국인 · 여성 · 장애인 · 노인 · 환자 · 소년(19세 미만인 자를 말한다), 제4항에 따른 처우(이하 "중간처우"라 한다)의 대상자, 그 밖에 별도의 처우가 필요한 수형자는 법무부장관이 특히 그 처우를 전담하도록 정하는 시설(이하 "전담교정시설"이라 한다)에 수용되며, 그 특성에 알맞은 처우를 받는다. 다만, 전담교정시설의 부족이나 그 밖의 부득이한 사정이 있는 경우에는 예외로 할 수 있다.

법 제58조 외부전문가의 상담 등

소장은 수형자의 교화 또는 건전한 사회복귀를 위하여 필요하면 교육학 · 교정학 · 범죄학 · 사회학 · 심리학 · 의학 등에 관한 학식 또는 교정에 관한 경험이 풍부한 외부전문가로 하여금 수형자에 대한 상담 · 심리치료 또는 생활지도 등을 하게 할 수 있다.

영 제85조 수형자 취업알선 등 협의기구

① 수형자의 건전한 사회복귀를 지원하기 위하여 교정시설에 취업알선 및 창업지원에 관한 협의기구를 둘 수 있다. 19. 승진

② 제1항의 협의기구의 조직 · 운영, 그 밖에 활동에 필요한 사항은 법무부령으로 정한다.

규칙 제144조 기능

영 제85조 제1항에 따른 수형자 취업지원협의회(이하 이 장에서 "협의회"라 한다)의 기능은 다음 각 호와 같다. 22. 교정7

1. 수형자 사회복귀 지원 업무에 관한 자문에 대한 조언

2. 수형자 취업 · 창업 교육

3. 수형자 사회복귀 지원을 위한 지역사회 네트워크 추진

4. 취업 및 창업 지원을 위한 자료제공 및 기술지원

5. 직업적성 및 성격검사 등 각종 검사 및 상담

6. 불우수형자 및 그 가족에 대한 지원 활동

7. 그 밖에 수형자 취업알선 및 창업지원을 위하여 필요한 활동

---

93) 사회적 처우 활동 중 사회견학이나 사회봉사에 필요한 비용은 수형자가 부담한다. (　) ▶ ✕

규칙 제145조 구성

① 협의회는 회장 1명을 포함하여 3명 이상 5명 이하의 내부위원과 10명 이상의 외부위원으로 구성한다. 19. 승진

② 협의회의 회장은 소장이 되고, 부회장은 2명을 두되 1명은 소장이 내부위원 중에서 지명하고 1명은 외부위원 중에서 호선(互選)한다. 19. 승진★

③ 내부위원은 소장이 지명하는 소속기관의 부소장·과장(지소의 경우에는 7급 이상의 교도관)으로 구성한다.

④ 회장·부회장 외에 협의회 운영을 위하여 기관실정에 적합한 수의 임원을 둘 수 있다.

규칙 제146조 외부위원

① 법무부장관은 협의회의 외부위원을 다음 각 호의 사람 중에서 소장의 추천을 받아 위촉한다. <개정 2024.2.8.>

　　1. 고용노동부 고용센터 등 지역 취업·창업 유관 공공기관의 장 또는 기관 추천자

　　2. 취업컨설턴트, 창업컨설턴트, 기업체 대표, 시민단체 및 기업연합체의 임직원

　　3. 변호사, 「고등교육법」에 따른 대학(이하 "대학"이라 한다)에서 법률학을 가르치는 강사 이상의 직에 있는 사람

　　4. 그 밖에 교정에 관한 학식과 경험이 풍부하고 수형자 사회복귀 지원에 관심이 있는 외부인사

② 외부위원의 임기는 3년으로 하며, 연임할 수 있다. 19. 승진

③ 법무부장관은 외부위원이 다음 각 호의 어느 하나에 해당하는 경우에는 소장의 건의를 받아 해당 위원을 해촉할 수 있다.

　　1. 심신장애로 직무수행이 불가능하거나 현저히 곤란하다고 인정되는 경우

　　2. 직무와 관련된 비위사실이 있는 경우

　　3. 직무태만, 품위손상, 그 밖의 사유로 인하여 위원으로 적합하지 아니하다고 인정되는 경우

　　4. 위원 스스로 직무를 수행하는 것이 곤란하다고 의사를 밝히는 경우

규칙 제147조 회장의 직무

① 회장은 협의회를 소집하고 협의회 업무를 총괄한다.

② 회장이 부득이한 사유로 직무를 수행할 수 없을 때에는 소장이 지정한 부회장이 그 직무를 대행한다.

규칙 제148조 회의

① 협의회의 회의는 반기마다 개최한다. 다만, 다음 각 호의 어느 하나에 해당하는 경우에는 임시회의를 개최할 수 있다.

　　1. 수형자의 사회복귀 지원을 위하여 협의가 필요할 때

　　2. 회장이 필요하다고 인정하는 때

　　3. 위원 3분의 1 이상의 요구가 있는 때

② 협의회의 회의는 회장이 소집하고 그 의장이 된다.

③ 협의회의 회의는 재적위원 과반수의 출석으로 개의하고, 출석위원 과반수의 찬성으로 의결한다. 17. 교정7

규칙 제149조 간사

① 협의회의 사무를 처리하기 위하여 수형자 취업알선 및 창업지원 업무를 전담하는 직원 중에서 간사 1명을 둔다.

② 간사는 별지 제8호 서식에 따른 협의회의 회의록을 작성하여 유지하여야 한다.

■ 제2절 분류심사

법 제59조 분류심사

① 소장은 수형자에 대한 개별처우계획을 합리적으로 수립하고 조정하기 위하여 수형자의 인성, 행동특성 및 자질 등을 과학적으로 조사·측정·평가(이하 "분류심사"라 한다)하여야 한다. 다만, 집행할 형기가 짧거나 그 밖의 특별한 사정이 있는 경우에는 예외로 할 수 있다. 18. 승진★

규칙 제62조 분류심사 제외 및 유예

① 다음 각 호의 사람에 대해서는 분류심사를 하지 아니한다. 22. 교정9★ 94)95)96)

  1. 징역형·금고형이 확정된 사람으로서 집행할 형기가 형집행지휘서 접수일부터 3개월 미만인 사람

  2. 구류형이 확정된 사람

  3. 삭제(← 노역장 유치명령을 받은 사람)

② 소장은 수형자가 다음 각 호의 어느 하나에 해당하는 사유가 있으면 분류심사를 유예한다. 23. 교정7★ 97)98)

  1. 질병 등으로 분류심사가 곤란한 때

  2. 법 제107조 제1호부터 제5호까지의 규정에 해당하는 행위 및 이 규칙 제214조 각 호에 해당하는 행위(이하 "징벌대상행위"라 한다)의 혐의가 있어 조사 중이거나 징벌집행 중인 때

  3. 그 밖의 사유로 분류심사가 특히 곤란하다고 인정하는 때

③ 소장은 제2항 각 호에 해당하는 사유(→ 분류심사 유예사유)가 소멸한 경우에는 지체 없이 분류심사를 하여야 한다. 다만, 집행할 형기가 사유 소멸일부터 3개월 미만인 경우에는 분류심사를 하지 아니한다. 22. 교정9★ 99)

---

94) 소장은 징역형·금고형이 확정된 사람으로서 집행할 형기가 형집행지휘서 접수일부터 3개월 미만인 사람 또는 구류형이 확정된 사람은 분류심사를 하지 아니한다. ( ) ▶ ○

95) 구류형이 확정된 사람에 대해서는 분류심사를 하지 아니한다. ( ) ▶ ○

96) 노역장 유치명령을 받은 사람에 대해서는 분류심사를 하지 아니한다. ( ) ▶ ×

97) 징벌대상행위의 혐의가 있어 조사 중이거나 징벌집행 중인 때에는 분류심사를 유예한다. ( ) ▶ ○

98) 수형자가 질병으로 인해 분류심사가 곤란한 경우, 소장은 그 수형자에 대해서는 분류심사를 하지 아니한다. ( ) ▶ ×

99) 소장은 분류심사의 유예 사유가 소멸한 경우에는 지체 없이 분류심사를 하여야 하나, 집행할 형기가 사유 소멸일부터 3개월 미만인 경우에는 분류심사를 하지 아니한다. ( ) ▶ ○

규칙 제63조 분류심사 사항

분류심사 사항은 다음 각 호와 같다. 18. 승진★

1. 처우등급에 관한 사항
2. 작업, 직업훈련, 교육 및 교화프로그램 등의 처우방침에 관한 사항
3. 보안상의 위험도 측정 및 거실 지정 등에 관한 사항
4. 보건 및 위생관리에 관한 사항
5. 이송에 관한 사항
6. 가석방 및 귀휴심사에 관한 사항
7. 석방 후의 생활계획에 관한 사항
8. 그 밖에 수형자의 처우 및 관리에 관한 사항

법 제59조 분류심사

② 수형자의 분류심사는 형이 확정된 경우에 개별처우계획을 수립하기 위하여 하는 심사(→ 신입심사)와 일정한 형기가 지나거나 상벌 또는 그 밖의 사유가 발생한 경우에 개별처우계획을 조정하기 위하여 하는 심사(→ 정기·부정기재심사)로 구분한다. 15. 교정9

규칙 제64조 신입심사 시기

개별처우계획을 수립하기 위한 분류심사(이하 "신입심사"라 한다)는 매월 초일부터 말일까지 형집행지휘서가 접수된 수형자를 대상으로 하며, 그 다음 달까지 완료하여야 한다. 다만, 특별한 사유가 있는 경우에는 그 기간을 연장할 수 있다. 20. 승진★[100]

규칙 제65조 재심사의 구분

개별처우계획을 조정할 것인지를 결정하기 위한 분류심사(이하 "재심사"라 한다)는 다음 각 호와 같이 구분한다. 23. 교정7★

1. 정기재심사: 일정한 형기가 도달한 때 하는 재심사
2. 부정기재심사: 상벌 또는 그 밖의 사유가 발생한 경우에 하는 재심사

규칙 제66조 정기재심사

① 정기재심사는 다음 각 호의 어느 하나에 해당하는 경우에 한다. 다만, 형집행지휘서가 접수된 날부터 6개월이 지나지 아니한 경우에는 그러하지 아니하다. 23. 교정7★

1. 형기의 3분의 1에 도달한 때(→ 2/6)
2. 형기의 2분의 1에 도달한 때(→ 3/6)
3. 형기의 3분의 2에 도달한 때(→ 4/6)
4. 형기의 6분의 5에 도달한 때(→ 5/6)

---

100) 개별처우계획을 수립하기 위한 분류심사(신입심사)는 매월 초일부터 말일까지 형집행지휘서가 접수된 수형자를 대상으로 하며, 그 다음 달까지 완료하여야 한다. 다만, 특별한 사유가 있는 경우에는 그 기간을 연장할 수 있다. ( )　　▶ ○

② 부정기형의 재심사 시기는 단기형을 기준으로 한다. 23. 교정7★ 101)

③ 무기형과 20년을 초과하는 징역형·금고형의 재심사 시기를 산정하는 경우에는 그 형기를 20년으로 본다. 22. 교정9★

④ 2개 이상의 징역형 또는 금고형을 집행하는 수형자의 재심사 시기를 산정하는 경우에는 그 형기를 합산한다. 다만, 합산한 형기가 20년을 초과하는 경우에는 그 형기를 20년으로 본다. 19. 승진★

규칙 제67조 부정기재심사

부정기재심사는 다음 각 호의 어느 하나에 해당하는 경우에 할 수 있다. 22. 교정9★

1. 분류심사에 오류가 있음이 발견된 때

2. 수형자가 교정사고(교정시설에서 발생하는 화재, 수용자의 자살·도주·폭행·소란, 그 밖에 사람의 생명·신체를 해하거나 교정시설의 안전과 질서를 위태롭게 하는 사고를 말한다. 이하 같다)의 예방에 뚜렷한 공로가 있는 때

3. 수형자를 징벌하기로 의결한 때

4. 수형자가 집행유예의 실효 또는 추가사건(현재 수용의 근거가 된 사건 외의 형사사건을 말한다. 이하 같다)으로 금고 이상의 형이 확정된 때

5. 수형자가 「숙련기술장려법」 제20조 제2항에 따른 전국기능경기대회 입상, 기사 이상의 자격취득, 학사 이상의 학위를 취득한 때

6. 삭제(← 가석방 심사와 관련하여 필요한 때)

7. 그 밖에 수형자의 수용 또는 처우의 조정이 필요한 때

규칙 제68조 재심사 시기 등

① 소장은 재심사를 할 때에는 그 사유가 발생한 달의 다음 달까지 완료하여야 한다. 23. 경채★

② 재심사에 따라 제74조의 경비처우급을 조정할 필요가 있는 경우에는 한 단계의 범위에서 조정한다. 다만, 수용 및 처우를 위하여 특히 필요한 경우에는 두 단계의 범위에서 조정할 수 있다. 20. 교정7102)

규칙 제69조 분류조사 사항

① 신입심사를 할 때에는 다음 각 호의 사항을 조사한다.

1. 성장과정

2. 학력 및 직업경력

3. 생활환경

4. 건강상태 및 병력사항

5. 심리적 특성

6. 마약·알코올 등 약물중독 경력

7. 가족 관계 및 보호자 관계

---

101) 정기재심사는 일정한 형기가 도달한 때 하는 재심사를 말하고, 형기의 3분의 1에 도달한 때 실시하며, 부정기형의 정기재심사 시기는 장기형을 기준으로 한다. (　)　▶ ✕

102) 재심사에 따라 경비처우급을 조정할 필요가 있는 경우에는 세 단계의 범위에서 조정할 수 있다. (　)　▶ ✕

8. 범죄경력 및 범행내용

9. 폭력조직 가담여부 및 정도

10. 교정시설 총 수용기간

11. 교정시설 수용(과거에 수용된 경우를 포함한다) 중에 받은 징벌 관련 사항

12. 도주(음모, 예비 또는 미수에 그친 경우를 포함한다) 또는 자살기도(企圖) 유무와 횟수

13. 상담관찰 사항

14. 수용생활태도

15. 범죄피해의 회복 노력 및 정도

16. 석방 후의 생활계획

17. 재범의 위험성

18. 처우계획 수립에 관한 사항

19. 그 밖에 수형자의 처우 및 관리에 필요한 사항

② 재심사를 할 때에는 제1항 각 호의 사항 중 <u>변동된</u> 사항과 다음 각 호의 사항을 조사한다.

1. 교정사고 유발 및 징벌 관련 사항

2. 제77조의 <u>소득점수를</u> 포함한 교정처우의 성과

3. 교정사고 예방 등 공적 사항

4. 추가사건 유무

5. 재범의 위험성

6. 처우계획 변경에 관한 사항

7. 그 밖에 재심사를 위하여 필요한 사항

규칙 제70조 분류조사 방법

분류조사의 방법은 다음 각 호와 같다. 23. 교정7★ [103)

1. <u>수용기록 확인</u> 및 <u>수형자와의 상담</u>

2. 수형자의 <u>가족 등과의 면담</u>

3. 검찰청, 경찰서, 그 밖의 관계기관에 대한 <u>사실조회</u>

4. <u>외부전문가에 대한 의견조회</u>

5. 그 밖에 효율적인 분류심사를 위하여 필요하다고 인정되는 방법

> ### 법 제59조 분류심사
>
> ③ 소장은 분류심사를 위하여 <u>수형자를 대상으로</u> 상담 등을 통한 신상에 관한 개별사안의 조사, 심리·지능·적성 검사, 그 밖에 필요한 검사를 할 수 있다. 19. 교정9★
>
> ④ 소장은 분류심사를 위하여 외부전문가로부터 필요한 의견을 듣거나 외부전문가에게 조사를 의뢰할 수 있다.

---

103) 분류조사 방법에는 수용기록 확인 및 수형자와의 상담, 수형자의 가족 등과의 면담, 외부전문가에 대한 의견조회 등이 포함된다. (   )　　　　　　　　　　　　　　　　　　　　　　　　▶ ○

규칙 제71조 분류검사

① 소장은 분류심사를 위하여 <u>수형자의 인성, 지능, 적성 등의 특성</u>을 측정·진단하기 위한 <u>검사를 할 수 있다.</u> 23. 교정7

② <u>인성검사는 신입심사 대상자</u> 및 그 밖에 <u>처우상 필요한 수형자</u>를 대상으로 한다. 다만, 수형자가 다음 각 호의 어느 하나에 해당하면 인성검사를 <u>하지 아니할 수 있다.</u> 23. 교정7104)

   1. 제62조 제2항에 따라 <u>분류심사가 유예</u>된 때(→ '분류심사 대상에서 제외된 때'가 아님)

   2. 그 밖에 인성검사가 곤란하거나 불필요하다고 인정되는 사유가 있는 때

③ 이해력의 현저한 부족 등으로 인하여 인성검사를 하지 아니한 경우에는 상담 내용과 관련 서류를 토대로 인성을 판정하여 경비처우급 분류지표를 결정할 수 있다.

④ <u>지능 및 적성 검사</u>는 제2항 각 호의 어느 하나에 해당하지 아니하는 <u>신입심사 대상자</u>로서 집행할 형기가 형집행지휘서 접수일부터 <u>1년 이상</u>이고 나이가 <u>35세 이하</u>인 경우에 한다. 다만, 직업훈련 또는 그 밖의 처우를 위하여 특히 필요한 경우에는 예외로 할 수 있다.

법 제59조 분류심사

⑤ 이 법에 규정된 사항 외에 분류심사에 관하여 필요한 사항은 법무부령으로 정한다.

규칙 제72조 처우등급

수형자의 처우등급은 다음 각 호와 같이 구분한다. 18. 승진★

1. <u>기본수용급</u>: 성별·국적·나이·형기 등에 따라 <u>수용할 시설 및 구획 등을 구별</u>하는 기준
2. <u>경비처우급</u>: 도주 등의 위험성에 따라 <u>수용시설과 계호의 정도를 구별</u>하고, 범죄성향의 진전과 개선정도, 교정성적에 따라 <u>처우수준을 구별</u>하는 기준
3. <u>개별처우급</u>: 수형자의 개별적인 특성에 따라 <u>중점처우의 내용을 구별</u>하는 기준

규칙 제73조 기본수용급

기본수용급은 다음 각 호와 같이 구분한다. 16. 경채★

1. <u>여성수형자</u>(→ W급)
2. <u>외국인수형자</u>(→ F급)
3. <u>금고형수형자</u>(→ I급)
4. <u>19세 미만의 소년수형자</u>(→ J급)
5. <u>23세 미만의 청년수형자</u>(→ Y급)
6. <u>65세 이상의 노인수형자</u>(→ A급)
7. <u>형기가 10년 이상인 장기수형자</u>(→ L급)
8. <u>정신질환 또는 장애가 있는 수형자</u>(→ M급)
9. <u>신체질환 또는 장애가 있는 수형자</u>(→ P급)

---

104) 소장은 분류심사를 위하여 수형자의 인성, 지능, 적성 등의 특성을 진단하기 위한 검사를 할 수 있으며, 인성검사는 신입심사 대상자만을 그 대상으로 한다. (　)　　　　　　　　　　　　　▶ ✕

규칙 제74조 경비처우급

① 경비처우급은 다음 각 호와 같이 구분한다. 23. 교정9[105]

1. 개방처우급: 법 제57조 제2항 제1호의 개방시설에 수용되어 <u>가장 높은 수준의 처우</u>가 필요한 수형자(→ S1급)
2. 완화경비처우급: 법 제57조 제2항 제2호의 완화경비시설에 수용되어 <u>통상적인 수준보다 높은 수준의 처우</u>가 필요한 수형자(→ S2급)
3. 일반경비처우급: 법 제57조 제2항 제3호의 일반경비시설에 수용되어 <u>통상적인 수준의 처우</u>가 필요한 수형자(→ S3급)
4. 중(重)경비처우급: 법 제57조 제2항 제4호의 중(重)경비시설(이하 "중경비시설"이라 한다)에 수용되어 <u>기본적인 처우</u>가 필요한 수형자(→ S4급)

② 경비처우급에 따른 <u>작업기준</u>은 다음 각 호와 같다. 20. 승진★ [106]

1. 개방처우급: <u>외부통근작업</u> 및 <u>개방지역작업</u> 가능
2. 완화경비처우급: <u>개방지역작업</u> 및 <u>필요시 외부통근작업</u> 가능
3. 일반경비처우급: <u>구내작업</u> 및 <u>필요시 개방지역작업</u> 가능
4. 중(重)경비처우급: <u>필요시 구내작업</u> 가능

규칙 제75조

삭제

규칙 제76조 개별처우급

개별처우급은 다음 각 호와 같이 구분한다. 19. 승진★

1. <u>직업훈련</u>(→ V급)　　2. <u>학과교육</u>(→ E급)　　3. <u>생활지도</u>(→ G급)
4. <u>작업지도</u>(→ R급)　　5. <u>운영지원작업</u>(→ N급)　　6. <u>의료처우</u>(→ T급)
7. <u>자치처우</u>(→ H급)　　8. <u>개방처우</u>(→ O급)　　9. <u>집중처우</u>(→ C급)

규칙 제77조 소득점수

소득점수는 다음 각 호의 범위에서 산정한다. 18. 승진★

1. <u>수형생활 태도</u>: 5점 이내
2. <u>작업 또는 교육 성적</u>: 5점 이내

규칙 제78조 소득점수 평가 기간 및 방법

① 소장은 수형자(제62조에 따라 <u>분류심사에서 제외되거나 유예되는 사람은 제외한다</u>)의 소득점수를 별지 제1호 서식의 소득점수 평가 및 통지서에 따라 <u>매월 평가</u>하여야 한다. 이 경우 <u>대상기간은 매월 초일부터 말일까지</u>로 한다.

---

105) 개방시설에 수용되어 가장 낮은 수준의 처우가 필요한 수형자는 개방처우급으로 구분하고, 완화경비시설에 수용되어 통상적인 수준보다 낮은 수준의 처우가 필요한 수형자는 완화경비처우급으로 구분한다. (　) ▶ ×
106) 경비처우급에 따른 작업기준상 중경비처우급에 대하여는 필요시 구내작업이 가능하다. (　) ▶ ○

② 수형자의 소득점수 평가 방법은 다음 각 호로 구분한다. 15. 교정7

1. 수형생활 태도: 품행·책임감 및 협동심의 정도에 따라 매우양호(수, 5점)·양호(우, 4점)·보통(미, 3점)·개선요망(양, 2점)·불량(가, 1점)으로 구분하여 채점한다.

2. 작업 또는 교육 성적: 법 제63조·제65조에 따라 부과된 작업·교육의 실적 정도와 근면성 등에 따라 매우우수(수, 5점)·우수(우, 4점)·보통(미, 3점)·노력요망(양, 2점)·불량(가, 1점)으로 구분하여 채점한다.

③ 제2항에 따라 수형자의 작업 또는 교육 성적을 평가하는 경우에는 작업 숙련도, 기술력, 작업기간, 교육태도, 시험성적 등을 고려할 수 있다.

④ 보안·작업 담당교도관 및 수용관리팀(교정시설의 효율적인 운영과 수용자의 적정한 관리 및 처우를 위하여 수용동별 또는 작업장별로 나누어진 교정시설 안의 일정한 구역을 관리하는 단위조직을 말한다. 이하 같다)의 팀장은 서로 협의하여 소득점수 평가 및 통지서에 해당 수형자에 대한 매월 초일부터 말일까지의 소득점수를 채점한다. <개정 2024.2.8.>

규칙 제79조 소득점수 평가기준

① 수형생활 태도 점수와 작업 또는 교육성적 점수는 제78조 제2항의 방법에 따라 채점하되, 수는 소속 작업장 또는 교육장 전체 인원의 10퍼센트를 초과할 수 없고, 우는 30퍼센트를 초과할 수 없다. 다만, 작업장 또는 교육장 전체인원이 4명 이하인 경우에는 수·우를 각각 1명으로 채점할 수 있다. 20. 승진 ★[107]

② 소장이 작업장 중 작업의 특성이나 난이도 등을 고려하여 필수 작업장으로 지정하는 경우 소득점수의 수는 5퍼센트 이내, 우는 10퍼센트 이내의 범위에서 각각 확대할 수 있다.

③ 소장은 수형자가 부상이나 질병, 그 밖의 부득이한 사유로 작업 또는 교육을 받지 못한 경우에는 3점 이내의 범위에서 작업 또는 교육 성적을 부여할 수 있다. 23. 경채 ★

규칙 제80조 소득점수 평정 등

① 소장은 제66조 및 제67조에 따라 재심사를 하는 경우에는 그 때마다 제78조에 따라 평가한 수형자의 소득점수를 평정하여 경비처우급을 조정할 것인지를 고려하여야 한다. 다만, 부정기재심사의 소득점수 평정대상기간은 사유가 발생한 달까지로 한다.

② 제1항에 따라 소득점수를 평정하는 경우에는 평정 대상기간 동안 매월 평가된 소득점수를 합산하여 평정 대상기간의 개월 수로 나누어 얻은 점수(이하 "평정소득점수"라 한다)로 한다. 15. 교정7

규칙 제81조 경비처우급 조정

경비처우급을 상향 또는 하향 조정하기 위하여 고려할 수 있는 평정소득점수의 기준은 다음 각 호와 같다. 다만, 수용 및 처우를 위하여 특히 필요한 경우 법무부장관이 달리 정할 수 있다. 18. 교정9 ★

1. 상향 조정: 8점 이상[제66조 제1항 제4호(→ 형기의 6분의 5에 도달)에 따른 재심사의 경우에는 7점 이상]
2. 하향 조정: 5점 이하 20. 교정7[108]

---

107) 수형생활 태도 점수와 작업 또는 교육성적 점수에 있어서 수는 소속 작업장 또는 교육장 전체 인원의 10퍼센트를 초과할 수 없고, 우는 30퍼센트를 초과할 수 없다. 다만, 작업장 또는 교육장 전체인원이 4명 이하인 경우에는 수·우를 각각 1명으로 채점할 수 있다. ( ) ▶ ○

108) 원칙적으로 경비처우급을 하향 조정하기 위하여 고려할 수 있는 평정소득점수의 기준은 5점 이하이다. ( ) ▶ ○

규칙 제82조 조정된 처우등급의 처우 등

① 조정된 처우등급에 따른 처우는 그 조정이 확정된 다음 날부터 한다. 이 경우 조정된 처우등급은 그 달 초일부터 적용된 것으로 본다. 23. 경채★ 109)
② 소장은 수형자의 경비처우급을 조정한 경우에는 지체 없이 해당 수형자에게 그 사항을 알려야 한다. 20. 교정7110)

규칙 제83조 처우등급별 수용 등

① 소장은 수형자를 기본수용급별·경비처우급별로 구분하여 수용하여야 한다. 다만 처우상 특히 필요하거나 시설의 여건상 부득이한 경우에는 기본수용급·경비처우급이 다른 수형자를 함께 수용하여 처우할 수 있다. 20. 승진★ 111)
② 소장은 제1항에 따라 수형자를 수용하는 경우 개별처우의 효과를 증진하기 위하여 경비처우급·개별처우급이 같은 수형자 집단으로 수용하여 처우할 수 있다. 20. 교정7112)

규칙 제85조 봉사원 선정

① 소장은 개방처우급·완화경비처우급·일반경비처우급 수형자로서 교정성적, 나이, 인성 등을 고려하여 다른 수형자의 모범이 된다고 인정되는 경우에는 봉사원으로 선정하여 담당교도관의 사무처리와 그 밖의 업무를 보조하게 할 수 있다. 20. 승진★ 113)
② 소장은 봉사원의 활동기간을 1년 이하로 정하되, 필요한 경우에는 그 기간을 연장할 수 있다.
③ 소장은 봉사원의 활동과 역할 수행이 부적당하다고 인정하는 경우에는 그 선정을 취소할 수 있다.
④ 제1항부터 제3항까지에서 규정한 사항 외에 봉사원 선정, 기간연장 및 선정취소 등에 필요한 사항은 법무부장관이 정한다(← 소장은 제1항부터 제3항까지의 봉사원 선정, 기간연장 및 선정취소에 관한 사항을 결정할 때에는 법무부장관이 정하는 바에 따라 분류처우위원회의 심의·의결을 거쳐야 한다). <개정 2024.2.8.> 13. 교정9

규칙 제86조 자치생활

① 소장은 개방처우급·완화경비처우급 수형자에게 자치생활을 허가할 수 있다. 20. 승진★
② 수형자 자치생활의 범위는 인원점검, 취미활동, 일정한 구역 안에서의 생활 등으로 한다(→ 부분자치제). 18. 승진★
③ 소장은 자치생활 수형자들이 교육실, 강당 등 적당한 장소에서 월 1회 이상 토론회를 할 수 있도록 하여야 한다. 20. 승진★ 114)
④ 소장은 자치생활 수형자가 법무부장관 또는 소장이 정하는 자치생활 중 지켜야 할 사항을 위반한 경우에는 자치생활 허가를 취소할 수 있다. 12. 교정9★

---

109) 조정된 처우등급에 따른 처우는 그 조정이 확정된 다음 날부터 하며, 이 경우 조정된 처우등급은 그 달 초일부터 적용된 것으로 본다. ( ) ▶ ○
110) 소장은 수형자의 경비처우급을 조정한 경우에는 지체 없이 해당 수형자에게 그 사항을 알려야 한다. ( ) ▶ ○
111) 소장은 수형자를 경비처우급별·개별처우급별로 구분하여 수용하여야 한다. ( ) ▶ ✕
112) 소장은 수형자를 처우등급별 수용하는 경우 개별처우의 효과를 증진하기 위하여 경비처우급·개별처우급이 같은 수형자집단으로 수용하여 처우할 수 있다. ( ) ▶ ○
113) 소장은 개방처우급·완화경비처우급·일반경비처우급 수형자로서 교정성적, 나이, 인성 등을 고려하여 다른 수형자의 모범이 된다고 인정되는 경우에는 봉사원으로 선정하여 담당교도관의 사무처리와 그 밖의 업무를 보조하게 할 수 있다. ( ) ▶ ○
114) 소장은 개방처우급·완화경비처우급·일반경비처우급 수형자에게 자치생활을 허가할 수 있으며, 자치생활 수형자들이 교육실, 강당 등 적당한 장소에서 매주 1회 이상 토론회를 할 수 있도록 허가하여야 한다. ( ) ▶ ✕

규칙 제89조 가족 만남의 날 행사 등

① 소장은 개방처우급·완화경비처우급 수형자에 대하여 가족 만남의 날 행사에 참여하게 하거나 가족 만남의 집을 이용하게 할 수 있다. 이 경우 제87조의 접견 허용횟수에는 포함되지 아니한다. 23. 교정7★ 115)116)

② 제1항의 경우 소장은 가족이 없는 수형자에 대하여는 결연을 맺었거나 그 밖에 가족에 준하는 사람으로 하여금 그 가족을 대신하게 할 수 있다. 20. 교정7★ 117)

③ 소장은 제1항에도 불구하고 교화를 위하여 특히 필요한 경우에는 일반경비처우급 수형자에 대하여도 가족 만남의 날 행사 참여 또는 가족 만남의 집 이용을 허가할 수 있다. 24. 교정9★ 118)119)120)

④ 제1항 및 제3항에서 "가족 만남의 날 행사"란 수형자와 그 가족이 교정시설의 일정한 장소에서 다과와 음식을 함께 나누면서 대화의 시간을 갖는 행사를 말하며, "가족 만남의 집"이란 수형자와 그 가족이 숙식을 함께 할 수 있도록 교정시설에 수용동과 별도로 설치된 일반주택 형태의 건축물을 말한다. 20. 교정7121)

규칙 제91조 경기 또는 오락회 개최 등

① 소장은 개방처우급·완화경비처우급 또는 자치생활 수형자에 대하여 월 2회 이내에서 경기 또는 오락회를 개최하게 할 수 있다. 다만, 소년수형자에 대하여는 그 횟수를 늘릴 수 있다. 24. 교정9★ 122)

② 제1항에 따라 경기 또는 오락회가 개최되는 경우 소장은 해당 시설의 사정을 고려하여 참석인원, 방법 등을 정할 수 있다.

③ 제1항에 따라 경기 또는 오락회가 개최되는 경우 소장은 관련 분야의 전문지식과 자격을 가지고 있는 외부강사를 초빙할 수 있다.

법 제60조 관계기관등에 대한 사실조회 등

① 소장은 분류심사와 그 밖에 수용목적의 달성을 위하여 필요하면 수용자의 가족 등을 면담하거나 법원·경찰관서, 그 밖의 관계 기관 또는 단체(이하 "관계기관등"이라 한다)에 대하여 필요한 사실을 조회할 수 있다.

② 제1항의 조회를 요청받은 관계기관등의 장은 특별한 사정이 없으면 지체 없이 그에 관하여 답하여야 한다.

법 제61조 분류전담시설

법무부장관은 수형자를 과학적으로 분류하기 위하여 분류심사를 전담하는 교정시설을 지정·운영할 수 있다. 15. 교정9

---

115) 가족 만남의 날 행사에 참여하는 횟수만큼 수형자의 접견허용횟수는 줄어든다. ( ) ▶ ×
116) 화상접견은 접견 허용횟수에 포함되지만, 가족 만남의 날 참여는 접견 허용횟수에 포함되지 않는다. ( ) ▶ ○
117) 소장은 가족이 없는 수형자에 대하여는 결연을 맺었거나 그 밖에 가족에 준하는 사람으로 하여금 그 가족을 대신하게 할 수 있다. ( ) ▶ ○
118) 소장은 중경비처우급 수형자에 대하여 가족 만남의 날 행사에 참여하게 하거나 가족 만남의 집을 이용하게 할 수 있다.( ) ▶ ×
119) 가족 만남의 집 이용은 완화경비처우급과 개방처우급 수형자에 한하여 그 대상이 될 수 있다. ( ) ▶ ×
120) 소장은 처우를 위하여 특히 필요한 경우에는 일반경비처우급 수형자에 대하여도 가족 만남의 날 행사 참여를 허가할 수 있다. ( ) ▶ ×
121) 가족 만남의 날 행사란 수형자와 그 가족이 원칙적으로 교정시설 밖의 일정한 장소에서 다과와 음식을 함께 나누면서 대화의 시간을 갖는 행사를 말한다. ( ) ▶ ×
122) 소장은 개방처우급 수형자에 대하여 월 3회 이내에서 경기 또는 오락회를 개최하게 할 수 있다. 다만, 소년수형자에 대하여는 그 횟수를 늘릴 수 있다. ( ) ▶ ×

영 제86조 분류전담시설

법무부장관은 법 제61조의 분류심사를 전담하는 교정시설을 지정·운영하는 경우에는 지방교정청별로 1개소 이상이 되도록 하여야 한다. 23. 경채★

규칙 제96조의2 분류전담시설

① 법 제61조 및 영 제86조에 따른 분류심사를 전담하는 교정시설(이하 이 절에서 "분류전담시설"이라 한다)의 장은 범죄의 피해가 중대하고 재범의 위험성이 높은 수형자(이하 이 절에서 "고위험군 수형자"라 한다)의 개별처우계획을 수립·조정하기 위해 고위험군 수형자의 개별적 특성과 재범의 위험성 등을 면밀히 분석·평가하기 위한 분류심사(이하 이 절에서 "정밀분류심사"라 한다)를 실시할 수 있다.
② 분류전담시설의 장은 정밀분류심사를 실시한 고위험군 수형자의 개별처우계획 이행 여부를 지속적으로 평가해야 한다.

[본조신설 2024.2.8.]

법 제62조 분류처우위원회

① 수형자의 개별처우계획, 가석방심사신청 대상자 선정, 그 밖에 수형자의 분류처우에 관한 중요 사항을 심의·의결하기 위하여 교정시설에 분류처우위원회(이하 이 조에서 "위원회"라 한다)를 둔다. 23. 교정9★
② 위원회는 위원장을 포함한 5명 이상 7명 이하의 위원으로 구성하고, 위원장은 소장이 되며, 위원은 위원장이 소속 기관의 부소장 및 과장(지소의 경우에는 7급 이상의 교도관) 중에서 임명한다(→ 외부위원 ✕). 23. 교정9★ [123]
③ 위원회는 그 심의·의결을 위하여 외부전문가로부터 의견을 들을 수 있다. 23. 교정9
④ 이 법에 규정된 사항 외에 위원회에 관하여 필요한 사항은 법무부령으로 정한다.

규칙 제97조 심의·의결 대상

법 제62조의 분류처우위원회(이하 이 절에서 "위원회"라 한다)는 다음 각 호의 사항을 심의·의결한다. 19. 승진★
1. 처우등급 판단 등 분류심사에 관한 사항
2. 소득점수 등의 평가 및 평정에 관한 사항
3. 수형자 처우와 관련하여 소장이 심의를 요구한 사항
4. 가석방 적격심사 신청 대상자 선정 등에 관한 사항
5. 그 밖에 수형자의 수용 및 처우에 관한 사항

규칙 제98조 위원장의 직무

① 위원장은 위원회를 소집하고 위원회의 사무를 총괄한다.
② 위원장이 부득이한 사유로 그 직무를 수행할 수 없을 때에는 위원장이 미리 지정한 위원이 그 직무를 대행할 수 있다.

---

123) 분류처우위원회는 위원장을 포함한 5명 이상 9명 이하의 위원으로 구성하고, 위원장은 소장이 된다. (   )   ▶ ✕

규칙 제99조 회의

① 위원회의 회의는 매월 10일에 개최한다. 다만, 위원회의 회의를 개최하는 날이 토요일, 공휴일, 그 밖에 법무부장관이 정한 휴무일일 때에는 그 다음 날에 개최한다.

② 위원장은 수형자의 처우와 관련하여 필요한 경우에는 임시회의를 개최할 수 있다.

③ 위원회의 회의는 재적위원 3분의 2 이상의 출석으로 개의하고, 출석위원 과반수의 찬성으로 의결한다. 19. 승진★

규칙 제100조 간사

① 위원회의 사무를 처리하기 위하여 분류심사 업무를 담당하는 교도관 중에서 간사 1명을 둔다.

② 간사는 위원회의 회의록을 작성하여 유지하여야 한다.

규칙 제100조의2 분류전담시설에 두는 위원회

제97조부터 제100조까지의 규정에도 불구하고 법무부장관은 분류전담시설에 두는 위원회의 심의·의결 대상 및 개최시기 등을 달리 정할 수 있다.

[본조신설 2024.2.8.]

■ 제3절 교육과 교화프로그램

> ## 법 제63조 교육
>
> ① 소장은 수형자가 건전한 사회복귀에 필요한 지식과 소양을 습득하도록 교육할 수 있다.
>
> ② 소장은 「교육기본법」 제8조의 의무교육을 받지 못한 수형자에 대하여는 본인의 의사·나이·지식정도, 그 밖의 사정을 고려하여 그에 알맞게 교육하여야 한다. 18. 교정7★
>
> ③ 소장은 제1항 및 제2항에 따른 교육을 위하여 필요하면 수형자를 중간처우를 위한 전담교정시설에 수용하여 다음 각 호의 조치를 할 수 있다. 23. 교정7★124)
>
> 1. 외부 교육기관에의 통학
>
> 2. 외부 교육기관에서의 위탁교육
>
> ④ 교육과정·외부통학·위탁교육 등에 관하여 필요한 사항은 법무부령으로 정한다.

영 제87조 교육

① 소장은 법 제63조에 따른 교육을 효과적으로 시행하기 위하여 교육실을 설치하는 등 교육에 적합한 환경을 조성하여야 한다.

② 소장은 교육 대상자, 시설 여건 등을 고려하여 교육계획을 수립하여 시행하여야 한다.

---

124) 소장은 「교육기본법」 제8조의 의무교육을 받지 못한 수형자의 교육을 위하여 필요하면 수형자를 중간처우를 위한 전담교정시설에 수용하여 외부 교육기관에의 통학, 외부 교육기관에서의 위탁교육을 받도록 할 수 있다. ( ) ▶ ○

규칙 제101조 교육관리 기본원칙

① 소장은 교육대상자를 소속기관(소장이 관할하고 있는 교정시설을 말한다. 이하 같다)에서 선발하여 교육한다. 다만, 소속기관에서 교육대상자를 선발하기 어려운 경우에는 다른 기관에서 추천한 사람을 모집하여 교육할 수 있다. 18. 승진

② 소장은 교육대상자의 성적불량, 학업태만 등으로 인하여 교육의 목적을 달성하기 어려운 경우에는 그 선발을 취소할 수 있다.

③ 소장은 교육대상자 및 시험응시 희망자의 학습능력을 평가하기 위하여 자체 평가시험을 실시할 수 있다.

④ 소장은 교육의 효과를 거두지 못하였다고 인정하는 교육대상자에 대하여 다시 교육을 할 수 있다. 18. 승진

⑤ 소장은 기관의 교육전문인력, 교육시설, 교육대상인원 등의 사정을 고려하여 단계별 교육과 자격취득 목표를 설정할 수 있으며, 자격취득·대회입상 등을 하면 처우에 반영할 수 있다.

규칙 제102조 교육대상자가 지켜야 할 기본원칙

① 교육대상자는 교육의 시행에 관한 관계법령, 학칙 및 교육관리지침을 성실히 지켜야 한다.

② 제110조부터 제113조까지의 규정(→ 독학에 의한 학위 취득과정, 방송통신대학과정, 전문대학 위탁교육과정, 정보화 및 외국어 교육과정)에 따른 교육을 실시하는 경우 소요되는 비용은 특별한 사정이 없으면 교육대상자의 부담으로 한다. 20. 교정9★ [125]

③ 교육대상자로 선발된 수형자는 소장에게 다음의 선서를 하고 서약서를 제출해야 한다.
"나는 교육대상자로서 긍지를 가지고 제반규정을 지키며, 교정시설 내 교육을 성실히 이수할 것을 선서합니다."

규칙 제103조 교육대상자 선발 등

① 소장은 각 교육과정의 선정 요건과 수형자의 나이, 학력, 교정성적, 자체 평가시험 성적, 정신자세, 성실성, 교육계획과 시설의 규모, 교육대상인원 등을 고려하여 교육대상자를 선발하거나 추천하여야 한다.

② 소장은 정당한 이유 없이 교육을 기피한 사실이 있거나 자퇴(제적을 포함한다)한 사실이 있는 수형자는 교육대상자로 선발하거나 추천하지 아니할 수 있다. 18. 승진

규칙 제104조 교육대상자 관리 등

① 학과교육대상자의 과정수료 단위는 학년으로 하되, 학기의 구분은 국공립학교의 학기에 준한다. 다만, 독학에 의한 교육은 수업 일수의 제한을 받지 아니한다.

② 소장은 교육을 위하여 필요한 경우에는 외부강사를 초빙할 수 있으며, 카세트 또는 재생전용기기의 사용을 허용할 수 있다. 14. 교정7★

③ 소장은 교육의 실효성을 확보하기 위하여 교육실을 설치·관리하여야 하며, 교육목적을 위하여 필요한 경우 신체장애를 보완하는 교육용 물품의 사용을 허가하거나 예산의 범위에서 학용품과 응시료를 지원할 수 있다.

---

125) 소장은 수형자에게 학위취득 기회를 부여하기 위하여 독학에 의한 학사학위 취득과정을 설치·운영할 수 있다. 이 교육을 실시하는 경우 소요되는 비용은 특별한 사정이 없으면 국가의 부담으로 한다. (　)　　▶ ✕

규칙 제105조 교육 취소 등

① 소장은 교육대상자가 다음 각 호의 어느 하나에 해당하는 경우에는 교육대상자 선발을 취소할 수 있다.

1. 각 교육과정의 관계법령, 학칙, 교육관리지침 등을 위반한 때
2. 학습의욕이 부족하여 구두경고를 하였는데도 개선될 여지가 없거나 수학능력이 현저히 부족하다고 판단되는 때
3. 징벌을 받고 교육 부적격자로 판단되는 때
4. 중대한 질병, 부상, 그 밖의 부득이한 사정으로 교육을 받을 수 없다고 판단되는 때

② 교육과정의 변경은 교육대상자의 선발로 보아 제103조를 준용한다.

③ 소장은 교육대상자에게 질병, 부상, 그 밖의 부득이한 사정이 있는 경우에는 교육과정을 일시 중지할 수 있다. 18. 교정7

규칙 제106조 이송 등

① 소장은 특별한 사유가 없으면 교육기간 동안에 교육대상자를 다른 기관으로 이송할 수 없다. 20. 교정9 ★ 126)

② 교육대상자의 선발이 취소되거나 교육대상자가 교육을 수료하였을 때에는 선발 당시 소속기관으로 이송한다. 다만, 다음 각 호의 어느 하나에 해당하는 경우에는 소속기관으로 이송하지 아니하거나 다른 기관으로 이송할 수 있다.

1. 집행할 형기가 이송 사유가 발생한 날부터 3개월 이내인 때
2. 제105조 제1항 제3호의 사유(→ 징벌을 받고 교육 부적격자로 판단)로 인하여 교육대상자 선발이 취소된 때
3. 소속기관으로의 이송이 부적당하다고 인정되는 특별한 사유가 있는 때

규칙 제107조 작업 등

① 교육대상자에게는 작업·직업훈련 등을 면제한다. 18. 승진★

② 작업·직업훈련 수형자 등도 독학으로 검정고시·학사고시 등에 응시하게 할 수 있다. 이 경우 자체 평가시험 성적 등을 고려해야 한다. 18. 승진

규칙 제108조 검정고시반 설치 및 운영

① 소장은 매년 초 다음 각 호의 시험을 준비하는 수형자를 대상으로 검정고시반을 설치·운영할 수 있다.

1. 초등학교 졸업학력 검정고시
2. 중학교 졸업학력 검정고시
3. 고등학교 졸업학력 검정고시

② 소장은 교육기간 중에 검정고시에 합격한 교육대상자에 대하여는 해당 교육과정을 조기 수료시키거나 상위 교육과정에 임시 편성시킬 수 있다.

③ 소장은 고등학교 졸업 또는 이와 동등한 수준 이상의 학력이 인정되는 수형자를 대상으로 대학입학시험 준비반을 편성·운영할 수 있다.

---

126) 소장은 특별한 사유가 없으면 교육기간 동안에는 교육대상자를 다른 기관으로 이송할 수 없다. (   )　　　　　▶ ○

규칙 제109조 방송통신고등학교과정 설치 및 운영

① 소장은 수형자에게 고등학교 과정의 교육기회를 부여하기 위하여 「초·중등교육법」 제51조에 따른 방송통신고등학교 교육과정을 설치·운영할 수 있다.

② 소장은 중학교 졸업 또는 이와 동등한 수준 이상의 학력이 인정되는 수형자가 제1항의 방송통신고등학교 교육과정을 지원하여 합격한 경우에는 교육대상자로 선발할 수 있다.

③ 소장은 제1항의 방송통신고등학교 교육과정의 입학금, 수업료, 교과용 도서 구입비 등 교육에 필요한 비용을 예산의 범위에서 지원할 수 있다.

규칙 제110조 독학에 의한 학위 취득과정 설치 및 운영

① 소장은 수형자에게 학위취득 기회를 부여하기 위하여 독학에 의한 학사학위 취득과정(이하 "학사고시반 교육"이라 한다)을 설치·운영할 수 있다. 20. 교정9★

② 소장은 다음 각 호의 요건을 갖춘 수형자가 제1항의 학사고시반 교육을 신청하는 경우에는 교육대상자로 선발할 수 있다. 23. 교정7★ [127]

  1. 고등학교 졸업 또는 이와 동등한 수준 이상의 학력이 인정될 것
  2. 교육개시일을 기준으로 형기의 3분의 1(21년 이상의 유기형 또는 무기형의 경우에는 7년)이 지났을 것
  3. 집행할 형기가 2년 이상일 것

규칙 제111조 방송통신대학과정 설치 및 운영

① 소장은 대학 과정의 교육기회를 부여하기 위하여 「고등교육법」 제2조에 따른 방송통신대학 교육과정을 설치·운영할 수 있다.

② 소장은 제110조 제2항 각 호의 요건[→ 고등학교 졸업 등 학력, 형기의 3분의 1(7년), 집행할 형기가 2년 이상]을 갖춘 개방처우급·완화경비처우급·일반경비처우급 수형자가 제1항의 방송통신대학 교육과정에 지원하여 합격한 경우에는 교육대상자로 선발할 수 있다. 13. 교정9★

규칙 제112조 전문대학 위탁교육과정 설치 및 운영

① 소장은 전문대학과정의 교육기회를 부여하기 위하여 「고등교육법」 제2조에 따른 전문대학 위탁교육과정을 설치·운영할 수 있다.

② 소장은 제110조 제2항 각 호의 요건[→ 고등학교 졸업 등 학력, 형기의 3분의 1(7년), 집행할 형기가 2년 이상]을 갖춘 개방처우급·완화경비처우급·일반경비처우급 수형자가 제1항의 전문대학 위탁교육과정에 지원하여 합격한 경우에는 교육대상자로 선발할 수 있다. 13. 교정9

③ 제1항의 전문대학 위탁교육과정의 교과과정, 시험응시 및 학위취득에 관한 세부사항은 위탁자와 수탁자 간의 협약에 따른다.

④ 소장은 제1항부터 제3항까지의 규정에 따른 교육을 위하여 필요한 경우 수형자를 중간처우를 위한 전담교정시설에 수용할 수 있다.

---

127) 소장은 집행할 형기가 1년 남은 수형자도 독학에 의한 학사학위 취득과정 대상자로 선발할 수 있다. (   )　　▶ ×

규칙 제113조 정보화 및 외국어 교육과정 설치 및 운영 등

① 소장은 수형자에게 지식정보사회에 적응할 수 있는 교육기회를 부여하기 위하여 정보화 교육과정을 설치·운영할 수 있다. 18. 승진

② 소장은 개방처우급·완화경비처우급·일반경비처우급 수형자에게 다문화 시대에 대처할 수 있는 교육기회를 부여하기 위하여 외국어 교육과정을 설치·운영할 수 있다. 18. 승진

③ 소장은 외국어 교육대상자가 교육실 외에서의 어학학습장비를 이용한 외국어학습을 원하는 경우에는 계호 수준, 독거 여부, 교육 정도 등에 대한 교도관회의(「교도관 직무규칙」 제21조에 따른 교도관회의를 말한다. 이하 같다)의 심의를 거쳐 허가할 수 있다. 18. 승진★

④ 소장은 이 규칙에서 정한 교육과정 외에도 법무부장관이 수형자로 하여금 건전한 사회복귀에 필요한 지식과 소양을 습득하게 하기 위하여 정하는 교육과정을 설치·운영할 수 있다.

> ### 법 제64조 교화프로그램
>
> ① 소장은 수형자의 교정교화를 위하여 상담·심리치료, 그 밖의 교화프로그램을 실시하여야 한다. 23. 교정7★ 128)
>
> ② 소장은 제1항에 따른 교화프로그램의 효과를 높이기 위하여 범죄원인별로 적절한 교화프로그램의 내용, 교육장소 및 전문인력의 확보 등 적합한 환경을 갖추도록 노력하여야 한다. 23. 교정7129)
>
> ③ 교화프로그램의 종류·내용 등에 관하여 필요한 사항은 법무부령으로 정한다.

영 제88조 정서교육

소장은 수형자의 정서 함양을 위하여 필요하다고 인정하면 연극·영화관람, 체육행사, 그 밖의 문화예술활동을 하게 할 수 있다. 20. 교정9130)

규칙 제114조 교화프로그램의 종류

교화프로그램의 종류는 다음 각 호와 같다.

1. 문화프로그램
2. 문제행동예방프로그램
3. 가족관계회복프로그램
4. 교화상담
5. 그 밖에 법무부장관이 정하는 교화프로그램

규칙 제115조 문화프로그램

소장은 수형자의 인성 함양, 자아존중감 회복 등을 위하여 음악, 미술, 독서 등 문화예술과 관련된 다양한 프로그램을 도입하거나 개발하여 운영할 수 있다. 23. 교정7131)

---

128) 소장은 수형자의 교정교화를 위하여 상담·심리치료, 그 밖의 교화프로그램을 실시하여야 한다. (   )　　　▶ ○
129) 소장은 교화프로그램의 효과를 높이기 위하여 범죄유형별로 적절한 교화프로그램의 내용, 교육장소 및 전문인력의 확보 등 적합한 환경을 갖추도록 노력하여야 한다. (   )　　　▶ ✕
130) 소장은 수형자의 교정교화를 위하여 상담·심리치료, 그 밖의 교화프로그램을 실시하여야 하며, 수형자의 정서 함양을 위하여 필요하다고 인정하면 연극·영화관람, 체육행사, 그 밖의 문화예술활동을 하게 할 수 있다. (   )　　　▶ ○
131) 소장은 수형자의 인성 함양 등을 위하여 문화예술과 관련된 다양한 프로그램을 개발하여 운영할 수 있다. (   )　　　▶ ○

규칙 제116조 문제행동예방프로그램

소장은 수형자의 죄명, 죄질 등을 구분하여 그에 따른 심리측정·평가·진단·치료 등의 문제행동예방프로그램을 도입하거나 개발하여 실시할 수 있다.

규칙 제117조 가족관계회복프로그램

① 소장은 수형자와 그 가족의 관계를 유지·회복하기 위하여 수형자의 가족이 참여하는 각종 프로그램을 운영할 수 있다. 다만, 가족이 없는 수형자의 경우 교화를 위하여 필요하면 결연을 맺었거나 그 밖에 가족에 준하는 사람의 참여를 허가할 수 있다. 10. 교정7

② 제1항의 경우 대상 수형자는 교도관회의의 심의를 거쳐 선발하고, 참여인원은 5명 이내의 가족으로 한다. 다만, 특히 필요하다고 인정하는 경우에는 참여인원을 늘릴 수 있다. 23. 교정7[132]

규칙 제118조 교화상담

① 소장은 수형자의 건전한 가치관 형성, 정서안정, 고충해소 등을 위하여 교화상담을 실시할 수 있다.

② 소장은 제1항의 교화상담을 위하여 교도관이나 제33조의 교정참여인사를 교화상담자로 지정할 수 있으며, 수형자의 안정을 위하여 결연을 주선할 수 있다.

규칙 제119조 교화프로그램 운영 방법

① 소장은 교화프로그램을 운영하는 경우 약물중독·정신질환·신체장애·건강·성별·나이 등 수형자의 개별 특성을 고려하여야 하며, 프로그램의 성격 및 시설 규모와 인원을 고려하여 이송 등의 적절한 조치를 할 수 있다. 18. 승진

② 소장은 교화프로그램을 운영하기 위하여 수형자의 정서적인 안정이 보장될 수 있는 장소를 따로 정하거나 방송설비 및 방송기기를 이용할 수 있다.

③ 소장은 교정정보시스템(교정시설에서 통합적으로 정보를 관리하는 시스템을 말한다)에 교화프로그램의 주요 진행내용을 기록하여 수형자 처우에 활용하여야 하며, 상담내용 등 개인정보가 유출되지 아니하도록 하여야 한다.

④ 교화프로그램 운영에 관하여는 제101조부터 제107조까지의 규정(→ 교정교육 관련규정)을 준용한다.

규칙 제119조의2 전문인력

① 법무부장관은 교화프로그램의 효과를 높이기 위해 소속 공무원 중에서 법 제64조 제2항에 따른 전문인력을 선발 및 양성할 수 있다.

② 제1항에 따른 전문인력 선발 및 양성의 요건, 방법, 그 밖에 필요한 사항은 법무부장관이 정한다.

[본조신설 2024.2.8.]

---

132) 가족관계회복프로그램 대상 수형자는 교도관회의의 심의를 거쳐 선발하고, 참여인원은 5명 이내의 가족으로 하며, 특히 필요하다고 인정하면 참여인원을 늘릴 수 있다. (　)　　▶ ○

■ 제4절 작업과 직업훈련

법 제65조 작업의 부과

① 수형자에게 부과하는 작업은 건전한 사회복귀를 위하여 기술을 습득하고 근로의욕을 고취하는 데에 적합한 것이어야 한다.

② 소장은 수형자에게 작업을 부과하려면 나이·형기·건강상태·기술·성격·취미·경력·장래생계, 그 밖의 수형자의 사정을 고려하여야 한다. 14. 교정9

영 제89조 작업의 종류

소장은 법무부장관의 승인을 받아 수형자에게 부과하는 작업의 종류를 정한다. 18. 교정9★

영 제90조 소년수형자의 작업 등

소장은 19세 미만의 수형자에게 작업을 부과하는 경우에는 정신적·신체적 성숙 정도, 교육적 효과 등을 고려하여야 한다. 14. 교정9★

영 제91조 작업의 고지 등

① 소장은 수형자에게 작업을 부과하는 경우에는 작업의 종류 및 작업과정을 정하여 고지하여야 한다. 20. 교정9133)

② 제1항의 작업과정은 작업성적, 작업시간, 작업의 난이도 및 숙련도를 고려하여 정한다. 작업과정을 정하기 어려운 경우에는 작업시간을 작업과정으로 본다. 20. 교정9134)

영 제92조 작업실적의 확인

소장은 교도관에게 매일 수형자의 작업실적을 확인하게 하여야 한다. 20. 교정7★ 135)

규칙 제94조 작업·교육 등의 지도보조

소장은 수형자가 개방처우급 또는 완화경비처우급으로서 작업·교육 등의 성적이 우수하고 관련 기술이 있는 경우에는 교도관의 작업지도를 보조하게 할 수 있다. 20. 승진★ 136)

---

133) 소장은 수형자에게 작업을 부과하는 경우 작업의 종류 및 작업과정을 정하여 수형자에게 고지할 필요가 없다. ( ) ▶ ×
134) 작업과정은 작업성적, 작업시간, 작업의 난이도 및 숙련도를 고려하여 정하며, 작업과정을 정하기 어려운 경우에는 작업의 난이도를 작업과정으로 본다. ( ) ▶ ×
135) 소장은 교도관에게 매월 수형자의 작업실적을 확인하게 하여야 한다. ( ) ▶ ×
136) 소장은 수형자가 일반경비처우급으로서 작업·교육 등의 성적이 우수하고 관련 기술이 있는 경우에는 교도관의 작업지도를 보조하게 할 수 있다. ( ) ▶ ×

규칙 제95조 개인작업

① 소장은 수형자가 개방처우급 또는 완화경비처우급으로서 작업기술이 탁월하고(and) 작업성적이 우수한 경우에는 수형자 자신을 위한 개인작업을 하게 할 수 있다. 이 경우 개인작업 시간은 교도작업에 지장을 주지 아니하는 범위에서 1일 2시간 이내로 한다. 24. 교정9★ 137)138)

② 소장은 제1항에 따라 개인작업을 하는 수형자에게 개인작업 용구를 사용하게 할 수 있다. 이 경우 작업용구는 특정한 용기에 보관하도록 하여야 한다. 24. 교정9139)

③ 제1항의 개인작업에 필요한 작업재료 등의 구입비용은 수형자가 부담한다. 다만, 처우상 필요한 경우에는 예산의 범위에서 그 비용을 지원할 수 있다. 24. 교정9★ 140)

법 제66조 작업의무

수형자는 자신에게 부과된 작업과 그 밖의 노역을 수행하여야 할 의무가 있다. 14. 사시★

법 제67조 신청에 따른 작업

소장은 금고형 또는 구류형의 집행 중에 있는 사람에 대하여는 신청에 따라 작업을 부과할 수 있다. 23. 교정9★ 141)

영 제93조 신청 작업의 취소

소장은 법 제67조에 따라 작업이 부과된 수형자가 작업의 취소를 요청하는 경우에는 그 수형자의 의사(意思), 건강 및 교도관의 의견 등을 고려하여 작업을 취소할 수 있다(→ 임의적). 14. 교정9

법 제68조 외부 통근 작업 등

① 소장은 수형자의 건전한 사회복귀와 기술습득을 촉진하기 위하여 필요하면 외부기업체 등에 통근 작업하게 하거나 교정시설의 안에 설치된 외부기업체의 작업장에서 작업하게 할 수 있다. 22. 교정9★

② 외부 통근 작업 대상자의 선정기준 등에 관하여 필요한 사항은 법무부령으로 정한다. 15. 교정9★

규칙 제120조 선정기준

① 외부기업체에 통근하며 작업하는 수형자는 다음 각 호의 요건을 갖춘 수형자 중에서 선정한다. 22. 교정7급★ 142)143)

  1. 18세 이상 65세 미만일 것

---

137) 소장은 개방처우급·완화경비처우급 수형자 및 특히 필요한 경우 일반경비처우급 수형자에 대하여도 수형자 자신을 위한 개인작업을 하게 할 수 있다. ( ) ▶ ×

138) 소장은 수형자가 개방처우급 또는 완화경비처우급으로서 작업기술이 탁월하거나 작업성적이 우수한 경우에는 수형자 자신을 위한 개인작업을 하게 할 수 있다. ( ) ▶ ×

139) 소장은 개인작업을 하는 수형자에게 개인작업 용구를 사용하게 할 수 있다. 이 경우 작업용구는 특정한 용기에 보관하도록 하여야 한다. ( ) ▶ ○

140) 개인작업에 필요한 작업재료 등의 구입비용은 수형자가 부담한다. 다만, 처우상 필요한 경우에는 예산의 범위에서 그 비용을 지원할 수 있다. ( ) ▶ ○

141) 소장은 금고형 또는 구류형의 집행 중에 있는 사람에 대하여는 신청에 따라 작업을 부과할 수 있다. ( ) ▶ ○

142) 외부기업체 통근작업자로 선정될 수 있는 수형자는 원칙적으로 18세 이상 65세 미만이어야 한다. ( ) ▶ ○

143) 교정시설 밖에 설치된 외부기업체의 작업장에 통근하며 작업하는 수형자는 소정의 요건을 갖춘 수형자 중에서 집행할 형기가 10년 미만이거나 형기기산일부터 10년 이상이 지난 수형자 중에서 선정한다. ( ) ▶ ×

2. 해당 작업 수행에 건강상 장애가 없을 것

3. 개방처우급·완화경비처우급에 해당할 것 22. 교정9★

4. 가족·친지 또는 법 제130조의 교정위원(이하 "교정위원"이라 한다) 등과 접견·편지수수·전화통화 등으로 연락하고 있을 것

5. 집행할 형기가 7년 미만이고 가석방이 제한되지 아니할 것

6. 삭제

② 교정시설 안에 설치된 외부기업체의 작업장에 통근하며 작업하는 수형자는 제1항 제1호부터 제4호까지의 요건(같은 항 제3호의 요건의 경우에는 일반경비처우급에 해당하는 수형자도 포함한다)을 갖춘 수형자로서 집행할 형기가 10년 미만이거나 형기기산일부터 10년 이상이 지난 수형자 중에서 선정한다. 21. 교정7★ 144)

③ 소장은 제1항 및 제2항에도 불구하고 작업 부과 또는 교화를 위하여 특히 필요하다고 인정하는 경우에는 제1항 및 제2항의 수형자 외의 수형자에 대하여도 외부통근자로 선정할 수 있다. 22. 교정9145)

규칙 제121조 선정 취소

소장은 외부통근자가 법령에 위반되는 행위를 하거나 법무부장관 또는 소장이 정하는 지켜야 할 사항을 위반한 경우에는 외부통근자 선정을 취소할 수 있다(→ 임의적). 22. 교정9★ 146)

규칙 제122조 외부통근자 교육

소장은 외부통근자로 선정된 수형자에 대하여는 자치활동·행동수칙·안전수칙·작업기술 및 현장적응훈련에 대한 교육을 하여야 한다. 19. 교정7

규칙 제123조 자치활동

소장은 외부통근자의 사회적응능력을 기르고 원활한 사회복귀를 촉진하기 위하여 필요하다고 인정하는 경우에는 수형자 자치에 의한 활동을 허가할 수 있다(→ 임의적). 22. 교정9★ 147)

법 제69조 직업능력개발훈련

① 소장은 수형자의 건전한 사회복귀를 위하여 기술 습득 및 향상을 위한 직업능력개발훈련(이하 "직업훈련"이라 한다)을 실시할 수 있다.

② 소장은 수형자의 직업훈련을 위하여 필요하면 외부의 기관 또는 단체에서 훈련을 받게 할 수 있다. 15. 교정7

③ 직업훈련 대상자의 선정기준 등에 관하여 필요한 사항은 법무부령으로 정한다. 15. 교정7

---

144) 교정시설 안에 설치된 외부기업체의 작업장에 통근하며 작업하는 수형자에는 일반경비처우급에 해당하는 수형자도 포함될 수 있다. (　)　▶ ○

145) 소장이 교화를 위하여 특히 필요하다고 인정하더라도 중경비처우급 수형자는 외부통근자로 선정할 수 없다. (　)　▶ ×

146) 소장은 외부통근자가 법령에 위반되는 행위를 하거나 법무부장관 또는 소장이 정하는 지켜야 할 사항을 위반한 경우에는 외부통근자 선정을 취소할 수 있다. (　)　▶ ○

147) 소장은 외부통근자의 사회적응능력을 기르고 원활한 사회복귀를 촉진하기 위하여 필요하다고 인정하는 경우에는 수형자 자치에 의한 활동을 허가할 수 있다. (　)　▶ ○

영 제94조 직업능력개발훈련 설비 등의 구비

소장은 법 제69조에 따른 직업능력개발훈련을 하는 경우에는 그에 필요한 설비 및 실습 자재를 갖추어야 한다.

규칙 제96조 외부 직업훈련

① 소장은 수형자가 개방처우급 또는 완화경비처우급으로서 직업능력 향상을 위하여 특히 필요한 경우에는 교정시설 외부의 공공기관 또는 기업체 등에서 운영하는 직업훈련을 받게 할 수 있다. 22. 교정9★

② 제1항에 따른 직업훈련의 비용은 수형자가 부담한다. 다만, 처우상 특히 필요한 경우에는 예산의 범위에서 그 비용을 지원할 수 있다. 16. 교정7★

규칙 제124조 직업훈련 직종 선정 등

① 직업훈련 직종 선정 및 훈련과정별 인원은 법무부장관의 승인을 받아 소장이 정한다. 22. 교정9★

② 직업훈련 대상자는 소속기관의 수형자 중에서 소장이 선정한다. 다만, 집체직업훈련(직업훈련 전담 교정시설이나 그 밖에 직업훈련을 실시하기에 적합한 교정시설에 수용하여 실시하는 훈련을 말한다) 대상자는 집체직업훈련을 실시하는 교정시설의 관할 지방교정청장이 선정한다. 20. 승진★ 148)

규칙 제125조 직업훈련 대상자 선정기준

① 소장은 수형자가 다음 각 호의 요건을 갖춘 경우에는 수형자의 의사, 적성, 나이, 학력 등을 고려하여 직업훈련 대상자로 선정할 수 있다.
1. 집행할 형기 중에 해당 훈련과정을 이수할 수 있을 것(기술숙련과정 집체직업훈련 대상자는 제외한다)
2. 직업훈련에 필요한 기본소양을 갖추었다고 인정될 것
3. 해당 과정의 기술이 없거나 재훈련을 희망할 것
4. 석방 후 관련 직종에 취업할 의사가 있을 것

② 소장은 소년수형자의 선도(善導)를 위하여 필요한 경우에는 제1항의 요건을 갖추지 못한 경우에도 직업훈련 대상자로 선정하여 교육할 수 있다. 19. 승진★

규칙 제126조 직업훈련 대상자 선정의 제한

소장은 제125조에도 불구하고 수형자가 다음 각 호의 어느 하나에 해당하는 경우에는 직업훈련 대상자로 선정해서는 아니 된다. 23. 교정9★ 149)
1. 15세 미만인 경우
2. 교육과정을 수행할 문자해독능력 및 강의 이해능력이 부족한 경우
3. 징벌대상행위의 혐의가 있어 조사 중이거나 징벌집행 중인 경우
4. 작업, 교육·교화프로그램 시행으로 인하여 직업훈련의 실시가 곤란하다고 인정되는 경우
5. 질병·신체조건 등으로 인하여 직업훈련을 감당할 수 없다고 인정되는 경우

---

148) 직업훈련 대상자는 소속기관의 수형자 중에서 소장이 선정한다. 다만, 집체직업훈련 대상자는 집체직업훈련을 실시하는 교정시설의 관할 지방교정청장이 선정한다. ( ) ▶ ○

149) 수형자가 15세 미만인 경우에는 직업훈련 대상자로 선정해서는 아니 된다. ( ) ▶ ○

규칙 제127조 직업훈련 대상자 이송

① 법무부장관은 직업훈련을 위하여 필요한 경우에는 수형자를 다른 교정시설로 이송할 수 있다. 22. 교정9★
② 소장은 제1항에 따라 이송된 수형자나 직업훈련 중인 수형자를 다른 교정시설로 이송해서는 아니 된다. 다만, 훈련취소 등 특별한 사유가 있는 경우에는 그러하지 아니하다. 19. 승진★

규칙 제128조 직업훈련의 보류 및 취소 등

① 소장은 직업훈련 대상자가 다음 각 호의 어느 하나에 해당하는 경우에는 직업훈련을 보류할 수 있다. 22. 교정9★
  1. 징벌대상행위의 혐의가 있어 조사를 받게 된 경우
  2. 심신이 허약하거나 질병 등으로 훈련을 감당할 수 없는 경우
  3. 소질·적성·훈련성적 등을 종합적으로 고려한 결과 직업훈련을 계속할 수 없다고 인정되는 경우
  4. 그 밖에 직업훈련을 계속할 수 없다고 인정되는 경우
② 소장은 제1항에 따라 직업훈련이 보류된 수형자가 그 사유가 소멸되면 본래의 과정에 복귀시켜 훈련하여야 한다. 다만, 본래 과정으로 복귀하는 것이 부적당하다고 인정하는 경우에는 해당 훈련을 취소할 수 있다.

법 제70조 집중근로에 따른 처우

① 소장은 수형자의 신청에 따라 제68조의 작업(→ 외부통근작업), 제69조 제2항의 훈련(→ 외부직업훈련), 그 밖에 집중적인 근로가 필요한 작업을 부과하는 경우에는 접견·전화통화·교육·공동행사 참가 등의 처우를 제한할 수 있다. 다만, 접견 또는 전화통화를 제한한 때에는 휴일이나 그 밖에 해당 수용자의 작업이 없는 날에 접견 또는 전화통화를 할 수 있게 하여야 한다. 23. 교정9★ 150)
② 소장은 제1항에 따라 작업을 부과하거나 훈련을 받게 하기 전에 수형자에게 제한되는 처우의 내용을 충분히 설명하여야 한다.

영 제95조 집중근로

법 제70조 제1항에서 "집중적인 근로가 필요한 작업"이란 수형자의 신청에 따라 1일 작업시간 중 접견·전화통화·교육 및 공동행사 참가 등을 하지 아니하고 휴게시간을 제외한 작업시간 내내 하는 작업을 말한다. 20. 교정7★ 151)

법 제71조 작업시간 등

① 1일의 작업시간(휴식·운동·식사·접견 등 실제 작업을 실시하지 않는 시간을 제외한다. 이하 같다)은 8시간을 초과할 수 없다. 23. 교정7152)
② 제1항에도 불구하고 취사·청소·간병 등 교정시설의 운영과 관리에 필요한 작업의 1일 작업시간은 12시간 이내로 한다.
③ 1주의 작업시간은 52시간을 초과할 수 없다. 다만, 수형자가 신청하는 경우에는 1주의 작업시간을 8시간 이내의 범위에서 연장할 수 있다.

---

150) 소장은 수형자의 신청에 따라 집중적인 근로가 필요한 작업을 부과하는 경우에도 접견을 제한할 수 없다. ( ) ▶ ×
151) "집중적인 근로가 필요한 작업"이란 수형자의 신청에 따라 1일 작업시간 중 접견·전화통화·교육 및 공동행사 참가 등을 하지 아니하고 휴게시간을 포함한 작업시간 내내 하는 작업을 말한다. ( ) ▶ ×
152) 수형자의 1일 작업시간은 휴식시간을 포함하여 8시간을 초과할 수 없다. ( ) ▶ ×

④ 제2항 및 제3항에도 불구하고 19세 미만 수형자의 작업시간은 1일에 8시간을, 1주에 40시간을 초과할 수 없다. 23. 교정7[153)

⑤ 공휴일·토요일과 대통령령으로 정하는 휴일에는 작업을 부과하지 아니한다. 다만, 다음 각 호의 어느 하나에 해당하는 경우에는 작업을 부과할 수 있다. 23. 교정7★ 154)155)

　1. 제2항에 따른 교정시설의 운영과 관리에 필요한 작업을 하는 경우

　2. 작업장의 운영을 위하여 불가피한 경우

　3. 공공의 안전이나 공공의 이익을 위하여 긴급히 필요한 경우

　4. 수형자가 신청하는 경우

[전문개정 2022.12.27.]

영 제96조 휴업일

법 제71조에서 "그 밖의 휴일"이란 「각종 기념일 등에 관한 규정」에 따른 교정의 날(→ 10월 28일) 및 소장이 특히 지정하는 날을 말한다. 19. 교정7

법 제72조 작업의 면제

① 소장은 수형자의 가족 또는 배우자의 직계존속이 사망하면 2일간, 부모 또는 배우자의 제삿날에는 1일간 해당 수형자의 작업을 면제한다. 다만, 수형자가 작업을 계속하기를 원하는 경우는 예외로 한다. 23. 교정9★

② 소장은 수형자에게 부상·질병, 그 밖에 작업을 계속하기 어려운 특별한 사정이 있으면 그 사유가 해소될 때까지 작업을 면제할 수 있다. 18. 교정9

법 제73조 작업수입 등

① 작업수입은 국고수입으로 한다. 18. 교정7★

② 소장은 수형자의 근로의욕을 고취하고 건전한 사회복귀를 지원하기 위하여 법무부장관이 정하는 바에 따라 작업의 종류, 작업성적, 교정성적, 그 밖의 사정을 고려하여 수형자에게 작업장려금을 지급할 수 있다. 21. 교정7★ 156)

③ 제2항의 작업장려금은 석방할 때에 본인에게 지급한다. 다만, 본인의 가족생활 부조, 교화 또는 건전한 사회복귀를 위하여 특히 필요하면 석방 전이라도 그 전부 또는 일부를 지급할 수 있다. 22. 교정9★

법 제74조 위로금·조위금

① 소장은 수형자가 다음 각 호의 어느 하나에 해당하면 법무부장관이 정하는 바에 따라 위로금 또는 조위금을 지급한다(→ 필요적). 19. 승진★

---

153) 19세 미만 수형자의 1주의 작업시간은 40시간을 초과할 수 없지만, 그 수형자가 신청하는 경우에는 주 8시간 이내의 범위에서 연장할 수 있다. (　)　▶×

154) 소장은 공휴일·토요일과 그 밖의 휴일에는 예외 없이 일체의 작업을 부과할 수 없다. (　)　▶×

155) 취사·청소·간병 등 교정시설의 운영과 관리에 필요한 작업을 하는 경우, 작업장의 운영을 위하여 불가피한 경우, 공공의 안전이나 공공의 이익을 위하여 긴급히 필요한 경우, 교도관이 신청하는 경우에는 휴일에도 작업을 부과할 수 있다. (　)　▶×

156) 소장은 수형자에게 작업장려금을 지급하는 데 있어서 교정성적은 고려하여서는 아니 된다. (　)　▶×

1. 작업 또는 직업훈련으로 인한 부상 또는 질병으로 신체에 장해가 발생한 때
2. 작업 또는 직업훈련 중에 사망하거나 그로 인하여 사망한 때

② 위로금은 본인에게 지급하고, 조위금은 그 상속인에게 지급한다. <개정 2022.12.27.> 23. 교정7 ★ [157)

법 제75조 다른 보상 · 배상과의 관계

위로금 또는 조위금을 지급받을 사람이 국가로부터 동일한 사유로 「민법」이나 그 밖의 법령에 따라 제74조의 위로금 또는 조위금에 상당하는 금액을 지급받은 경우에는 그 금액을 위로금 또는 조위금으로 지급하지 아니한다. 18. 승진

법 제76조 위로금 · 조위금을 지급받을 권리의 보호

① 제74조의 위로금 또는 조위금을 지급받을 권리는 다른 사람 또는 법인에게 양도하거나 담보로 제공할 수 없으며, 다른 사람 또는 법인은 이를 압류할 수 없다. 23. 경채★
② 제74조에 따라 지급받은 금전을 표준으로 하여 조세와 그 밖의 공과금(公課金)을 부과하여서는 아니 된다. 19. 승진★

✚ 「교도작업의 운영 및 특별회계에 관한 법률」의 주요 내용

제1조【목적】 이 법은 교도작업의 관리 및 교도작업특별회계의 설치 · 운용에 관한 사항을 규정함으로써 효율적이고 합리적인 교도작업의 운영을 도모함을 목적으로 한다.

제4조【교도작업제품의 공고】 법무부장관은 교도작업으로 생산되는 제품의 종류와 수량을 회계연도 개시 1개월 전까지 공고하여야 한다. 22. 교정7 ★ 158)

제5조【교도작업제품의 우선구매】 국가, 지방자치단체 또는 공공기관은 그가 필요로 하는 물품이 제4조에 따라 공고된 것인 경우에는 공고된 제품 중에서 우선적으로 구매하여야 한다. 17. 교정7

제6조【교도작업에의 민간참여】 ① 법무부장관은 「형의 집행 및 수용자의 처우에 관한 법률」 제68조에 따라 수형자가 외부기업체 등에 통근 작업하거나 교정시설의 안에 설치된 외부기업체의 작업장에서 작업할 수 있도록 민간기업을 참여하게 하여 교도작업을 운영할 수 있다. 18. 승진★
② 교정시설의 장은 제1항에 따라 민간기업이 참여할 교도작업(이하 이 조에서 "민간참여작업"이라 한다)의 내용을 해당 기업체와의 계약으로 정하고 이에 대하여 법무부장관의 승인(재계약의 경우에는 지방교정청장의 승인)을 받아야 한다. 다만, 법무부장관이 정하는 단기(→ 2개월 이하)의 계약에 대하여는 그러하지 아니하다. 20. 승진★ 159)
③ 제1항 및 제2항에 따른 민간기업의 참여 절차, 민간참여작업의 종류, 그 밖에 민간참여작업의 운영에 필요한 사항은 「형의 집행 및 수용자의 처우에 관한 법률」 제68조 제1항의 사항을 고려하여 법무부장관이 정한다(→ 교도작업운영지침). 11. 교정7

제7조【교도작업제품의 민간판매】 교도작업으로 생산된 제품은 민간기업 등에 직접 판매하거나 위탁하여 판매할 수 있다. 22. 교정7 ★ 160)

---

157) 작업으로 인한 부상으로 신체에 장해가 발생한 때 지급하는 위로금은 소장이 수형자를 석방할 때 수형자 본인에게 지급하여야 한다. ( )　　▶ ✕
158) 법무부장관은 교도작업으로 생산되는 제품의 종류와 수량을 회계연도 개시 1개월 전까지 공고하여야 한다. ( )　　▶ ○
159) 교정시설의 장은 민간기업이 참여할 교도작업의 내용을 해당 기업체와의 계약으로 정하고 이에 대하여 지방교정청장의 승인을 받아야 한다. 다만, 법무부장관이 정하는 단기의 계약에 대하여는 그러하지 아니하다. ( )　　▶ ✕
160) 법무부장관은 교도작업으로 생산된 제품을 전자상거래 등의 방법으로 민간기업 등에 직접 판매할 수 있지만 위탁하여 판매할 수는 없다. ( )　　▶ ✕

시행령 제7조【교도작업제품의 판매방법】 법무부장관은 교도작업제품의 전시 및 판매를 위하여 필요한 시설을 설치·운영하거나 전자상거래 등의 방법으로 교도작업제품을 판매할 수 있다. 22. 교정7

제8조【교도작업특별회계의 설치·운용】 ① 교도작업의 효율적인 운영을 위하여 교도작업특별회계(이하 "특별회계"라 한다)를 설치한다. 20. 교정9[161]

② 특별회계는 법무부장관이 운용·관리한다. 20. 승진 ★ [162]

제9조【특별회계의 세입·세출】 ① 특별회계의 세입(歲入)은 다음 각 호와 같다. 22. 교정7 ★ [163]

1. 교도작업으로 생산된 제품 및 서비스의 판매, 그 밖에 교도작업에 부수되는 수입금
2. 제10조에 따른 일반회계로부터의 전입금
3. 제11조에 따른 차입금

② 특별회계의 세출(歲出)은 다음 각 호와 같다. 22. 교정7 ★ [164]

1. 교도작업의 관리, 교도작업 관련 시설의 마련 및 유지·보수, 그 밖에 교도작업의 운영을 위하여 필요한 경비
2. 「형의 집행 및 수용자의 처우에 관한 법률」 제73조 제2항의 작업장려금
3. 「형의 집행 및 수용자의 처우에 관한 법률」 제74조의 위로금 및 조위금
4. 수용자의 교도작업 관련 직업훈련을 위한 경비

제10조【일반회계로부터의 전입】 특별회계는 세입총액이 세출총액에 미달된 경우 또는 시설 개량이나 확장에 필요한 경우에는 예산의 범위에서 일반회계로부터 전입을 받을 수 있다. 22. 교정7 ★ [165]

제11조【일시 차입 등】 ① 특별회계는 지출할 자금이 부족할 경우에는 특별회계의 부담으로 국회의 의결을 받은 금액의 범위에서 일시적으로 차입하거나 세출예산의 범위에서 수입금 출납공무원 등이 수납한 현금을 우선 사용할 수 있다. 20. 교정9 ★ [166]

② 제1항에 따라 일시적으로 차입하거나 우선 사용한 자금은 해당 회계연도 내에 상환하거나 지출금으로 대체납입하여야 한다.

제11조의2【잉여금의 처리】 특별회계의 결산상 잉여금은 다음 연도의 세입에 이입한다. 20. 교정9 ★ [167]

제12조【예비비】 특별회계는 예측할 수 없는 예산 외의 지출 또는 예산을 초과하는 지출에 충당하기 위하여 세출예산에 예비비를 계상(計上)할 수 있다. 18. 승진

---

161) 교도작업으로 생산된 제품은 민간기업 등에 직접 판매하거나 위탁하여 판매할 수 있으며, 교도작업의 효율적인 운영을 위하여 교도작업특별회계를 설치한다. ( ) ▶ ○

162) 교도작업특별회계는 법무부장관이 운용·관리한다. ( ) ▶ ○

163) 교도작업시설의 개량이나 확장에 필요한 경우로 예산의 범위에서 일반회계로부터의 전입된 금액은 교도작업 특별회계의 세입에서 제외되어야 한다. ( ) ▶ ×

164) 교도작업의 운영 및 특별회계에 관한 법령상 수용자의 교도작업 관련 직업훈련을 위한 경비는 교도작업특별회계의 세출에 포함된다. ( ) ▶ ○

165) 교도작업특별회계는 세입총액이 세출총액에 미달된 경우 또는 시설 개량이나 확장에 필요한 경우에는 예산의 범위에서 일반회계로부터 전입을 받을 수 있다. ( ) ▶ ○

166) 특별회계는 지출할 자금이 부족할 경우에는 특별회계의 부담으로 국회의 의결을 받은 금액의 범위에서 일시적으로 차입하거나 세출예산의 범위에서 수입금 출납공무원 등이 수납한 현금을 우선 사용할 수 있다. ( ) ▶ ○

167) 특별회계의 결산상 잉여금은 일시적으로 차입한 차입금의 상환, 작업장려금의 지급, 검정고시반·학사고시반 교육비의 지급 목적으로 사용하거나 다음 연도 일반회계의 세출예산에 예비비로 계상한다. ( ) ▶ ×

■ 제5절 귀휴

법 제77조 귀휴

① 소장은 6개월 이상 형을 집행받은 수형자로서 그 형기의 3분의 1(21년 이상의 유기형 또는 무기형의 경우에는 7년)이 지나고 교정성적이 우수한 사람이 다음 각 호의 어느 하나에 해당하면 1년 중 20일 이내의 귀휴(→ 일반귀휴)를 허가할 수 있다. 23. 교정7 ★ 168)169)

  1. 가족 또는 배우자의 직계존속이 위독한 때 20. 교정7★

  2. 질병이나 사고로 외부의료시설에의 입원이 필요한 때 19. 교정9★

  3. 천재지변이나 그 밖의 재해로 가족, 배우자의 직계존속 또는 수형자 본인에게 회복할 수 없는 중대한 재산상의 손해가 발생하였거나 발생할 우려가 있는 때

  4. 그 밖에 교화 또는 건전한 사회복귀를 위하여 법무부령(→ 규칙 제129조 제3항)으로 정하는 사유가 있는 때

② 소장은 다음 각 호의 어느 하나에 해당하는 사유가 있는 수형자에 대하여는 제1항에도 불구하고 5일 이내의 특별귀휴를 허가할 수 있다. 21. 교정7 ★ 170)

  1. 가족 또는 배우자의 직계존속이 사망한 때

  2. 직계비속의 혼례가 있는 때

규칙 제129조 귀휴 허가

① 소장은 법 제77조에 따른 귀휴(→ 일반귀휴, 특별귀휴)를 허가하는 경우에는 제131조의 귀휴심사위원회의 심사를 거쳐야 한다.

② 소장은 개방처우급·완화경비처우급 수형자에게 법 제77조 제1항에 따른 귀휴를 허가할 수 있다. 다만, 교화 또는 사회복귀 준비 등을 위하여 특히 필요한 경우에는 일반경비처우급 수형자에게도 이를 허가할 수 있다. 21. 교정7★

③ 법 제77조 제1항 제4호에 해당하는 귀휴사유는 다음 각 호와 같다. 20. 교정7★

  1. 직계존속, 배우자, 배우자의 직계존속 또는 본인의 회갑일이나 고희일인 때

  2. 본인 또는 형제자매의 혼례가 있는 때 19. 승진★

  3. 직계비속이 입대하거나 해외유학을 위하여 출국하게 된 때 21. 교정7

  4. 직업훈련을 위하여 필요한 때

  5. 「숙련기술장려법」 제20조 제2항에 따른 국내기능경기대회의 준비 및 참가를 위하여 필요한 때

  6. 출소 전 취업 또는 창업 등 사회복귀 준비를 위하여 필요한 때 21. 교정7

  7. 입학식·졸업식 또는 시상식에 참석하기 위하여 필요한 때

  8. 출석수업을 위하여 필요한 때

---

168) 소장은 6개월 이상 복역한 수형자로서 그 형기의 3분의 1(21년 이상의 유기형 또는 무기형의 경우에는 7년)이 지나고 교정성적이 우수한 사람이 질병이나 사고로 외부의료시설에 입원이 필요한 때에 해당하면 1년 중 20일 이내의 귀휴를 허가할 수 있다. ( )　　　　　　▶ ○

169) 소장은 6개월 이상 형을 집행받은 수형자로서 그 형기의 3분의 1이 지나고 교정성적이 우수한 사람이 가족 또는 배우자의 직계존속이 위독한 때에는 형기 중 20일 이내의 귀휴를 허가할 수 있다. ( )　　　　　　▶ ×

170) 노역장 유치명령을 받아 교정시설에 수용된 사람은 가족 또는 배우자의 직계존속이 사망하거나 직계비속의 혼례가 있는 때에 해당하더라도 특별귀휴는 허용되지 아니한다. ( )　　　　　　▶ ×

9. 각종 시험에 응시하기 위하여 필요한 때

10. 그 밖에 가족과의 유대강화 또는 사회적응능력 향상을 위하여 특히 필요한 때

규칙 제130조 형기기준 등

① 법 제77조 제1항의 형기를 계산할 때 부정기형은 단기를 기준으로 하고, 2개 이상의 징역 또는 금고의 형을 선고받은 수형자의 경우에는 그 형기를 합산한다. 21. 교정7★

② 법 제77조 제1항의 "1년 중 20일 이내의 귀휴" 중 "1년"이란 매년 1월 1일부터 12월 31일까지를 말한다.

규칙 제131조 설치 및 구성

① 법 제77조에 따른 수형자의 귀휴허가에 관한 심사를 하기 위하여 교정시설에 귀휴심사위원회(이하 이 절에서 "위원회"라 한다)를 둔다. 17. 교정7★

② 위원회는 위원장을 포함한 6명 이상 8명 이하의 위원으로 구성한다. 23. 경채★

③ 위원장은 소장이 되며, 위원은 소장이 소속기관의 부소장·과장(지소의 경우에는 7급 이상의 교도관) 및 교정에 관한 학식과 경험이 풍부한 외부인사 중에서 임명 또는 위촉한다. 이 경우 외부위원은 2명 이상으로 한다. 23. 경채★

규칙 제132조 위원장의 직무

① 위원장은 위원회를 소집하고 위원회의 업무를 총괄한다.

② 위원장이 부득이한 사유로 직무를 수행할 수 없을 때에는 부소장인 위원이 그 직무를 대행하고, 부소장이 없거나 부소장인 위원이 사고가 있는 경우에는 위원장이 미리 지정한 위원이 그 직무를 대행한다.

규칙 제133조 회의

① 위원회의 회의는 위원장이 수형자에게 법 제77조 제1항 및 제2항에 따른 귀휴사유가 발생하여 귀휴심사가 필요하다고 인정하는 때에 개최한다.

② 위원회의 회의는 재적위원 과반수의 출석으로 개의하고, 출석위원 과반수의 찬성으로 의결한다. 18. 승진

규칙 제134조 심사의 특례

① 소장은 토요일, 공휴일, 그 밖에 위원회의 소집이 매우 곤란한 때에 법 제77조 제2항(→ 특별귀휴) 제1호(→ 가족 또는 배우자의 직계존속이 사망)의 사유가 발생한 경우에는 제129조 제1항에도 불구하고 위원회의 심사를 거치지 아니하고 귀휴를 허가할 수 있다. 다만, 이 경우 다음 각 호에 해당하는 부서의 장의 의견을 들어야 한다. 13. 경채★

1. 수용관리를 담당하고 있는 부서(→ 보안과)

2. 귀휴업무를 담당하고 있는 부서(→ 사회복귀과)

② 제1항 각 호에 해당하는 부서의 장은 제137조 제3항의 서류를 검토하여 그 의견을 지체 없이 소장에게 보고하여야 한다.

규칙 제135조 심사사항

위원회는 귀휴심사대상자(이하 이 절에서 "심사대상자"라 한다)에 대하여 다음 각 호의 사항을 심사해야 한다.

1. 수용관계
   가. 건강상태
   나. 징벌유무 등 수용생활 태도
   다. 작업·교육의 근면·성실 정도
   라. 작업장려금 및 보관금
   마. 사회적 처우의 시행 현황
   바. 공범·동종범죄자 또는 심사대상자가 속한 범죄단체 구성원과의 교류 정도

2. 범죄관계
   가. 범행 시의 나이
   나. 범죄의 성질 및 동기
   다. 공범관계
   라. 피해의 회복 여부 및 피해자의 감정
   마. 피해자에 대한 보복범죄의 가능성
   바. 범죄에 대한 사회의 감정

3. 환경관계
   가. 가족 또는 보호자
   나. 가족과의 결속 정도
   다. 보호자의 생활상태
   라. 접견·전화통화의 내용 및 횟수
   마. 귀휴예정지 및 교통·통신 관계
   바. 공범·동종범죄자 또는 심사대상자가 속한 범죄단체의 활동상태 및 이와 연계한 재범 가능성

규칙 제136조 외부위원

① 외부위원의 임기는 2년으로 하며, 연임할 수 있다.
② 소장은 외부위원이 다음 각 호의 어느 하나에 해당하는 경우에는 해당 위원을 해촉할 수 있다.
   1. 심신장애로 직무수행이 불가능하거나 현저히 곤란하다고 인정되는 경우
   2. 직무와 관련된 비위사실이 있는 경우
   3. 직무태만, 품위손상, 그 밖의 사유로 인하여 위원으로 적합하지 아니하다고 인정되는 경우
   4. 위원 스스로 직무를 수행하는 것이 곤란하다고 의사를 밝히는 경우
③ 외부위원에게는 예산의 범위에서 수당과 여비를 지급할 수 있다.

규칙 제137조 간사

① 위원회의 사무를 처리하기 위하여 귀휴업무를 담당하는 교도관 중에서 간사 1명을 둔다.
② 간사는 위원장의 명을 받아 위원회의 사무를 처리한다.

③ 간사는 다음 각 호의 서류를 위원회에 제출하여야 한다.

1. 별지 제2호 서식의 귀휴심사부
2. 수용기록부
3. 그 밖에 귀휴심사에 필요하다고 인정되는 서류

④ 간사는 별지 제3호 서식에 따른 위원회 회의록을 작성하여 유지하여야 한다.

규칙 제138조 사실조회 등

① 소장은 수형자의 귀휴심사에 필요한 경우에는 법 제60조 제1항에 따라 사실조회를 할 수 있다.
② 소장은 심사대상자의 보호관계 등을 알아보기 위하여 필요하다고 인정하는 경우에는 그의 가족 또는 보호관계에 있는 사람에게 위원회 회의의 참석을 요청할 수 있다.

법 제77조 귀휴

③ 소장은 귀휴를 허가하는 경우에 법무부령(→ 규칙 제140조)으로 정하는 바에 따라 <u>거소의 제한</u>이나 그 밖에 필요한 조건을 붙일 수 있다.
④ 제1항(→ 일반귀휴) 및 제2항(→ 특별귀휴)의 귀휴기간은 형 집행기간에 포함한다. 23. 교정7★ [171]

영 제97조 귀휴자에 대한 조치

① 소장은 법 제77조에 따라 <u>2일 이상의 귀휴</u>를 허가한 경우에는 귀휴를 허가받은 사람(이하 "귀휴자"라 한다)의 <u>귀휴지를 관할하는 경찰관서의 장에게 그 사실을 통보하여야 한다.</u> 18. 교정7
② 귀휴자는 귀휴 중 천재지변이나 그 밖의 사유로 자신의 신상에 중대한 사고가 발생한 경우에는 <u>가까운 교정시설이나 경찰관서에 신고하여야 하고 필요한 보호를 요청할 수 있다.</u> 23. 교정7[172]
③ 제2항의 보호 요청을 받은 교정시설이나 경찰관서의 장은 귀휴를 허가한 소장에게 그 사실을 지체 없이 통보하고 적절한 보호조치를 하여야 한다.

규칙 제139조 귀휴허가증 발급 등

소장은 귀휴를 허가한 때에는 별지 제4호 서식의 귀휴허가부에 기록하고 귀휴허가를 받은 수형자(이하 "귀휴자"라 한다)에게 별지 제5호 서식의 귀휴허가증을 발급하여야 한다.

규칙 제140조 귀휴조건

귀휴를 허가하는 경우 법 제77조 제3항에 따라 붙일 수 있는 조건(이하 "귀휴조건"이라 한다)은 다음 각 호와 같다.

1. 귀휴지 외의 지역 여행 금지
2. 유흥업소, 도박장, 성매매업소 등 건전한 풍속을 해치거나 재범 우려가 있는 장소 출입 금지
3. 피해자 또는 공범·동종범죄자 등과의 접촉금지
4. <u>귀휴지에서 매일 1회 이상 소장에게 전화보고[제141조 제1항에 따른 귀휴(→ 동행귀휴)는 제외한다]</u> 19. 승진★
5. 그 밖에 귀휴 중 탈선 방지 또는 귀휴 목적 달성을 위하여 필요한 사항

---

171) 귀휴기간은 형 집행 기간에 포함되나 특별귀휴기간은 형 집행 기간에 포함되지 않는다. ( )　　　　　▶ ✕
172) 귀휴자는 귀휴 중 천재지변이나 그 밖의 사유로 자신의 신상에 중대한 사고가 발생한 경우에는 가까운 교정시설이나 경찰관서에 신고하여야 한다. ( )　　　　　▶ ○

규칙 제141조 동행귀휴 등

① 소장은 수형자에게 귀휴를 허가한 경우 필요하다고 인정하면 <u>교도관을 동행시킬 수 있다.</u> 18. 교정7★

② 소장은 귀휴자의 가족 또는 보호관계에 있는 사람으로부터 별지 제6호 서식의 보호서약서를 제출받아야 한다.

③ 영 제97조 제1항에 따라 경찰관서의 장에게 귀휴사실을 통보하는 경우에는 별지 제7호 서식에 따른다.

규칙 제142조 귀휴비용 등

① <u>귀휴자의 여비와 귀휴 중 착용할 복장은 본인이 부담한다.</u> 23. 교정7★

② 소장은 귀휴자가 <u>신청할 경우</u> 작업장려금의 전부 또는 일부를 <u>귀휴비용으로</u> 사용하게 할 수 있다.
　　23. 교정7★ 173)174)

> ### 법 제78조 귀휴의 취소
>
> 소장은 <u>귀휴 중인 수형자</u>가 다음 각 호의 어느 하나에 해당하면 그 <u>귀휴를 취소할 수 있다.</u> 20. 승진★ 175)
>
> 1. 귀휴의 <u>허가사유</u>가 존재하지 아니함이 밝혀진 때
> 2. 거소의 제한이나 그 밖에 귀휴허가에 붙인 <u>조건</u>을 위반한 때

규칙 제143조 귀휴조건 위반에 대한 조치

소장은 귀휴자가 <u>귀휴조건을 위반한</u> 경우에는 법 제78조에 따라 <u>귀휴를 취소하거나</u> 이의 시정을 위하여 필요한 조치를 하여야 한다. 18. 교정7

🗖 제9장 미결수용자의 처우

> ### 법 제79조 미결수용자 처우의 원칙
>
> 미결수용자는 <u>무죄의 추정</u>을 받으며 그에 합당한 처우를 받는다. 20. 교정9

영 제98조 미결수용시설의 설비 및 계호의 정도

미결수용자를 수용하는 시설의 설비 및 계호의 정도는 법 제57조 제2항 제3호의 <u>일반경비시설</u>에 준한다. 20. 승진★ 176)

영 제99조 법률구조 지원

소장은 미결수용자가 빈곤하거나 무지하여 수사 및 재판 과정에서 권리를 충분히 행사하지 못한다고 인정하는 경우에는 <u>법률구조에 필요한 지원</u>을 할 수 있다.

---

173) 소장은 귀휴자가 신청할 경우 작업장려금의 일부를 귀휴비용으로 사용하게 할 수 있으나 작업장려금의 전부를 사용하게 하여서는 아니 된다. ( )　　▶ ✕

174) 귀휴자의 여비는 본인이 부담하지만, 귀휴자가 신청할 경우 소장은 예산의 범위 내에서 지원할 수 있다. ( )　　▶ ✕

175) 소장은 귀휴 중인 수형자가 거소의 제한이나 그 밖에 귀휴허가에 붙인 조건을 위반한 때에는 그 귀휴를 취소하여야 한다. ( )　　▶ ✕

176) 미결수용자를 수용하는 시설의 설비 및 계호의 정도는 일반경비시설 또는 완화경비시설에 준한다. ( )　　▶ ✕

영 제101조 접견 횟수

미결수용자의 접견 횟수는 매일 1회로 하되, 변호인과의 접견은 그 횟수에 포함시키지 않는다. 22. 교정9★

영 제102조 접견의 예외

소장은 미결수용자의 처우를 위하여 특히 필요하다고 인정하면 제58조 제1항에도 불구하고 접견 시간대 외에도 접견하게 할 수 있고, 변호인이 아닌 사람과 접견하는 경우에도 제58조 제2항 및 제101조에도 불구하고 접견시간을 연장하거나 접견 횟수를 늘릴 수 있다.

영 제104조 도주 등 통보

소장은 미결수용자가 도주하거나 도주한 미결수용자를 체포한 경우에는 그 사실을 검사에게 통보하고, 기소된 상태인 경우에는 법원에도 지체 없이 통보하여야 한다. 20. 교정9★

영 제105조 사망 등 통보

소장은 미결수용자가 위독하거나 사망한 경우에는 그 사실을 검사에게 통보하고, 기소된 상태인 경우에는 법원에도 지체 없이 통보하여야 한다. 20. 교정9★ [177]

영 제106조 외부의사의 진찰 등

미결수용자가 「형사소송법」 제34조, 제89조 및 제209조에 따라 외부의사의 진료를 받는 경우에는 교도관이 참여하고 그 경과를 수용기록부에 기록하여야 한다.

법 제80조 참관금지

미결수용자가 수용된 거실은 참관할 수 없다. 20. 교정9★ [178]

법 제81조 분리수용

소장은 미결수용자로서 사건에 서로 관련이 있는 사람은 분리수용하고 서로 간의 접촉을 금지하여야 한다. 22. 교정7★ [179]

영 제100조 공범 분리

소장은 이송이나 출정, 그 밖의 사유로 미결수용자를 교정시설 밖으로 호송하는 경우에는 해당 사건에 관련된 사람과 호송 차량의 좌석을 분리하는 등의 방법으로 서로 접촉하지 못하게 하여야 한다. 20. 교정9 [180]

---

177) 소장은 미결수용자가 도주하거나 도주한 미결수용자를 체포한 경우 및 미결수용자가 위독하거나 사망한 경우에는 그 사실을 검사에게 통보하고, 기소된 상태인 경우에는 법원에도 지체 없이 통보하여야 한다. (   )   ▶ ○
178) 미결수용자는 무죄의 추정을 받으며, 미결수용자가 수용된 거실은 참관할 수 없다. (   )   ▶ ○
179) 소장은 미결수용자로서 사건에 서로 관련이 있는 사람은 구분수용하고 서로 간의 접촉을 금지하여야 한다. (   )   ▶ ✕
180) 소장은 미결수용자로서 사건에 서로 관련이 있는 사람은 분리수용하고 서로 간의 접촉을 금지하여야 하며, 만약 미결수용자를 이송, 출정 또는 그 밖의 사유로 교정시설 밖으로 호송하는 경우에는 반드시 해당 사건에 관련된 사람이 탑승한 호송 차량이 아닌 별도의 호송 차량에 탑승시켜야 한다. (   )   ▶ ✕

법 제82조 사복착용

미결수용자는 수사·재판·국정감사 또는 법률로 정하는 조사에 참석할 때에는 사복을 착용할 수 있다. 다만, 소장은 도주우려가 크거나 특히 부적당한 사유가 있다고 인정하면 교정시설에서 지급하는 의류를 입게 할 수 있다. 22. 교정7 ★ 181)

법 제83조 이발

미결수용자의 머리카락과 수염은 특히 필요한 경우가 아니면 본인의 의사에 반하여 짧게 깎지 못한다. 13. 사시★

법 제84조 변호인과의 접견 및 편지수수

① 제41조 제4항(→ 접견내용 청취·기록·녹음·녹화)에도 불구하고 미결수용자와 변호인(변호인이 되려고 하는 사람을 포함한다. 이하 같다)과의 접견에는 교도관이 참여하지 못하며 그 내용을 청취 또는 녹취하지 못한다. 다만, 보이는 거리에서 미결수용자를 관찰할 수 있다. 22. 교정7 ★ 182)

② 미결수용자와 변호인 간의 접견은 시간과 횟수를 제한하지 아니한다. 19. 승진★

③ 제43조 제4항 단서(→ 예외적 검열 가능)에도 불구하고 미결수용자와 변호인 간의 편지는 교정시설에서 상대방이 변호인임을 확인할 수 없는 경우를 제외하고는 검열할 수 없다. 22. 교정7 ★ 183)

법 제85조 조사 등에서의 특칙

소장은 미결수용자가 징벌대상자로서 조사받고 있거나 징벌집행 중인 경우에도 소송서류의 작성, 변호인과의 접견·편지수수, 그 밖의 수사 및 재판 과정에서의 권리행사를 보장하여야 한다. 17. 교정9★

법 제86조 작업과 교화

① 소장은 미결수용자에 대하여는 신청에 따라 교육 또는 교화프로그램을 실시하거나 작업을 부과할 수 있다. 20. 교정9 ★ 184)

② 제1항에 따라 미결수용자에게 교육 또는 교화프로그램을 실시하거나 작업을 부과하는 경우에는 제63조부터 제65조까지(→ 교육, 교화프로그램, 작업의 부과) 및 제70조부터 제76조까지(→ 집중근로에 따른 처우, 휴일의 작업, 작업의 면제, 작업수입 등, 위로금·조위금, 다른 보상·배상과의 관계, 위로금·조위금을 지급받을 권리의 보호)의 규정을 준용한다. 18. 승진

영 제103조 교육·교화와 작업

① 법 제86조 제1항의 미결수용자에 대한 교육·교화프로그램 또는 작업은 교정시설 밖에서 행하는 것은 포함하지 아니한다. 19. 승진★

---

181) 소장은 미결수용자가 법률로 정하는 조사에 참석할 때 도주우려가 크거나 특히 부적당한 사유가 있다고 인정하면 교정시설에서 지급하는 의류를 입게 할 수 있다. (　)　▶ ○

182) 미결수용자와 변호인과의 접견에는 교도관이 참여하거나 관찰하지 못하며 그 내용을 청취 또는 녹취하지 못한다. (　)　▶ ✕

183) 미결수용자가 변호인에게 보내는 서신은 절대로 검열할 수 없다. (　)　▶ ✕

184) 소장은 미결수용자의 신청에 따라 작업을 부과할 수 있으나 무죄추정을 받으므로 신청이 있더라도 교화프로그램은 실시할 수 없다. (　)　▶ ✕

② 소장은 법 제86조 제1항에 따라 작업이 부과된 미결수용자가 <u>작업의 취소를 요청</u>하는 경우에는 그 미결수용자의 의사, 건강 및 교도관의 의견 등을 고려하여 작업을 <u>취소할 수 있다.</u> 20. 교정9★ 185)

> ### 법 제87조 유치장
> <u>경찰관서에 설치된 유치장</u>은 <u>교정시설의 미결수용실로 보아</u> 이 법을 준용한다.

영 제107조 유치장 수용기간
경찰관서에 설치된 <u>유치장</u>에는 <u>수형자</u>를 <u>30일 이상 수용할 수 없다.</u> 19. 승진★

> ### 법 제88조 준용규정
> <u>형사사건으로</u> 수사 또는 재판을 받고 있는 <u>수형자와 사형확정자</u>에 대하여는 제82조(→ 사복착용), 제84조(→ 변호인과의 접견 및 편지수수) 및 제85조(→ 조사 등에서의 특칙)를 준용한다[→ 미결수용자의 이발에 관한 규정(법 제83조)은 준용 안함]. 18. 승진

🔲 제10장 사형확정자

> ### 법 제89조 사형확정자의 수용
> ① 사형확정자는 <u>독거수용</u>한다. 다만, 자살방지, 교육·교화프로그램, 작업, 그 밖의 적절한 처우를 위하여 필요한 경우에는 법무부령으로 정하는 바에 따라 <u>혼거수용할 수 있다.</u> 23. 교정7★ 186)
> ② <u>사형확정자가 수용된 거실은 참관할 수 없다.</u> 23. 교정7★ 187)

영 제108조 사형확정자 수용시설의 설비 및 계호의 정도
사형확정자를 수용하는 시설의 설비 및 계호의 정도는 법 제57조 제2항 제3호의 <u>일반경비시설</u> 또는 같은 항 제4호의 <u>중경비시설</u>에 준한다. 23. 교정7★ 188)

규칙 제150조 구분수용 등
① <u>사형확정자</u>는 <u>사형집행시설이 설치되어 있는 교정시설</u>에 수용하되, 다음 각 호와 같이 구분하여 수용한다. 다만, 수용관리 또는 처우상 필요한 경우에는 <u>사형집행시설이 설치되지 않은 교정시설에 수용할 수 있다.</u> <개정 2024.2.8.> 18. 승진

---

185) 소장은 미결수용자의 신청에 따라 작업을 부과할 수 있으며, 이에 따라 작업이 부과된 미결수용자가 작업의 취소를 요청하는 경우에는 그 미결수용자의 의사, 건강 및 교도관의 의견 등을 고려하여 작업을 취소할 수 있다. ( )　　▶ ○
186) 사형확정자는 교도소에서만 독거수용하고, 교육·교화프로그램을 위해 필요한 경우에는 혼거수용할 수 있다. ( )　　▶ ×
187) 사형확정자가 수용된 거실은 자살방지를 위해 필요한 경우 참관할 수 있다. ( )　　▶ ×
188) 사형확정자를 수용하는 시설의 설비 및 계호의 정도는 일반경비시설 또는 중경비시설에 준한다. ( )　　▶ ○

1. 교도소: 교도소 수용 중 사형이 확정된 사람, 교도소에서 교육·교화프로그램 또는 신청에 따른 작업을 실시할 필요가 있다고 인정되는 사람
2. 구치소: 구치소 수용 중 사형이 확정된 사람, 교도소에서 교육·교화프로그램 또는 신청에 따른 작업을 실시할 필요가 없다고 인정되는 사람

② 사형확정자의 심리적 안정 도모 또는 교정시설의 안전과 질서유지를 위하여 특히 필요하다고 인정하는 경우에는 제1항 각 호에도 불구하고 교도소에 수용할 사형확정자를 구치소에 수용할 수 있고, 구치소에 수용할 사형확정자를 교도소에 수용할 수 있다. 19. 승진★

③ 사형확정자와 소년수용자를 같은 교정시설에 수용하는 경우에는 서로 분리하여 수용한다. <신설 2024.2.8.>

④ 소장은 사형확정자의 자살·도주 등의 사고를 방지하기 위하여 필요한 경우에는 사형확정자와 미결수용자를 혼거수용할 수 있고, 사형확정자의 교육·교화프로그램, 작업 등의 적절한 처우를 위하여 필요한 경우에는 사형확정자와 수형자를 혼거수용할 수 있다. 22. 교정9★

⑤ 사형확정자의 번호표 및 거실표의 색상은 붉은색으로 한다. 20. 교정7★

규칙 제151조 이송

소장은 사형확정자의 교육·교화프로그램, 작업 등을 위하여 필요하거나 교정시설의 안전과 질서유지를 위하여 특히 필요하다고 인정하는 경우에는 법무부장관의 승인을 받아 사형확정자를 다른 교정시설로 이송할 수 있다. 23. 경채

영 제109조 접견 횟수

사형확정자의 접견 횟수는 매월 4회로 한다. 23. 교정7★

영 제110조 접견의 예외

소장은 제58조 제1항·제2항 및 제109조에도 불구하고 사형확정자의 교화나 심리적 안정을 도모하기 위하여 특히 필요하다고 인정하면 접견 시간대 외에도 접견을 하게 할 수 있고 접견시간을 연장하거나 접견 횟수를 늘릴 수 있다. 23. 교정7★ [189]

규칙 제156조 전화통화

소장은 사형확정자의 심리적 안정과 원만한 수용생활을 위하여 필요하다고 인정하는 경우에는 월 3회 이내의 범위에서 전화통화를 허가할 수 있다. 19. 승진★

법 제90조 개인상담 등

① 소장은 사형확정자의 심리적 안정 및 원만한 수용생활을 위하여 교육 또는 교화프로그램을 실시하거나 신청에 따라 작업을 부과할 수 있다. 11. 교정7★

② 사형확정자에 대한 교육·교화프로그램, 작업, 그 밖의 처우에 필요한 사항은 법무부령으로 정한다.

---

189) 사형확정자의 접견 횟수는 매월 5회로 하고, 필요하다고 인정하면 접견 횟수를 늘릴 수 있다. (　)　　▶ ✕

규칙 제152조 상담

① 소장은 사형확정자의 심리적 안정 및 원만한 수용생활을 위하여 소속 교도관으로 하여금 지속적인 상담을 하게 하여야 한다. 23. 경채 ★

② 제1항의 사형확정자에 대한 상담시기, 상담책임자 지정, 상담결과 처리절차 등에 관하여는 제196조(→ 엄중관리대상자에 대한 상담)를 준용한다.

규칙 제153조 작업

① 소장은 사형확정자가 작업을 신청하면 교도관회의의 심의를 거쳐 교정시설 안에서 실시하는 작업을 부과할 수 있다. 이 경우 부과하는 작업은 심리적 안정과 원만한 수용생활을 도모하는 데 적합한 것이어야 한다. 20. 교정7 ★ [190]

② 소장은 작업이 부과된 사형확정자에 대하여 교도관회의의 심의를 거쳐 제150조 제4항(→ 번호표 및 거실표의 색상은 붉은색)을 적용하지 아니할 수 있다.

③ 소장은 작업이 부과된 사형확정자가 작업의 취소를 요청하면 사형확정자의 의사(意思)·건강, 담당교도관의 의견 등을 고려하여 작업을 취소할 수 있다.

④ 사형확정자에게 작업을 부과하는 경우에는 법 제71조부터 제76조까지(→ 휴일의 작업, 작업의 면제, 작업수입 등, 위로금·조위금, 다른 보상·배상과의 관계, 위로금·조위금을 지급받을 권리의 보호)의 규정 및 이 규칙 제200조(→ 수용자를 대표하는 직책 부여 금지)를 준용한다[→ 미결수용자와 달리 집중근로에 따른 처우(법 제70조)는 준용하지 않음].

규칙 제154조 교화프로그램

소장은 사형확정자에 대하여 심리상담, 종교상담, 심리치료 등의 교화프로그램을 실시하는 경우에는 전문가에 의하여 집중적이고 지속적으로 이루어질 수 있도록 계획을 수립·시행하여야 한다.

규칙 제155조 전담교정시설 수용

사형확정자에 대한 교육·교화프로그램, 작업 등의 처우를 위하여 법무부장관이 정하는 전담교정시설에 수용할 수 있다(→ 미결수용자에 대해서는 전담교정시설에 수용할 수 있다는 규정이 없음).

법 제91조 사형의 집행

① 사형은 교정시설의 사형장에서 집행한다.

② 공휴일과 토요일에는 사형을 집행하지 아니한다.

영 제111조 사형집행 후의 검시

소장은 사형을 집행하였을 경우에는 시신을 검사한 후 5분이 지나지 아니하면 교수형에 사용한 줄을 풀지 못한다. 19. 승진 ★

---

190) 소장은 사형확정자가 작업을 신청하면 분류처우회의의 심의를 거쳐 교정시설 안에서 실시하는 작업을 부과할 수 있다. ( )

▶ ✕

🗆 제11장 안전과 질서

법 제92조 금지물품

① 수용자는 다음 각 호의 물품을 지녀서는 아니 된다. 23. 교정9

1. 마약·총기·도검·폭발물·흉기·독극물, 그 밖에 범죄의 도구로 이용될 우려가 있는 물품

2. 무인비행장치, 전자·통신기기, 그 밖에 도주나 다른 사람과의 연락에 이용될 우려가 있는 물품

3. 주류·담배·화기·현금·수표, 그 밖에 시설의 안전 또는 질서를 해칠 우려가 있는 물품

4. 음란물, 사행행위에 사용되는 물품, 그 밖에 수형자의 교화 또는 건전한 사회복귀를 해칠 우려가 있는 물품

② 제1항에도 불구하고 소장이 수용자의 처우를 위하여 허가하는 경우에는 제1항 제2호의 물품을 지닐 수 있다. 23. 교정9191)

법 제93조 신체검사 등

① 교도관은 시설의 안전과 질서유지를 위하여 필요하면 수용자의 신체·의류·휴대품·거실 및 작업장 등을 검사할 수 있다.

② 수용자의 신체를 검사하는 경우에는 불필요한 고통이나 수치심을 느끼지 아니하도록 유의하여야 하며, 특히 신체를 면밀하게 검사할 필요가 있으면 다른 수용자가 볼 수 없는 차단된 장소에서 하여야 한다. 19. 승진

③ 교도관은 시설의 안전과 질서유지를 위하여 필요하면 교정시설을 출입하는 수용자 외의 사람에 대하여 의류와 휴대품을 검사할 수 있다(→ 신체·거실 및 작업장 등 제외). 이 경우 출입자가 제92조의 금지물품을 지니고 있으면 교정시설에 맡기도록 하여야 하며, 이에 따르지 아니하면 출입을 금지할 수 있다. 20. 승진192)

④ 여성의 신체·의류 및 휴대품에 대한 검사는 여성교도관이 하여야 한다. 18. 승진★

⑤ 소장은 제1항에 따라 검사한 결과 제92조의 금지물품이 발견되면 형사 법령으로 정하는 절차에 따라 처리할 물품을 제외하고는 수용자에게 알린 후 폐기한다. 다만, 폐기하는 것이 부적당한 물품은 교정시설에 보관하거나 수용자로 하여금 자신이 지정하는 사람에게 보내게 할 수 있다.

영 제112조 거실 등에 대한 검사

소장은 교도관에게 수용자의 거실, 작업장, 그 밖에 수용자가 생활하는 장소(이하 이 조에서 "거실등"이라 한다)를 정기적으로 검사하게 하여야 한다. 다만, 법 제92조의 금지물품을 숨기고 있다고 의심되는 수용자와 법 제104조 제1항의 마약류사범·조직폭력사범 등 법무부령으로 정하는 수용자의 거실등은 수시로 검사하게 할 수 있다.

영 제113조 신체 등에 대한 검사

소장은 교도관에게 작업장이나 실외에서 수용자거실로 돌아오는 수용자의 신체·의류 및 휴대품을 검사하게 하여야 한다. 다만, 교정성적 등을 고려하여 그 검사가 필요하지 아니하다고 인정되는 경우에는 예외로 할 수 있다. 21. 교정7

---

191) 금지물품 중 무인비행장치, 전자·통신기기, 그 밖에 도주나 다른 사람과의 연락에 이용될 우려가 있는 물품은 소장이 수용자의 처우를 위하여 수용자에게 소지를 허가할 수 있다. ( )　　　　　　　　　　　　　　▶ ○

192) 교도관은 시설의 안전과 질서유지를 위하여 필요하더라도 교정시설을 출입하는 수용자 외의 사람에 대하여 의류와 휴대품을 검사할 수는 없다. ( )　　　　　　　　　　　　　　　　　　　▶ ✕

영 제114조 검사장비의 이용

교도관은 법 제93조에 따른 검사를 위하여 탐지견, 금속탐지기, 그 밖의 장비를 이용할 수 있다.

영 제115조 외부인의 출입

① 교도관 외의 사람은 「국가공무원 복무규정」 제9조에 따른 근무시간 외에는 소장의 허가 없이 교정시설에 출입하지 못한다.

② 소장은 외부인의 교정시설 출입에 관한 사무를 수행하기 위하여 불가피한 경우 「개인정보 보호법 시행령」 제19조에 따른 주민등록번호, 여권번호, 운전면허의 면허번호 또는 외국인등록번호가 포함된 자료를 처리할 수 있다.

영 제116조 외부와의 차단

① 교정시설의 바깥문, 출입구, 거실, 작업장, 그 밖에 수용자를 수용하고 있는 장소는 외부와 차단하여야 한다. 다만, 필요에 따라 일시 개방하는 경우에는 그 장소를 경비하여야 한다.

② 교도관은 접견·상담·진료, 그 밖에 수용자의 처우를 위하여 필요한 경우가 아니면 수용자와 외부인이 접촉하게 해서는 아니 된다.

영 제117조 거실 개문 등 제한

교도관은 수사·재판·운동·접견·진료 등 수용자의 처우 또는 자살방지, 화재진압 등 교정시설의 안전과 질서유지를 위하여 필요한 경우가 아니면 수용자거실의 문을 열거나 수용자를 거실 밖으로 나오게 해서는 아니 된다.

영 제118조 장애물 방치 금지

교정시설의 구내에는 시야를 가리거나 그 밖에 계호상 장애가 되는 물건을 두어서는 아니 된다.

규칙 제157조 교정장비의 종류

교정장비의 종류는 다음 각 호와 같다.

1. 전자장비
2. 보호장비
3. 보안장비
4. 무기

규칙 제158조 교정장비의 관리

① 소장은 교정장비의 보관 및 관리를 위하여 관리책임자와 보조자를 지정한다.

② 제1항의 관리책임자와 보조자는 교정장비가 적정한 상태로 보관·관리될 수 있도록 수시로 점검하는 등 필요한 조치를 하여야 한다.

③ 특정 장소에 고정식으로 설치되는 장비 외의 교정장비는 별도의 장소에 보관·관리하여야 한다.

규칙 제159조 교정장비 보유기준 등

교정장비의 교정시설별 보유기준 및 관리방법 등에 관하여 필요한 사항은 법무부장관이 정한다.

> **법 제94조 전자장비를 이용한 계호**
>
> ① 교도관은 자살·자해·도주·폭행·손괴, 그 밖에 수용자의 생명·신체를 해하거나 시설의 안전 또는 질서를 해하는 행위(이하 "자살등"이라 한다)를 방지하기 위하여 필요한 범위에서 전자장비를 이용하여 수용자 또는 시설을 계호할 수 있다. 다만, 전자영상장비로 거실에 있는 수용자를 계호하는 것은 자살등의 우려가 큰 때에만 할 수 있다. 20. 승진 ★ [193]
>
> ② 제1항 단서에 따라 거실에 있는 수용자를 전자영상장비로 계호하는 경우에는 계호직원·계호시간 및 계호대상 등을 기록하여야 한다. 이 경우 수용자가 여성이면 여성교도관이 계호하여야 한다. 19. 승진 ★
>
> ③ 제1항 및 제2항에 따라 계호하는 경우에는 피계호자의 인권이 침해되지 아니하도록 유의하여야 한다.
>
> ④ 전자장비의 종류·설치장소·사용방법 및 녹화기록물의 관리 등에 관하여 필요한 사항은 법무부령으로 정한다.

규칙 제160조 전자장비의 종류

교도관이 법 제94조에 따라 수용자 또는 시설을 계호하는 경우 사용할 수 있는 전자장비는 다음 각 호와 같다. 20. 교정9 ★

1. 영상정보처리기기: 일정한 공간에 지속적으로 설치되어 사람 또는 사물의 영상 및 이에 따르는 음성·음향 등을 수신하거나 이를 유·무선망을 통하여 전송하는 장치
2. 전자감지기: 일정한 공간에 지속적으로 설치되어 사람 또는 사물의 움직임을 빛·온도·소리·압력 등을 이용하여 감지하고 전송하는 장치
3. 전자경보기: 전자파를 발신하고 추적하는 원리를 이용하여 사람의 위치를 확인하거나 이동경로를 탐지하는 일련의 기계적 장치
4. 물품검색기(고정식 물품검색기와 휴대식 금속탐지기로 구분한다)
5. 증거수집장비: 디지털카메라, 녹음기, 비디오카메라, 음주측정기 등 증거수집에 필요한 장비
6. 그 밖에 법무부장관이 정하는 전자장비

규칙 제161조 중앙통제실의 운영

① 소장은 전자장비의 효율적인 운용을 위하여 각종 전자장비를 통합적으로 관리할 수 있는 시스템이 설치된 중앙통제실을 설치하여 운영한다.

② 소장은 중앙통제실에 대한 외부인의 출입을 제한하여야 한다. 다만, 시찰, 참관, 그 밖에 소장이 특별히 허가한 경우에는 그러하지 아니하다. 18. 승진

③ 전자장비의 통합관리시스템, 중앙통제실의 운영·관리 등에 관하여 필요한 사항은 법무부장관이 정한다.

규칙 제162조 영상정보처리기기 설치

① 영상정보처리기기 카메라는 교정시설의 주벽(周壁)·감시대·울타리·운동장·거실·작업장·접견실·전화실·조사실·진료실·복도·중문, 그 밖에 법 제94조 제1항에 따라 전자장비를 이용하여 계호하여야 할 필요가 있는 장소에 설치한다.

② 영상정보처리기기 모니터는 중앙통제실, 수용관리팀의 사무실, 그 밖에 교도관이 계호하기에 적정한 장소에 설치한다. <개정 2024.2.8.>

---

193) 교도관은 자살·자해·도주·폭행·손괴, 그 밖에 수용자의 생명·신체를 해하거나 시설의 안전 또는 질서를 해하는 행위를 방지하기 위하여 필요한 범위에서 전자장비를 이용하여 수용자 또는 시설을 계호할 수 있다. 다만, 전자영상장비로 거실에 있는 수용자를 계호하는 것은 자살 등의 우려가 큰 때에만 할 수 있다. (   )　　　▶ ○

③ 거실에 영상정보처리기기 카메라를 설치하는 경우에는 용변을 보는 하반신의 모습이 촬영되지 아니하도록 카메라의 각도를 한정하거나 화장실 차폐시설을 설치하여야 한다.

규칙 제163조 거실수용자 계호

① 교도관이 법 제94조 제1항에 따라 거실에 있는 수용자를 계호하는 경우에는 별지 제9호 서식의 거실수용자 영상계호부에 피계호자의 인적사항 및 주요 계호내용을 개별적으로 기록하여야 한다. 다만, 중경비시설의 거실에 있는 수용자를 전자장비를 이용하여 계호하는 경우에는 중앙통제실 등에 비치된 현황표에 피계호인원 등 전체 현황만을 기록할 수 있다.

② 교도관이 법 제94조 제1항에 따라 계호하는 과정에서 수용자의 처우 및 관리에 특히 참고할만한 사항을 알게 된 경우에는 그 요지를 수용기록부에 기록하여 소장에게 지체 없이 보고하여야 한다.

규칙 제164조 전자감지기의 설치

전자감지기는 교정시설의 주벽·울타리, 그 밖에 수용자의 도주 및 외부로부터의 침입을 방지하기 위하여 필요한 장소에 설치한다.

규칙 제165조 전자경보기의 사용

교도관은 외부의료시설 입원, 이송·출정, 그 밖의 사유로 교정시설 밖에서 수용자를 계호하는 경우 보호장비나 수용자의 팔목 등에 전자경보기를 부착하여 사용할 수 있다. 21. 교정7 ★

규칙 제166조 물품검색기 설치 및 사용

① 고정식 물품검색기는 정문, 수용동 입구, 작업장 입구, 그 밖에 수용자 또는 교정시설을 출입하는 수용자 외의 사람에 대한 신체·의류·휴대품의 검사가 필요한 장소에 설치한다.

② 교도관이 법 제93조 제1항에 따라 수용자의 신체·의류·휴대품을 검사하는 경우에는 특별한 사정이 없으면 고정식 물품검색기를 통과하게 한 후 휴대식 금속탐지기 또는 손으로 이를 확인한다. 18. 승진

③ 교도관이 법 제93조 제3항에 따라 교정시설을 출입하는 수용자 외의 사람의 의류와 휴대품을 검사하는 경우에는 고정식 물품검색기를 통과하게 하거나 휴대식 금속탐지기로 이를 확인한다. 18. 승진

규칙 제167조 증거수집장비의 사용

교도관은 수용자가 사후에 증명이 필요하다고 인정되는 행위를 하거나 사후 증명이 필요한 상태에 있는 경우 수용자에 대하여 증거수집장비를 사용할 수 있다.

규칙 제168조 녹음·녹화 기록물의 관리

소장은 전자장비로 녹음·녹화된 기록물을 「공공기록물 관리에 관한 법률」에 따라 관리하여야 한다.

법 제95조 보호실 수용

① 소장은 수용자가 다음 각 호의 어느 하나에 해당하면 <u>의무관의 의견</u>을 고려하여 <u>보호실</u>(자살 및 자해 방지 등의 설비를 갖춘 거실을 말한다. 이하 같다)에 수용할 수 있다. 20. 승진 ★194)
  1. <u>자살 또는 자해의 우려가 있는 때</u>
  2. 신체적·정신적 질병으로 인하여 특별한 보호가 필요한 때
② 수용자의 보호실 수용기간은 15일 이내로 한다. 다만, 소장은 특히 계속하여 수용할 필요가 있으면 <u>의무관의 의견</u>을 고려하여 <u>1회당 7일의 범위</u>에서 기간을 연장할 수 있다. 21. 교정9 ★195)
③ 제2항에 따라 수용자를 보호실에 수용할 수 있는 기간은 <u>계속하여 3개월을 초과할 수 없다.</u> 21. 교정9 ★196)
④ 소장은 수용자를 보호실에 <u>수용</u>하거나 수용기간을 <u>연장</u>하는 경우에는 그 <u>사유를 본인에게 알려 주어야</u> <u>한다.</u> 21. 교정9 ★197)
⑤ <u>의무관</u>은 보호실 수용자의 <u>건강상태를 수시로 확인</u>하여야 한다. 19. 승진
⑥ 소장은 보호실 <u>수용사유가 소멸</u>한 경우에는 보호실 수용을 <u>즉시 중단</u>하여야 한다.

법 제96조 진정실 수용

① 소장은 <u>수용자</u>가 다음 각 호의 어느 하나에 해당하는 경우로서 <u>강제력을 행사</u>하거나 제98조의 <u>보호장비를 사용</u>하여도 그 목적을 달성할 수 없는 경우에만 <u>진정실</u>(일반 수용거실로부터 격리되어 있고 방음설비 등을 갖춘 거실을 말한다. 이하 같다)에 수용할 수 있다(→ <u>의무관의 의견 고려 ✕</u>). 24. 교정9 ★198)199)
  1. 교정시설의 설비 또는 기구 등을 <u>손괴</u>하거나 손괴하려고 하는 때
  2. 교도관의 제지에도 불구하고 <u>소란행위</u>를 계속하여 다른 수용자의 평온한 수용생활을 방해하는 때
② 수용자의 진정실 수용기간은 24시간 이내로 한다. 다만, 소장은 특히 계속하여 수용할 필요가 있으면 <u>의무관의 의견을 고려</u>하여 1회당 12시간의 범위에서 기간을 연장할 수 있다. 24. 교정9 ★200)
③ 제2항에 따라 수용자를 진정실에 수용할 수 있는 기간은 <u>계속하여 3일을 초과할 수 없다.</u> 24. 교정9 ★201)
④ 진정실 수용자에 대하여는 제95조 제4항부터 제6항까지의 규정(→ 수용·기간연장 시 사유 알림, 건강상태 수시로 확인, 사유 소멸 시 즉시 중단)을 준용한다. 24. 교정9 ★202)

---

194) 소장은 수용자가 자살·자해의 우려가 있는 경우 의무관의 의견을 고려하여 진정실에 수용할 수 있다. ( ) ▶ ✕
195) 수용자의 보호실 수용기간은 15일 이내로 하되, 소장은 특히 계속하여 수용할 필요가 있으면 의무관의 의견을 고려하여 1회당 10일의 범위에서 기간을 연장할 수 있다. ( )
  ▶ ✕
196) 수용자의 보호실 수용기간은 15일 이내로 한다. 다만, 소장은 특히 계속하여 수용할 필요가 있으면 의무관의 의견을 고려하여 1회당 7일의 범위에서 기간을 연장할 수 있다. 이때 수용자를 보호실에 수용할 수 있는 기간은 계속하여 3개월을 초과할 수 없다. ( )
  ▶ ○
197) 소장은 수용자를 보호실에 수용하거나 수용기간을 연장하는 경우에는 그 사유를 가족에게 알려 주어야 한다. ( ) ▶ ✕
198) 소장은 수용자가 교도관의 제지에도 불구하고 소란행위를 계속하여 다른 수용자의 평온한 수용생활을 방해하는 때에 강제력을 행사하거나 보호장비를 사용하여도 그 목적을 달성할 수 없는 경우에만 보호실에 수용할 수 있다. ( ) ▶ ✕
199) 소장은 수용자가 교정시설의 설비 또는 기구 등을 손괴하거나 손괴하려고 하는 때로서 강제력을 행사하거나 보호장비를 사용하여도 그 목적을 달성할 수 없는 경우에는 진정실에 수용할 수 있다. 이 경우 의무관의 의견을 들어야 한다. ( ) ▶ ✕
200) 수용자의 진정실 수용기간은 24시간 이내로 한다. 다만, 소장은 특히 계속하여 수용할 필요가 있으면 의무관의 의견을 고려하여 1회당 12시간의 범위에서 기간을 연장할 수 있다. ( )
  ▶ ○
201) 수용자의 진정실 수용기간은 24시간 이내로 한다. 다만, 소장은 특히 계속하여 수용할 필요가 있으면 의무관의 의견을 고려하여 1회당 12시간의 범위에서 기간을 연장할 수 있다. 이때 수용자를 진정실에 수용할 수 있는 기간은 계속하여 3일을 초과할 수 없다. ( )
  ▶ ○
202) 소장은 수용자를 진정실에 수용하거나 수용기간을 연장하는 경우에는 그 사유를 가족에게 알려 주어야 한다. ( ) ▶ ✕

영 제119조 보호실 등 수용중지

① 법 제95조 제5항 및 법 제96조 제4항에 따라 의무관이 보호실이나 진정실 수용자의 건강을 확인한 결과 보호실 또는 진정실에 계속 수용하는 것이 부적당하다고 인정하는 경우에는 소장에게 즉시 보고하여야 한다. 이 경우 소장은 특별한 사유가 없으면 보호실 또는 진정실 수용을 즉시 중지하여야 한다.

② 소장은 의무관이 출장·휴가, 그 밖의 부득이한 사유로 법 제95조 제5항 및 법 제96조 제4항의 직무를 수행할 수 없을 때에는 그 교정시설에 근무하는 의료관계 직원에게 대행하게 할 수 있다.

법 제97조 보호장비의 사용

① 교도관은 수용자가 다음 각 호의 어느 하나에 해당하면 보호장비를 사용할 수 있다. 23. 교정7 ★

    1. 이송·출정, 그 밖에 교정시설 밖의 장소로 수용자를 호송하는 때

    2. 도주·자살·자해 또는 다른 사람에 대한 위해의 우려가 큰 때

    3. 위력으로 교도관의 정당한 직무집행을 방해하는 때

    4. 교정시설의 설비·기구 등을 손괴하거나 그 밖에 시설의 안전 또는 질서를 해칠 우려가 큰 때

② 보호장비를 사용하는 경우에는 수용자의 나이, 건강상태 및 수용생활 태도 등을 고려하여야 한다. 15. 경채

③ 교도관이 교정시설의 안에서 수용자에 대하여 보호장비를 사용한 경우 의무관은 그 수용자의 건강상태를 수시로 확인하여야 한다. 19. 승진

규칙 제182조 의무관의 건강확인

의무관은 법 제97조 제3항에 따라 보호장비 착용 수용자의 건강상태를 확인한 결과 특이사항을 발견한 경우에는 별지 제10호 서식의 보호장비 사용 심사부에 기록하여야 한다.

영 제122조 보호장비 사용사유의 고지

보호장비를 사용하는 경우에는 수용자에게 그 사유를 알려주어야 한다. 16. 교정9

영 제123조 보호장비 착용 수용자의 거실 지정

보호장비를 착용 중인 수용자는 특별한 사정이 없으면 계호상 독거수용한다. 20. 승진 ★ [203]

법 제98조 보호장비의 종류 및 사용요건

① 보호장비의 종류는 다음 각 호와 같다. 23. 경채 ★

    1. 수갑

    2. 머리보호장비

    3. 발목보호장비

    4. 보호대(帶)

    5. 보호의자

    6. 보호침대

---

203) 보호장비를 착용 중인 수용자는 특별한 사정이 없으면 '처우상 독거수용'한다. (　)　　　　　▶ ✕

7. 보호복

8. 포승

② 보호장비의 종류별 사용요건은 다음 각 호와 같다. 23. 교정7★

  1. 수갑·포승: 제97조 제1항 제1호부터 제4호까지의 어느 하나에 해당하는 때

  2. 머리보호장비: 머리부분을 자해할 우려가 큰 때

  3. 발목보호장비·보호대·보호의자: 제97조 제1항 제2호부터 제4호까지의 어느 하나에 해당하는 때
    (→ 호송 ✕)

  4. 보호침대·보호복: 자살·자해의 우려가 큰 때

③ 보호장비의 사용절차 등에 관하여 필요한 사항은 대통령령으로 정한다.

영 제120조 보호장비의 사용

① 교도관은 소장의 명령 없이 수용자에게 보호장비를 사용하여서는 아니 된다. 다만, 소장의 명령을 받을 시간적 여유가 없는 경우에는 사용 후 소장에게 즉시 보고하여야 한다. 12. 교정7

② 법 및 이 영에 규정된 사항 외에 보호장비의 규격과 사용방법 등에 관하여 필요한 사항은 법무부령으로 정한다.

규칙 제169조 보호장비의 종류

교도관이 법 제98조 제1항에 따라 사용할 수 있는 보호장비는 다음 각 호로 구분한다.

1. 수갑: 양손수갑, 일회용수갑, 한손수갑

2. 머리보호장비

3. 발목보호장비: 양발목보호장비, 한발목보호장비

4. 보호대: 금속보호대, 벨트보호대

5. 보호의자

6. 보호침대

7. 보호복

8. 포승: 일반포승, 벨트형포승, 조끼형포승

규칙 제170조 보호장비의 규격

① 보호장비의 규격은 별표 5와 같다.

② 교도관은 제1항에 따른 보호장비 규격에 맞지 아니한 보호장비를 수용자에게 사용해서는 아니 된다.

규칙 제171조 보호장비 사용 명령

소장은 영 제120조 제1항에 따라 보호장비 사용을 명령하거나 승인하는 경우에는 보호장비의 종류 및 사용방법을 구체적으로 지정하여야 하며, 이 규칙에서 정하지 아니한 방법으로 보호장비를 사용하게 해서는 아니 된다.

규칙 제172조 수갑의 사용방법

① 수갑의 사용방법은 다음 각 호와 같다.

    1. 법 제97조 제1항 각 호의 어느 하나에 해당하는 경우에는 별표 6(→ 양손수갑을 앞으로 채워 사용)의 방법으로 할 것 22. 교정7★ [204]

    2. 법 제97조 제1항 제2호부터 제4호까지의 규정의 어느 하나에 해당하는 경우 별표 6의 방법으로는 사용목적을 달성할 수 없다고 인정되면 별표 7의 방법(→ 양손수갑을 앞으로 채워 사용)으로 할 것 22. 교정7★ [205]

    3. 진료를 받거나 입원 중인 수용자에 대하여 한손수갑을 사용하는 경우에는 별표 8의 방법으로 할 것 23. 교정7[206]

② 제1항 제1호에 따라 수갑을 사용하는 경우에는 수갑보호기를 함께 사용할 수 있다.

③ 제1항 제2호에 따라 별표 7의 방법으로 수갑을 사용하여 그 목적을 달성한 후에는 즉시 별표 6의 방법으로 전환하거나 사용을 중지하여야 한다.

④ 수갑은 구체적 상황에 적합한 종류를 선택하여 사용할 수 있다. 다만, 일회용수갑은 일시적으로 사용하여야 하며, 사용목적을 달성한 후에는 즉시 사용을 중단하거나 다른 보호장비로 교체하여야 한다. 22. 교정7★ [207]

규칙 제173조 머리보호장비의 사용방법

머리보호장비는 별표 9의 방법으로 사용하며, 수용자가 머리보호장비를 임의로 해제하지 못하도록 다른 보호장비를 함께 사용할 수 있다. 20. 승진[208]

규칙 제174조 발목보호장비의 사용방법

발목보호장비의 사용방법은 다음 각 호와 같다.

1. 양발목보호장비의 사용은 별표 10의 방법으로 할 것
2. 진료를 받거나 입원 중인 수용자에 대하여 한발목보호장비를 사용하는 경우에는 별표 11의 방법으로 할 것

규칙 제175조 보호대의 사용방법

보호대의 사용방법은 다음 각 호와 같다. <개정 2024.2.8.>

1. 금속보호대의 사용은 별표 12의 방법으로 할 것(← 금속보호대는 수갑과 수갑보호기를 보호대에 연결하여 별표 12의 방법으로 할 것)
2. 벨트보호대의 사용은 별표 13의 방법으로 할 것(← 벨트보호대는 보호대에 부착된 고리에 수갑을 연결하여 별표 13의 방법으로 할 것)

---

204) 이송·출정, 그 밖에 교정시설 밖의 장소로 수용자를 호송하는 때에는 한손수갑을 채워야 한다. ( )   ▶ ×

205) 도주·자살·자해 또는 다른 사람에 대한 위해의 우려가 큰 때 양손수갑을 앞으로 채워 사용목적을 달성할 수 없다고 인정되면 양손수갑을 뒤로 채워야 한다. ( )   ▶ ○

206) 이송·출정, 그 밖에 교정시설 밖의 장소로 수용자를 호송할 때는 수갑을 사용할 수 있으며, 진료를 받거나 입원 중인 수용자에 대하여 한손수갑을 사용할 수 있다. ( )   ▶ ○

207) 일회용수갑은 일시적으로 사용하여야 하며, 사용목적을 달성한 후에는 즉시 사용을 중단하거나 다른 보호장비로 교체하여야 한다. ( )   ▶ ○

208) 머리보호장비는 자살·자해의 우려가 큰 때에 사용할 수 있으며, 수용자가 임의로 해제하지 못하도록 다른 보호장비를 함께 사용할 수 있다. ( )   ▶ ×

규칙 제176조 보호의자의 사용방법

① 보호의자는 별표 14의 방법으로 사용하며, 다른 보호장비로는 법 제97조 제1항 제2호부터 제4호까지의 규정의 어느 하나에 해당하는 행위를 방지하기 어려운 특별한 사정이 있는 경우에만 사용하여야 한다.

② 보호의자는 제184조 제2항에 따라 그 사용을 일시 중지하거나 완화하는 경우를 포함하여 8시간을 초과하여 사용할 수 없으며, 사용 중지 후 4시간이 경과하지 아니하면 다시 사용할 수 없다. 23. 교정7★

규칙 제177조 보호침대의 사용방법

① 보호침대는 별표 15의 방법으로 사용하며, 다른 보호장비로는 자살·자해를 방지하기 어려운 특별한 사정이 있는 경우에만 사용하여야 한다. 23. 교정7209)

② 보호침대의 사용에 관하여는 제176조 제2항을 준용한다. 23. 교정7210)

규칙 제178조 보호복의 사용방법

① 보호복은 별표 16의 방법으로 사용한다.

② 보호복의 사용에 관하여는 제176조 제2항을 준용한다.

규칙 제179조 포승의 사용방법

① 포승의 사용방법은 다음 각 호와 같다.

1. 고령자·환자 등 도주의 위험성이 크지 아니하다고 판단되는 수용자를 개별 호송하는 경우에는 별표 17의 방법으로 할 수 있다.

2. 제1호의 수용자 외의 수용자를 호송하는 경우 또는 법 제97조 제1항 제2호부터 제4호까지의 규정의 어느 하나에 해당하는 경우에는 별표 18(벨트형포승의 경우 별표 18의2, 조끼형포승의 경우 별표 18의3)의 방법으로 한다.

3. 법 제97조 제1항 제2호부터 제4호까지의 규정의 어느 하나에 해당하는 경우 제2호의 방법으로는 사용목적을 달성할 수 없다고 인정되면 별표 19의 방법으로 한다. 이 경우 2개의 포승을 연결하여 사용할 수 있다.

② 제1항 제2호에 따라 포승을 사용하여 2명 이상의 수용자를 호송하는 경우에는 수용자 간에 포승을 다음 각 호의 구분에 따른 방법으로 연결하여 사용할 수 있다. <개정 2024.2.8.>

1. 별표 18의 방법으로 포승하는 경우: 일반포승 또는 별표 20에 따른 포승연결줄로 연결

2. 별표 18의2의 방법으로 포승하는 경우: 별표 20에 따른 포승연결줄로 연결

3. 별표 18의3의 방법으로 포승하는 경우: 별표 20에 따른 포승연결줄로 연결

③ 삭제

---

209) 머리부분을 자해할 우려가 큰 때에는 머리보호장비를 사용할 수 있으며, 머리보호장비를 포함한 다른 보호장비로는 자살·자해를 방지하기 어려운 특별한 사정이 있는 경우는 보호침대를 사용할 수 있다. ( ) ▶ ○

210) 보호침대는 그 사용을 일시 중지하거나 완화하는 경우를 포함하여 8시간을 초과하여 사용할 수 없으며, 사용 중지 후 4시간이 경과하지 아니하면 다시 사용할 수 없다. ( ) ▶ ○

규칙 제180조 둘 이상의 보호장비 사용

하나의 보호장비로 사용목적을 달성할 수 없는 경우에는 둘 이상의 보호장비를 사용할 수 있다. 다만, 다음 각 호의 어느 하나에 해당하는 경우에는 다른 보호장비와 같이 사용할 수 없다. 23. 교정7 ★ 211)212)

1. 보호의자를 사용하는 경우
2. 보호침대를 사용하는 경우

규칙 제181조 보호장비 사용의 기록

교도관은 법 제97조 제1항에 따라 보호장비를 사용하는 경우에는 별지 제10호 서식의 보호장비 사용 심사부에 기록해야 한다. 다만, 법 제97조 제1항 제1호(→ 이송·출정 등 호송)에 따라 보호장비를 사용하거나 같은 항 제2호 부터 제4호까지의 규정(→ 도주·자살·자해 또는 위해, 위력, 손괴)에 따라 양손수갑을 사용하는 경우에는 호송 계획서나 수용기록부의 내용 등으로 그 기록을 갈음할 수 있다. <개정 2024.2.8.> 20. 승진213)

영 제121조 보호장비 사용중지 등

① 의무관은 수용자에게 보호장비를 계속 사용하는 것이 건강상 부적당하다고 인정하는 경우에는 소장에게 즉시 보고하여야 한다. 이 경우 소장은 특별한 사유(→ 규칙 제183조 제2항)가 없으면 보호장비 사용을 즉시 중지하여야 한다. 23. 경채

② 의무관이 출장·휴가, 그 밖의 부득이한 사유로 법 제97조 제3항의 직무를 수행할 수 없을 때에는 제119조 제2항을 준용한다.

규칙 제182조 의무관의 건강확인

의무관은 법 제97조 제3항에 따라 보호장비 착용 수용자의 건강상태를 확인한 결과 특이사항을 발견한 경우에는 별지 제10호 서식의 보호장비 사용 심사부에 기록하여야 한다.

규칙 제183조 보호장비의 계속사용

① 소장은 보호장비를 착용 중인 수용자에 대하여 별지 제10호 서식의 보호장비 사용 심사부 및 별지 제11호 서식의 보호장비 착용자 관찰부 등의 기록과 관계직원의 의견 등을 토대로 보호장비의 계속사용 여부를 매일 심사하여야 한다. 18. 승진

② 소장은 영 제121조에 따라 의무관 또는 의료관계 직원으로부터 보호장비의 사용 중지 의견을 보고받았음에도 불구하고 해당 수용자에 대하여 보호장비를 계속하여 사용할 필요가 있는 경우에는 의무관 또는 의료관계 직원에게 건강유지에 필요한 조치를 취할 것을 명하고 보호장비를 사용할 수 있다. 이 경우 소장은 별지 제10호 서식의 보호장비 사용 심사부에 보호장비를 계속 사용할 필요가 있다고 판단하는 근거를 기록하여야 한다. 11. 특채

---

211) 자살·자해의 우려가 커 보호침대 또는 보호복을 사용할 경우에는 다른 보호장비와 같이 사용할 수 없다. ( )　▶ ✕
212) 하나의 보호장비로 사용 목적을 달성할 수 없는 경우에는 둘 이상의 보호장비를 사용할 수 있으며, 주로 수갑과 보호의자를 함께 사용한다. ( )　▶ ✕
213) 보호장비를 사용하는 경우에는 보호장비 사용 심사부에 기록하여야 하나, 중경비시설 안에서 수용자의 동행계호를 위하여 양손수갑을 사용하는 경우에는 호송계획서나 수용기록부의 내용 등으로 그 기록을 갈음할 수 있다. ( )　▶ ✕

영 제124조 보호장비 사용의 감독

① 소장은 보호장비의 사용을 명령한 경우에는 수시로 그 사용 실태를 확인·점검하여야 한다. 18. 승진

② 지방교정청장은 소속 교정시설의 보호장비 사용 실태를 정기적으로 점검하여야 한다. 18. 승진

법 제99조 보호장비 남용 금지

① 교도관은 필요한 최소한의 범위에서 보호장비를 사용하여야 하며, 그 사유가 없어지면 사용을 지체 없이 중단하여야 한다.

② 보호장비는 징벌의 수단으로 사용되어서는 아니 된다. 23. 경채★

규칙 제184조 보호장비 사용의 중단

① 교도관은 법 제97조 제1항 각 호에 따른 보호장비 사용 사유가 소멸한 경우에는 소장의 허가를 받아 지체 없이 보호장비 사용을 중단하여야 한다. 다만, 소장의 허가를 받을 시간적 여유가 없을 때에는 보호장비 사용을 중단한 후 지체 없이 소장의 승인을 받아야 한다.

② 교도관은 보호장비 착용 수용자의 목욕, 식사, 용변, 치료 등을 위하여 필요한 경우에는 보호장비 사용을 일시 중지하거나 완화할 수 있다. 23. 경채

규칙 제185조 보호장비 착용 수용자의 관찰 등

소장은 제169조 제5호부터 제7호까지의 규정에 따른 보호장비를 사용(→ 보호의자·보호침대·보호복을 사용)하거나 같은 조 제8호의 보호장비를 별표 19의 방법으로 사용(→ 포승을 하체승의 방법으로 사용)하게 하는 경우에는 교도관으로 하여금 수시로 해당 수용자의 상태를 확인하고 매 시간마다 별지 제11호 서식의 보호장비 착용자 관찰부에 기록하게 하여야 한다. 다만, 소장은 보호장비 착용자를 법 제94조에 따라 전자영상장비로 계호할 때에는 별지 제9호 서식의 거실수용자 영상계호부에 기록하게 할 수 있다.

법 제100조 강제력의 행사

① 교도관은 수용자가 다음 각 호의 어느 하나에 해당하면 강제력을 행사할 수 있다. 22. 교정9★

  1. 도주하거나 도주하려고 하는 때

  2. 자살하려고 하는 때

  3. 자해하거나 자해하려고 하는 때

  4. 다른 사람에게 위해를 끼치거나 끼치려고 하는 때

  5. 위력으로 교도관의 정당한 직무집행을 방해하는 때

  6. 교정시설의 설비·기구 등을 손괴하거나 손괴하려고 하는 때

  7. 그 밖에 시설의 안전 또는 질서를 크게 해치는 행위를 하거나 하려고 하는 때

② 교도관은 수용자 외의 사람이 다음 각 호의 어느 하나에 해당하면 강제력을 행사할 수 있다. 22. 교정9★

  1. 수용자를 도주하게 하려고 하는 때

  2. 교도관 또는 수용자에게 위해를 끼치거나 끼치려고 하는 때

  3. 위력으로 교도관의 정당한 직무집행을 방해하는 때

  4. 교정시설의 설비·기구 등을 손괴하거나 하려고 하는 때

5. 교정시설에 침입하거나 하려고 하는 때
6. 교정시설의 안(교도관이 교정시설의 밖에서 수용자를 계호하고 있는 경우 그 장소를 포함한다)에서 교도관의 퇴거요구를 받고도 이에 따르지 아니하는 때

영 제125조 강제력의 행사

교도관은 소장의 명령 없이 법 제100조에 따른 강제력을 행사해서는 아니 된다. 다만, 그 명령을 받을 시간적 여유가 없는 경우에는 강제력을 행사한 후 소장에게 즉시 보고하여야 한다. 17. 교정9★

법 제100조 강제력의 행사

③ 제1항 및 제2항에 따라 강제력을 행사하는 경우에는 보안장비를 사용할 수 있다. 19. 승진★
④ 제3항에서 "보안장비"란 교도봉·가스분사기·가스총·최루탄 등 사람의 생명과 신체의 보호, 도주의 방지 및 시설의 안전과 질서유지를 위하여 교도관이 사용하는 장비와 기구를 말한다.
⑤ 제1항 및 제2항에 따라 강제력을 행사하려면 사전에 상대방에게 이를 경고하여야 한다. 다만, 상황이 급박하여 경고할 시간적인 여유가 없는 때에는 그러하지 아니하다. 19. 승진★
⑥ 강제력의 행사는 필요한 최소한도에 그쳐야 한다.
⑦ 보안장비의 종류, 종류별 사용요건 및 사용절차 등에 관하여 필요한 사항은 법무부령으로 정한다. 10. 특채

규칙 제186조 보안장비의 종류

교도관이 법 제100조에 따라 강제력을 행사하는 경우 사용할 수 있는 보안장비는 다음 각 호와 같다. 20. 교정9★
1. 교도봉(접이식을 포함한다. 이하 같다)
2. 전기교도봉
3. 가스분사기
4. 가스총(고무탄 발사겸용을 포함한다. 이하 같다)
5. 최루탄: 투척용, 발사용(그 발사장치를 포함한다. 이하 같다)
6. 전자충격기
7. 그 밖에 법무부장관이 정하는 보안장비

규칙 제187조 보안장비의 종류별 사용요건

① 교도관이 수용자에 대하여 사용할 수 있는 보안장비의 종류별 사용요건은 다음 각 호와 같다.
   1. 교도봉·가스분사기·가스총·최루탄: 법 제100조 제1항 각 호의 어느 하나에 해당하는 경우
   2. 전기교도봉·전자충격기: 법 제100조 제1항 각 호의 어느 하나에 해당하는 경우로서 상황이 긴급하여 제1호의 장비만으로는 그 목적을 달성할 수 없는 때
② 교도관이 수용자 외의 사람에 대하여 사용할 수 있는 보안장비의 종류별 사용요건은 다음 각 호와 같다.
   1. 교도봉·가스분사기·가스총·최루탄: 법 제100조 제2항 각 호의 어느 하나에 해당하는 경우
   2. 전기교도봉·전자충격기: 법 제100조 제2항 각 호의 어느 하나에 해당하는 경우로서 상황이 긴급하여 제1호의 장비만으로는 그 목적을 달성할 수 없는 때
③ 제186조 제7호에 해당하는 보안장비의 사용은 법무부장관이 정하는 바에 따른다.

규칙 제188조 보안장비의 종류별 사용기준

보안장비의 종류별 사용기준은 다음 각 호와 같다. 19. 승진

1. 교도봉·전기교도봉: 얼굴이나 머리부분에 사용해서는 아니 되며, 전기교도봉은 타격 즉시 떼어야 함
2. 가스분사기·가스총: 1미터 이내의 거리에서는 상대방의 얼굴을 향하여 발사해서는 안됨
3. 최루탄: 투척용 최루탄은 근거리용으로 사용하고, 발사용 최루탄은 50미터 이상의 원거리에서 사용하되, 30도 이상의 발사각을 유지하여야 함
4. 전자충격기: 전극침 발사장치가 있는 전자충격기를 사용할 경우 전극침을 상대방의 얼굴을 향해 발사해서는 안됨

법 제101조 무기의 사용

① 교도관은 다음 각 호의 어느 하나에 해당하는 사유가 있으면 수용자에 대하여 무기를 사용할 수 있다. 22. 교정9★

  1. 수용자가 다른 사람에게 중대한 위해를 끼치거나 끼치려고 하여 그 사태가 위급한 때
  2. 수용자가 폭행 또는 협박에 사용할 위험물을 지니고 있어 교도관이 버릴 것을 명령하였음에도 이에 따르지 아니하는 때
  3. 수용자가 폭동을 일으키거나 일으키려고 하여 신속하게 제지하지 아니하면 그 확산을 방지하기 어렵다고 인정되는 때
  4. 도주하는 수용자에게 교도관이 정지할 것을 명령하였음에도 계속하여 도주하는 때
  5. 수용자가 교도관의 무기를 탈취하거나 탈취하려고 하는 때
  6. 그 밖에 사람의 생명·신체 및 설비에 대한 중대하고도 뚜렷한 위험을 방지하기 위하여 무기의 사용을 피할 수 없는 때

② 교도관은 교정시설의 안(교도관이 교정시설의 밖에서 수용자를 계호하고 있는 경우 그 장소를 포함한다)에서 자기 또는 타인의 생명·신체를 보호하거나 수용자의 탈취를 저지하거나 건물 또는 그 밖의 시설과 무기에 대한 위험을 방지하기 위하여 급박하다고 인정되는 상당한 이유가 있으면 수용자 외의 사람에 대하여도 무기를 사용할 수 있다. 19. 승진★

③ 교도관은 소장 또는 그 직무를 대행하는 사람의 명령을 받아 무기를 사용한다. 다만, 그 명령을 받을 시간적 여유가 없으면 그러하지 아니하다. 19. 승진★

④ 제1항 및 제2항에 따라 무기를 사용하려면 공포탄을 발사하거나 그 밖에 적당한 방법으로 사전에 상대방에 대하여 이를 경고하여야 한다.

⑤ 무기의 사용은 필요한 최소한도에 그쳐야 하며, 최후의 수단이어야 한다. 18. 승진

⑥ 사용할 수 있는 무기의 종류, 무기의 종류별 사용요건 및 사용절차 등에 관하여 필요한 사항은 법무부령으로 정한다.

규칙 제189조 무기의 종류

교도관이 법 제101조에 따라 사용할 수 있는 무기의 종류는 다음 각 호와 같다.

1. 권총
2. 소총
3. 기관총
4. 그 밖에 법무부장관이 정하는 무기

규칙 제190조 무기의 종류별 사용요건

① 교도관이 수용자에 대하여 사용할 수 있는 무기의 종류별 사용요건은 다음 각 호와 같다.

    1. 권총·소총: 법 제101조 제1항 각 호의 어느 하나에 해당하는 경우

    2. 기관총: 법 제101조 제1항 제3호(→ 폭동)에 해당하는 경우

② 교도관이 수용자 외의 사람에 대하여 사용할 수 있는 무기의 종류별 사용요건은 다음 각 호와 같다.

    1. 권총·소총: 법 제101조 제2항에 해당하는 경우

    2. 기관총: 법 제101조 제2항에 해당하는 경우로서 제1호의 무기만으로는 그 목적을 달성할 수 없다고 인정하는 경우

③ 제189조 제4호에 해당하는 무기의 사용은 법무부장관이 정하는 바에 따른다.

규칙 제191조 기관총의 설치

기관총은 대공초소 또는 집중사격이 가장 용이한 장소에 설치하고, 유사 시 즉시 사용할 수 있도록 충분한 인원의 사수(射手)·부사수·탄약수를 미리 지정하여야 한다. 18. 승진

규칙 제192조 총기의 사용절차

교도관이 총기를 사용하는 경우에는 구두경고, 공포탄 발사, 위협사격, 조준사격의 순서에 따라야 한다. 다만, 상황이 긴급하여 시간적 여유가 없을 때에는 예외로 한다. 18. 승진

규칙 제193조 총기 교육 등

① 소장은 소속 교도관에 대하여 연 1회 이상 총기의 조작·정비·사용에 관한 교육을 한다. 18. 승진

② 제1항의 교육을 받지 아니하였거나 총기 조작이 미숙한 사람, 그 밖에 총기휴대가 부적당하다고 인정되는 사람에 대하여는 총기휴대를 금지하고 별지 제12호 서식의 총기휴대 금지자 명부에 그 명단을 기록한 후 총기를 지급할 때마다 대조·확인하여야 한다.

③ 제2항의 총기휴대 금지자에 대하여 금지사유가 소멸한 경우에는 그 사유를 제2항에 따른 총기휴대 금지자 명부에 기록하고 총기휴대금지를 해제하여야 한다.

영 제126조 무기사용 보고

교도관은 법 제101조에 따라 무기를 사용한 경우에는 소장에게 즉시 보고하고, 보고를 받은 소장은 그 사실을 법무부장관에게 즉시 보고하여야 한다. 18. 승진★

법 제102조 재난 시의 조치

① 천재지변이나 그 밖의 재해가 발생하여 시설의 안전과 질서유지를 위하여 긴급한 조치가 필요하면 소장은 수용자로 하여금 피해의 복구나 그 밖의 응급용무를 보조하게 할 수 있다.

② 소장은 교정시설의 안에서 천재지변이나 그 밖의 사변에 대한 피난의 방법이 없는 경우에는 수용자를 다른 장소로 이송할 수 있다.

③ 소장은 제2항에 따른 이송이 불가능하면 수용자를 일시 석방할 수 있다.

④ 제3항에 따라 석방된 사람은 석방 후 24시간 이내에 교정시설 또는 경찰관서에 출석하여야 한다. 24. 교정9[214]

영 제127조 재난 시의 조치

① 소장은 법 제102조 제1항에 따른 응급용무의 보조를 위하여 교정성적이 우수한 수형자를 선정하여 필요한 훈련을 시킬 수 있다.

② 소장은 법 제102조 제3항에 따라 수용자를 일시석방하는 경우에는 같은 조 제4항의 출석 시한과 장소를 알려 주어야 한다.

법 제103조 수용을 위한 체포

① 교도관은 수용자가 도주 또는 제134조(→ 출석의무 위반 등) 각 호의 어느 하나에 해당하는 행위(이하 "도주등"이라 한다)를 한 경우에는 도주 후 또는 출석기한이 지난 후 72시간 이내에만 그를 체포할 수 있다. 24. 교정9★[215]

② 교도관은 제1항에 따른 체포를 위하여 긴급히 필요하면 도주 등을 하였다고 의심할 만한 상당한 이유가 있는 사람 또는 도주 등을 한 사람의 이동경로나 소재를 안다고 인정되는 사람을 정지시켜 질문할 수 있다. 24. 교정9★

③ 교도관은 제2항에 따라 질문을 할 때에는 그 신분을 표시하는 증표를 제시하고 질문의 목적과 이유를 설명하여야 한다.

④ 교도관은 제1항에 따른 체포를 위하여 영업시간 내에 공연장·여관·음식점·역, 그 밖에 다수인이 출입하는 장소의 관리자 또는 관계인에게 그 장소의 출입이나 그 밖에 특히 필요한 사항에 관하여 협조를 요구할 수 있다. 24. 교정9★

⑤ 교도관은 제4항에 따라 필요한 장소에 출입하는 경우에는 그 신분을 표시하는 증표를 제시하여야 하며, 그 장소의 관리자 또는 관계인의 정당한 업무를 방해하여서는 아니 된다. 10. 특채

영 제128조 도주 등에 따른 조치

① 소장은 수용자가 도주하거나 법 제134조(→ 출석의무 위반 등) 각 호의 어느 하나에 해당하는 행위(이하 이 조에서 "도주 등"이라 한다)를 한 경우에는 교정시설의 소재지 및 인접지역 또는 도주 등을 한 사람(이하 이 조에서 "도주자"라 한다)이 숨을 만한 지역의 경찰관서에 도주자의 사진이나 인상착의를 기록한 서면을 첨부하여 그 사실을 지체 없이 통보하여야 한다.

② 소장은 수용자가 도주 등을 하거나 도주자를 체포한 경우에는 법무부장관에게 지체 없이 보고하여야 한다. 18. 승진

법 제104조 마약류사범 등의 관리

① 소장은 마약류사범·조직폭력사범 등 법무부령으로 정하는 수용자(→ 엄중관리대상자)에 대하여는 시설의 안전과 질서유지를 위하여 필요한 범위에서 다른 수용자와의 접촉을 차단하거나 계호를 엄중히 하는 등 법무부령으로 정하는 바에 따라 다른 수용자와 달리 관리할 수 있다.

② 소장은 제1항에 따라 관리하는 경우에도 기본적인 처우를 제한하여서는 아니 된다.

---

214) 천재지변으로 일시 석방된 수용자는 정당한 사유가 없는 한 출석요구를 받은 후 24시간 이내에 교정시설 또는 경찰관서에 출석하여야 한다. ( ) ▶ ×

215) 교도관은 수용자가 도주한 경우 도주 후 72시간 이내에만 그를 체포할 수 있다. ( ) ▶ ○

규칙 제194조 엄중관리대상자의 구분

법 제104조에 따라 교정시설의 안전과 질서유지를 위하여 다른 수용자와의 접촉을 차단하거나 계호를 엄중히 하여야 하는 수용자(이하 이 장에서 "엄중관리대상자"라 한다)는 다음 각 호와 같이 구분한다. 18. 승진 ★

1. 조직폭력수용자(제199조 제1항에 따라 지정된 수용자를 말한다. 이하 같다)
2. 마약류수용자(제205조 제1항에 따라 지정된 수용자를 말한다. 이하 같다)
3. 관심대상수용자(제211조 제1항에 따라 지정된 수용자를 말한다. 이하 같다)

규칙 제195조 번호표 등 표시

① 엄중관리대상자의 번호표 및 거실표의 색상은 다음 각 호와 같이 구분한다. 20. 교정7 ★

  1. 관심대상수용자: 노란색
  2. 조직폭력수용자: 노란색
  3. 마약류수용자: 파란색

② 제194조의 엄중관리대상자 구분이 중복되는 수용자의 경우 그 번호표 및 거실표의 색상은 제1항 각 호의 순서에 따른다.

규칙 제196조 상담

① 소장은 엄중관리대상자 중 지속적인 상담이 필요하다고 인정되는 사람에 대하여는 상담책임자를 지정한다. 22. 교정9 ★

② 제1항의 상담책임자는 감독교도관 또는 상담 관련 전문교육을 이수한 교도관을 우선하여 지정하여야 하며, 상담대상자는 상담책임자 1명당 10명 이내로 하여야 한다. 22. 교정9 ★

③ 상담책임자는 해당 엄중관리대상자에 대하여 수시로 개별상담을 함으로써 신속한 고충처리와 원만한 수용생활 지도를 위하여 노력하여야 한다. 13. 경채

④ 제3항에 따라 상담책임자가 상담을 하였을 때에는 그 요지와 처리결과 등을 제119조 제3항에 따른 교정정보시스템에 입력하여야 한다. 이 경우 엄중관리대상자의 처우를 위하여 필요하면 별지 제13호 서식의 엄중관리대상자 상담결과 보고서를 작성하여 소장에게 보고하여야 한다.

규칙 제197조 작업 부과

소장은 엄중관리대상자에게 작업을 부과할 때에는 법 제59조 제3항에 따른 조사(→ 분류조사)나 검사(→ 분류검사) 등의 결과를 고려하여야 한다.

규칙 제198조 지정대상

조직폭력수용자의 지정대상은 다음 각 호와 같다. 20. 교정9 ★[216)]

1. 체포영장, 구속영장, 공소장 또는 재판서에 조직폭력사범으로 명시된 수용자

---

216) 소장은 공범·피해자 등의 체포영장, 구속영장, 공소장 또는 재판서에 조직폭력사범으로 명시된 수용자에 대하여는 조직폭력수용자로 지정한다. (　)　　　　　　　　　　　　　　　　　　　　　▶ ○

2. 공소장 또는 재판서에 조직폭력사범으로 명시되어 있지는 아니하나 「폭력행위 등 처벌에 관한 법률」 제4조 (→ 단체 등의 이용·지원)·제5조(→ 단체 등의 구성·활동) 또는 「형법」 제114조(→ 범죄단체 등의 조직)가 적용된 수용자

3. 공범·피해자 등의 체포영장·구속영장·공소장 또는 재판서에 조직폭력사범으로 명시된 수용자

4. 삭제(← 조직폭력사범으로 형의 집행을 종료한 이후 5년 이내에 교정시설에 다시 수용된 자로서 교도관회의 또는 분류처우위원회에서 조직폭력수용자로 심의·의결된 수용자)

규칙 제199조 지정 및 해제

① 소장은 제198조 각 호의 어느 하나에 해당하는 수용자에 대하여는 조직폭력수용자로 지정한다. 현재의 수용 생활 중 집행되었거나 집행할 형이 제198조 제1호 또는 제2호에 해당하는 경우에도 또한 같다. 18. 승진

② 소장은 제1항에 따라 조직폭력수용자로 지정된 사람에 대하여는 석방할 때까지 지정을 해제할 수 없다. 다만, 공소장 변경 또는 재판 확정에 따라 지정사유가 해소되었다고 인정되는 경우에는 교도관회의의 심의 또는 분류처우위원회의 의결을 거쳐 지정을 해제한다. 20. 교정9[217]

규칙 제200조 수용자를 대표하는 직책 부여 금지

소장은 조직폭력수용자에게 거실 및 작업장 등의 봉사원, 반장, 조장, 분임장, 그 밖에 수용자를 대표하는 직책을 부여해서는 아니 된다. 22. 교정9★[218]

규칙 제201조 수형자 간 연계활동 차단을 위한 이송

소장은 조직폭력수형자가 작업장 등에서 다른 수형자와 음성적으로 세력을 형성하는 등 집단화할 우려가 있다 고 인정하는 경우에는 법무부장관에게 해당 조직폭력수형자의 이송을 지체 없이 신청하여야 한다. 20. 교정9★[219]

규칙 제202조 처우상 유의사항

소장은 조직폭력수용자가 다른 사람과 접견할 때에는 외부 폭력조직과의 연계가능성이 높은 점 등을 고려하여 접촉차단시설이 있는 장소에서 하게 하여야 하며, 귀휴나 그 밖의 특별한 이익이 되는 처우를 결정하는 경우에 는 해당 처우의 허용 요건에 관한 규정을 엄격히 적용하여야 한다. 19. 승진★

규칙 제203조 특이사항의 통보

소장은 조직폭력수용자의 편지 및 접견의 내용 중 특이사항이 있는 경우에는 검찰청, 경찰서 등 관계기관에 통 보할 수 있다. 23. 경채★

---

217) 소장은 조직폭력수용자로 지정된 사람이 공소장 변경 또는 재판 확정에 따라 지정사유가 해소되었다고 인정되는 경우에는 교도관회의의 심의 또는 교정자문위원회의 의결을 거쳐 지정을 해제한다. ( )　　　　　　　　　　　　　　▶ ✕

218) 소장은 조직폭력수용자에게 거실 및 작업장 등의 봉사원, 반장, 조장, 분임장, 그 밖에 수용자를 대표하는 직책을 부여해서는 아니 된다. ( )　　　　　　　　　　　　　　▶ ○

219) 소장은 조직폭력수형자가 작업장 등에서 다른 수형자와 음성적으로 세력을 형성하는 등 집단화할 우려가 있다고 인정하는 경우에는 법무부장관에게 해당 조직폭력수형자의 이송을 지체 없이 신청하여야 한다. ( )　　　　　　　　　　　▶ ○

규칙 제204조 지정대상

마약류수용자의 지정대상은 다음 각 호와 같다. 19. 교정7★

1. 체포영장·구속영장·공소장 또는 재판서에 「마약류관리에 관한 법률」, 「마약류 불법거래방지에 관한 특례법」, 그 밖에 마약류에 관한 형사 법률이 적용된 수용자
2. 제1호에 해당하는 형사 법률을 적용받아 집행유예가 선고되어 그 집행유예 기간 중에 별건으로 수용된 수용자

규칙 제205조 지정 및 해제

① 소장은 제204조 각 호의 어느 하나에 해당하는 수용자에 대하여는 마약류수용자로 지정하여야 한다. 현재의 수용생활 중 집행되었거나 집행할 형이 제204조 제1호에 해당하는 경우에도 또한 같다.
② 소장은 제1항에 따라 마약류수용자로 지정된 사람에 대하여는 석방할 때까지 지정을 해제할 수 없다. 다만, 다음 각 호의 어느 하나에 해당하는 경우에는 교도관회의의 심의 또는 분류처우위원회의 의결을 거쳐 지정을 해제할 수 있다(→ 임의적).
　1. 공소장 변경 또는 재판 확정에 따라 지정사유가 해소되었다고 인정되는 경우
　2. 지정 후 5년이 지난 마약류수용자로서 수용생활태도, 교정성적 등이 양호한 경우. 다만, 마약류에 관한 형사 법률 외의 법률이 같이 적용된 마약류수용자로 한정한다. 13. 경채

규칙 제206조 마약반응검사

① 마약류수용자에 대하여 다량 또는 장기간 복용할 경우 환각증세를 일으킬 수 있는 의약품을 투약할 때에는 특히 유의하여야 한다. 13. 경채
② 소장은 교정시설에 마약류를 반입하는 것을 방지하기 위하여 필요하면 강제에 의하지 아니하는 범위에서 수용자의 소변을 채취하여 마약반응검사를 할 수 있다. 22. 교정9★
③ 소장은 제2항의 검사 결과 양성반응이 나타난 수용자에 대하여는 관계기관에 혈청검사, 모발검사, 그 밖의 정밀검사를 의뢰하고 그 결과에 따라 적절한 조치를 하여야 한다.

규칙 제207조 물품전달 제한

소장은 수용자 외의 사람이 마약류수용자에게 물품을 건네줄 것을 신청하는 경우에는 마약류 반입 등을 차단하기 위하여 신청을 허가하지 않는다. 다만, 다음 각 호의 어느 하나에 해당하는 물품을 건네줄 것을 신청한 경우에는 예외로 할 수 있다.

1. 법무부장관이 정하는 바에 따라 교정시설 안에서 판매되는 물품
2. 그 밖에 마약류 반입을 위한 도구로 이용될 가능성이 없다고 인정되는 물품

규칙 제208조 보관품 등 수시점검

담당교도관은 마약류수용자의 보관품 및 지니는 물건의 변동 상황을 수시로 점검하고, 특이사항이 있는 경우에는 감독교도관에게 보고해야 한다. 19. 승진

규칙 제209조 재활교육

① 소장은 마약류수용자가 마약류 근절(根絶) 의지를 갖고 이를 실천할 수 있도록 해당 교정시설의 여건에 적합한 마약류수용자 재활교육계획을 수립하여 시행하여야 한다. 13. 경채

② 소장은 마약류수용자의 마약류 근절 의지를 북돋울 수 있도록 마약 퇴치 전문강사, 성직자 등과 자매결연을 주선할 수 있다.

규칙 제210조 지정대상

관심대상수용자의 지정대상은 다음 각 호와 같다. 12. 교정7

1. 다른 수용자에게 상습적으로 폭력을 행사하는 수용자
2. 교도관을 폭행하거나 협박하여 징벌을 받은 전력(前歷)이 있는 사람으로서 같은 종류의 징벌대상행위를 할 우려가 큰 수용자 19. 승진
3. 수용생활의 편의 등 자신의 요구를 관철할 목적으로 상습적으로 자해를 하거나 각종 이물질을 삼키는 수용자
4. 다른 수용자를 괴롭히거나 세력을 모으는 등 수용질서를 문란하게 하는 조직폭력수용자(조직폭력사범으로 행세하는 경우를 포함한다)
5. 조직폭력수용자로서 무죄 외의 사유로 출소한 후 5년 이내에 교정시설에 다시 수용된 사람 19. 승진
6. 상습적으로 교정시설의 설비·기구 등을 파손하거나 소란행위를 하여 공무집행을 방해하는 수용자
7. 도주(음모, 예비 또는 미수에 그친 경우를 포함한다)한 전력이 있는 사람으로서 도주의 우려가 있는 수용자
8. 중형선고 등에 따른 심적 불안으로 수용생활에 적응하기 곤란하다고 인정되는 수용자
9. 자살을 기도한 전력이 있는 사람으로서 자살할 우려가 있는 수용자
10. 사회적 물의를 일으킨 사람으로서 죄책감 등으로 인하여 자살 등 교정사고를 일으킬 우려가 큰 수용자
11. 징벌집행이 종료된 날부터 1년 이내에 다시 징벌을 받는 등 규율 위반의 상습성이 인정되는 수용자 19. 승진
12. 상습적으로 법령에 위반하여 연락을 하거나 금지물품을 반입하는 등의 방법으로 부조리를 기도하는 수용자 19. 승진
13. 그 밖에 교정시설의 안전과 질서유지를 위하여 엄중한 관리가 필요하다고 인정되는 수용자

규칙 제211조 지정 및 해제

① 소장은 제210조 각 호의 어느 하나에 해당하는 수용자에 대하여는 분류처우위원회의 의결을 거쳐 관심대상수용자로 지정한다. 다만, 미결수용자 등 분류처우위원회의 의결 대상자가 아닌 경우에도 관심대상수용자로 지정할 필요가 있다고 인정되는 수용자에 대하여는 교도관회의의 심의를 거쳐 관심대상수용자로 지정할 수 있다. 22. 교정9★

② 소장은 관심대상수용자의 수용생활태도 등이 양호하고 지정사유가 해소되었다고 인정하는 경우에는 제1항의 절차(→ 분류처우위원회의 의결, 교도관회의의 심의)에 따라 그 지정을 해제한다. 18. 승진★

③ 제1항 및 제2항에 따라 관심대상수용자로 지정하거나 지정을 해제하는 경우에는 담당교도관 또는 감독교도관의 의견을 고려하여야 한다.

규칙 제212조

삭제

규칙 제213조 수용동 및 작업장 계호 배치

소장은 다수의 관심대상수용자가 수용되어 있는 수용동 및 작업장에는 사명감이 투철한 교도관을 엄선하여 배치하여야 한다. 19. 승진

🗌 제12장 규율과 상벌

법 제105조 규율 등

① 수용자는 교정시설의 안전과 질서유지를 위하여 법무부장관이 정하는 규율을 지켜야 한다. 18. 승진

② 수용자는 소장이 정하는 일과시간표를 지켜야 한다. 18. 승진

③ 수용자는 교도관의 직무상 지시에 따라야 한다. 18. 승진

법 제106조 포상

소장은 수용자가 다음 각 호의 어느 하나에 해당하면 법무부령으로 정하는 바에 따라 포상할 수 있다. 15. 사시★

1. 사람의 생명을 구조하거나 도주를 방지한 때
2. 제102조 제1항에 따른 응급용무에 공로가 있는 때
3. 시설의 안전과 질서유지에 뚜렷한 공이 인정되는 때
4. 수용생활에 모범을 보이거나 건설적이고 창의적인 제안을 하는 등 특히 포상할 필요가 있다고 인정되는 때

규칙 제214조의2 포상

법 제106조에 따른 포상기준은 다음 각 호와 같다.

1. 법 제106조 제1호(→ 생명구조, 도주방지) 및 제2호(→ 응급용무 공로)에 해당하는 경우 소장표창 및 제89조에 따른 가족만남의 집 이용 대상자 선정
2. 법 제106조 제3호(→ 시설의 안전과 질서유지) 및 제4호(→ 수용생활 모범, 건설·창의적 제안)에 해당하는 경우 소장표창 및 제89조에 따른 가족만남의 날 행사 참여 대상자 선정

법 제107조 징벌

소장은 수용자가 다음 각 호의 어느 하나에 해당하는 행위를 하면 제111조의 징벌위원회의 의결에 따라 징벌을 부과할 수 있다. 13. 교정9★

1. 「형법」, 「폭력행위 등 처벌에 관한 법률」, 그 밖의 형사 법률에 저촉되는 행위
2. 수용생활의 편의 등 자신의 요구를 관철할 목적으로 자해하는 행위
3. 정당한 사유 없이 작업·교육·교화프로그램 등을 거부하거나 태만히 하는 행위
4. 제92조의 금지물품을 지니거나 반입·제작·사용·수수·교환·은닉하는 행위
5. 다른 사람을 처벌받게 하거나 교도관의 직무집행을 방해할 목적으로 거짓 사실을 신고하는 행위
6. 그 밖에 시설의 안전과 질서유지를 위하여 법무부령(→ 규칙 제214조)으로 정하는 규율을 위반하는 행위

규칙 제214조 규율

수용자는 다음 각 호에 해당하는 행위를 해서는 안 된다. <개정 2024.2.8.>

1. 교정시설의 안전 또는 질서를 해칠 목적으로 다중(多衆)을 선동하는 행위
2. 허가되지 아니한 단체를 조직하거나 그에 가입하는 행위
3. 교정장비, 도주방지시설, 그 밖의 보안시설의 기능을 훼손하는 행위
4. 음란한 행위를 하거나 다른 사람에게 성적(性的) 언동 등으로 성적 수치심 또는 혐오감을 느끼게 하는 행위
5. 다른 사람에게 부당한 금품을 요구하는 행위
5의2. 허가 없이 다른 수용자에게 금품을 교부하거나 수용자 외의 사람을 통하여 다른 수용자에게 금품을 교부하는 행위
6. 작업·교육·접견·집필·전화통화·운동, 그 밖에 교도관의 직무 또는 다른 수용자의 정상적인 일과 진행을 방해하는 행위
7. 문신을 하거나 이물질을 신체에 삽입하는 등 의료 외의 목적으로 신체를 변형시키는 행위
8. 허가 없이 지정된 장소를 벗어나거나 금지구역에 출입하는 행위
9. 허가 없이 다른 사람과 만나거나 연락하는 행위
10. 수용생활의 편의 등 자신의 요구를 관철할 목적으로 이물질을 삼키는 행위
11. 인원점검을 회피하거나 방해하는 행위
12. 교정시설의 설비나 물품을 고의로 훼손하거나 낭비하는 행위
13. 고의로 수용자의 번호표, 거실표 등을 지정된 위치에 붙이지 아니하거나 그 밖의 방법으로 현황파악을 방해하는 행위
14. 큰 소리를 내거나 시끄럽게 하여 다른 수용자의 평온한 수용생활을 현저히 방해하는 행위 18. 승진
15. 허가 없이 물품을 지니거나 반입·제작·변조·교환 또는 주고받는 행위
16. 도박이나 그 밖에 사행심을 조장하는 놀이나 내기를 하는 행위
17. 지정된 거실에 입실하기를 거부하는 등 정당한 사유 없이 교도관의 직무상 지시나 명령을 따르지 아니하는 행위
18. 공연히 다른 사람을 해할 의사를 표시하는 행위

법 제108조 징벌의 종류

징벌의 종류는 다음 각 호와 같다. 19. 승진 ★

1. 경고
2. 50시간 이내의 근로봉사
3. 3개월 이내의 작업장려금 삭감
4. 30일 이내의 공동행사 참가 정지
5. 30일 이내의 신문열람 제한
6. 30일 이내의 텔레비전 시청 제한
7. 30일 이내의 자비구매물품(의사가 치료를 위하여 처방한 의약품을 제외한다) 사용 제한
8. 30일 이내의 작업 정지(신청에 따른 작업에 한정한다)
9. 30일 이내의 전화통화 제한
10. 30일 이내의 집필 제한

11. 30일 이내의 편지수수 제한
12. 30일 이내의 접견 제한
13. 30일 이내의 실외운동 정지
14. 30일 이내의 금치(禁置)

규칙 제215조 징벌 부과기준

수용자가 징벌대상행위를 한 경우 부과하는 징벌의 기준은 다음 각 호의 구분에 따른다. <개정 2024.2.8.> 13. 경채

1. 법 제107조 제1호·제4호(→ 형사법률에 저촉, 금지물품) 및 이 규칙 제214조 제1호부터 제3호까지의 규정 중 어느 하나에 해당하는 행위는 21일 이상 30일 이하의 금치(禁置)에 처할 것. 다만, 위반의 정도가 경미한 경우 그 기간의 2분의 1의 범위에서 감경할 수 있다.

2. 법 제107조 제5호(→ 거짓사실을 신고), 이 규칙 제214조 제4호·제5호·제5호의2 및 제6호부터 제8호까지의 규정 중 어느 하나에 해당하는 행위는 다음 각 목의 어느 하나에 처할 것

    가. 16일 이상 20일 이하의 금치. 다만, 위반의 정도가 경미한 경우 그 기간의 2분의 1의 범위에서 감경할 수 있다.
    나. 3개월의 작업장려금 삭감

3. 법 제107조 제2호·제3호(→ 요구관철 목적의 자해, 작업 등 거부·태만) 및 이 규칙 제214조 제9호부터 제14호까지의 규정 중 어느 하나에 해당하는 행위는 다음 각 목의 어느 하나에 처할 것

    가. 10일 이상 15일 이하의 금치(→ 감경 ✕) 18. 승진
    나. 2개월의 작업장려금 삭감

4. 제214조 제15호부터 제18호까지의 규정 중 어느 하나에 해당하는 행위는 다음 각 목의 어느 하나에 처할 것

    가. 9일 이하의 금치
    나. 30일 이내의 실외운동 및 공동행사참가 정지
    다. 30일 이내의 접견·편지수수·집필 및 전화통화 제한
    라. 30일 이내의 텔레비전시청 및 신문열람 제한
    마. 1개월의 작업장려금 삭감

5. 징벌대상행위를 하였으나 그 위반 정도가 경미한 경우에는 제1호부터 제4호까지의 규정에도 불구하고 다음 각 목의 어느 하나에 처할 것

    가. 30일 이내의 접견 제한
    나. 30일 이내의 편지수수 제한
    다. 30일 이내의 집필 제한
    라. 30일 이내의 전화통화 제한
    마. 30일 이내의 작업정지
    바. 30일 이내의 자비구매물품 사용 제한
    사. 30일 이내의 텔레비전 시청 제한
    아. 30일 이내의 신문 열람 제한
    자. 30일 이내의 공동행사 참가 정지
    차. 50시간 이내의 근로봉사
    카. 경고

규칙 제216조 징벌부과 시 고려사항

제215조의 기준에 따라 징벌을 부과하는 경우에는 다음 각 호의 사항을 고려하여야 한다.

1. 징벌대상행위를 하였다고 의심할 만한 상당한 이유가 있는 수용자(이하 "징벌대상자"라 한다)의 나이·성격·지능·성장환경·심리상태 및 건강
2. 징벌대상행위의 동기·수단 및 결과
3. 자수 등 징벌대상행위 후의 정황
4. 교정성적 또는 그 밖의 수용생활태도

법 제109조 징벌의 부과

① 제108조 제4호부터 제13호까지의 처분은 함께 부과할 수 있다(→ 경고, 근로봉사, 작업장려금 삭감, 금치는 함께 부과 ✕). 15. 사시★

② 수용자가 다음 각 호의 어느 하나에 해당하면 제108조 제2호부터 제14호까지의 규정에서 정한 징벌의 장기의 2분의 1까지 가중할 수 있다(→ 경고는 가중 ✕). 21. 교정9★ 220)

  1. 2 이상의 징벌사유가 경합하는 때

  2. 징벌이 집행 중에 있거나 징벌의 집행이 끝난 후 또는 집행이 면제된 후 6개월 내에 다시 징벌사유에 해당하는 행위를 한 때

③ 징벌은 동일한 행위에 관하여 거듭하여 부과할 수 없으며, 행위의 동기 및 경중, 행위 후의 정황, 그 밖의 사정을 고려하여 수용목적을 달성하는 데에 필요한 최소한도에 그쳐야 한다. 22. 교정9★

④ 징벌사유가 발생한 날부터 2년이 지나면 이를 이유로 징벌을 부과하지 못한다(→ 징벌의 시효). 22. 교정9★ 221)

규칙 제217조 교사와 방조

① 다른 수용자를 교사(教唆)하여 징벌대상행위를 하게 한 수용자에게는 그 징벌대상행위를 한 수용자에게 부과되는 징벌과 같은 징벌을 부과한다. 19. 승진★

② 다른 수용자의 징벌대상행위를 방조(幇助)한 수용자에게는 그 징벌대상행위를 한 수용자에게 부과되는 징벌과 같은 징벌을 부과하되, 그 정황을 고려하여 2분의 1까지 감경할 수 있다(→ 임의적). 19. 교정7★

규칙 제218조 징벌대상행위의 경합

① 둘 이상의 징벌대상행위가 경합하는 경우에는 각각의 행위에 해당하는 징벌 중 가장 중한 징벌의 2분의 1까지 가중할 수 있다. 19. 승진★

② 제1항의 경우 징벌의 경중(輕重)은 제215조 각 호의 순서에 따른다. 이 경우 같은 조 제2호부터 제5호까지의 경우에는 각 목의 순서에 따른다.

---

220) 수용자가 징벌이 집행 중에 있거나 징벌의 집행이 끝난 후 또는 집행이 면제된 후 6개월 내에 다시 징벌사유에 해당하는 행위를 한 때에는 징벌(경고는 제외)의 장기의 2분의 1까지 가중할 수 있다. ( ) ▶ ○
221) 징벌사유가 발생한 날부터 2년이 지나면 이를 이유로 징벌을 부과하지 못한다. ( ) ▶ ○

> ## 법 제110조 징벌대상자의 조사
>
> ① 소장은 징벌사유에 해당하는 행위를 하였다고 의심할 만한 상당한 이유가 있는 수용자(이하 "징벌대상자"라 한다)가 다음 각 호의 어느 하나에 해당하면 조사기간 중 분리하여 수용할 수 있다. 21. 교정9 ★ 222)
>   1. 증거를 인멸할 우려가 있는 때
>   2. 다른 사람에게 위해를 끼칠 우려가 있거나 다른 수용자의 위해로부터 보호할 필요가 있는 때
> ② 소장은 징벌대상자가 제1항 각 호의 어느 하나에 해당하면 접견·편지수수·전화통화·실외운동·작업·교육훈련, 공동행사 참가, 중간처우 등 다른 사람과의 접촉이 가능한 처우의 전부 또는 일부를 제한할 수 있다.

규칙 제219조 조사 시 지켜야 할 사항

징벌대상행위에 대하여 조사하는 교도관이 징벌대상자 또는 참고인 등을 조사할 때에는 다음 각 호의 사항을 지켜야 한다.

1. 인권침해가 발생하지 아니하도록 유의할 것
2. 조사의 이유를 설명하고, 충분한 진술의 기회를 제공할 것
3. 공정한 절차와 객관적 증거에 따라 조사하고, 선입견이나 추측에 따라 처리하지 아니할 것
4. 형사 법률에 저촉되는 행위에 대하여 징벌 부과 외에 형사입건조치가 요구되는 경우에는 형사소송절차에 따라 조사대상자에게 진술을 거부할 수 있다는 것과 변호인을 선임할 수 있다는 것을 알릴 것 18. 승진

규칙 제219조의2 징벌대상자에 대한 심리상담

소장은 특별한 사유가 없으면 교도관으로 하여금 징벌대상자에 대한 심리상담을 하도록 해야 한다. 19. 교정7

규칙 제220조 조사기간

① 수용자의 징벌대상행위에 대한 조사기간(조사를 시작한 날부터 법 제111조 제1항의 징벌위원회의 의결이 있는 날까지를 말한다. 이하 같다)은 10일 이내로 한다. 다만, 특히 필요하다고 인정하는 경우에는 1회에 한하여 7일을 초과하지 아니하는 범위에서 그 기간을 연장할 수 있다. 24. 교정9 ★ 223)
② 소장은 제1항의 조사기간 중 조사결과에 따라 다음 각 호의 어느 하나에 해당하는 조치를 할 수 있다. 10. 교정7
  1. 법 제111조 제1항의 징벌위원회(이하 "징벌위원회"라 한다)로의 회부
  2. 징벌대상자에 대한 무혐의 통고
  3. 징벌대상자에 대한 훈계
  4. 징벌위원회 회부 보류
  5. 조사 종결
③ 제1항의 조사기간 중 법 제110조 제2항(→ 접견 등 다른 사람과의 접촉이 가능한 처우의 전부 또는 일부 제한 가능)에 따라 징벌대상자에 대하여 처우를 제한하는 경우에는 징벌위원회의 의결을 거쳐 처우를 제한한 기간의 전부 또는 일부를 징벌기간에 포함할 수 있다.

---

222) 소장은 징벌사유에 해당하는 행위를 하였다고 의심할 만한 상당한 이유가 있는 수용자가 증거를 인멸하거나 자해의 우려가 있는 때에는 조사기간 중 분리하여 수용할 수 있다. ( ) ▶ ×
223) 수용자의 징벌대상행위에 대한 조사기간(조사를 시작한 날부터 징벌위원회의 의결이 있는 날까지를 말한다)은 10일 이내로 한다. 다만, 특히 필요하다고 인정하는 경우에는 1회에 한하여 7일을 초과하지 아니하는 범위에서 그 기간을 연장할 수 있다. ( ) ▶ ○

④ 소장은 징벌대상행위가 징벌대상자의 정신병적인 원인에 따른 것으로 의심할 만한 충분한 사유가 있는 경우에는 징벌절차를 진행하기 전에 의사의 진료, 전문가 상담 등 필요한 조치를 하여야 한다.

⑤ 소장은 징벌대상행위에 대한 <u>조사 결과 그 행위가 징벌대상자의 정신병적인 원인에 따른 것이라고 인정하는</u> 경우에는 그 행위를 이유로 징벌위원회에 징벌을 요구할 수 없다.

⑥ 제1항의 <u>조사기간 중 징벌대상자의 생활용품 등의 보관에 대해서는 제232조</u>(→ 금치 집행 중 생활용품 등의 별도 보관)를 준용한다.

규칙 제221조 조사의 일시정지

① 소장은 <u>징벌대상자의 질병이나 그 밖의 특별한 사정</u>으로 인하여 조사를 계속하기 어려운 경우에는 <u>조사를 일시 정지할 수 있다.</u> 24. 교정9

② 제1항에 따라 정지된 <u>조사기간은 그 사유가 해소된 때부터 다시 진행한다.</u> 이 경우 <u>조사가 정지된 다음 날부</u>터 정지사유가 소멸한 전날까지의 기간은 <u>조사기간에 포함되지 아니한다.</u> 24. 교정9 ★ 224)

규칙 제222조 징벌대상자 처우제한의 알림

소장은 법 제110조 제2항(→ 접견 등 다른 사람과의 접촉이 가능한 처우의 전부 또는 일부 제한 가능)에 따라 접견·편지수수 또는 전화통화를 제한하는 경우에는 징벌대상자의 <u>가족 등에게 그 사실을 알려야 한다.</u> 다만, 징벌대상자가 알리기를 원하지 않는 경우에는 그렇지 않다.

법 제111조 징벌위원회

① 징벌대상자의 징벌을 결정하기 위하여 <u>교정시설에 징벌위원회</u>(이하 이 조에서 "위원회"라 한다)를 둔다. 11. 교정9

② 위원회는 위원장을 포함한 5명 이상 7명 이하의 위원으로 구성하고, <u>위원장은 소장의 바로 다음 순위자</u>가 되며, 위원은 소장이 소속 기관의 과장(지소의 경우에는 7급 이상의 교도관) 및 교정에 관한 학식과 경험이 풍부한 외부인사 중에서 임명 또는 위촉한다. 이 경우 <u>외부위원은 3명 이상으로 한다.</u> 21. 교정9 ★

③ 위원회는 <u>소장의 징벌요구에 따라 개회하며, 징벌은 그 의결로써 정한다.</u>

④ <u>위원이 징벌대상자의 친족이거나 그 밖에 공정한 심의·의결을 기대할 수 없는 특별한 사유</u>(→ 영 제131조)가 있는 경우에는 <u>위원회에 참석할 수 없다</u>(→ 제척). 10. 교정9

⑤ 징벌대상자는 <u>위원에 대하여 기피신청</u>을 할 수 있다. 이 경우 <u>위원회의 의결로 기피 여부를 결정하여야</u> 한다. 15. 교정9

⑥ 위원회는 징벌대상자가 위원회에 출석하여 충분한 진술을 할 수 있는 기회를 부여하여야 하며, 징벌대상자는 서면 또는 말로써 자기에게 유리한 사실을 진술하거나 증거를 제출할 수 있다. 15. 교정9

⑦ 위원회의 위원 중 공무원이 아닌 사람은 「형법」 제127조 및 제129조부터 제132조까지의 규정을 적용할 때에는 공무원으로 본다.

---

224) 소장은 징벌대상자의 질병이나 그 밖의 특별한 사정으로 인하여 조사를 계속하기 어려운 경우에는 조사를 일시 정지할 수 있다. 이 경우 조사가 정지된 다음 날부터 정지사유가 소멸한 날까지의 기간은 조사기간에 포함되지 아니한다. ( ) ▶ ✕

영 제129조 징벌위원회의 소집

법 제111조에 따른 징벌위원회(이하 이 장에서 "위원회"라 한다)의 위원장은 소장의 징벌요구에 따라 위원회를 소집한다.

영 제130조 위원장의 직무대행

위원회의 위원장이 불가피한 사정으로 그 직무를 수행하기 어려운 경우에는 위원장이 미리 지정한 위원이 그 직무를 대행한다.

영 제131조 위원의 제척

위원회의 위원이 해당 징벌대상 행위의 조사를 담당한 경우에는 해당 위원회에 참석할 수 없다.

영 제132조 징벌의결 통고

위원회가 징벌을 의결한 경우에는 이를 소장에게 즉시 통고하여야 한다.

규칙 제223조 징벌위원회 외부위원

① 소장은 법 제111조 제2항에 따른 징벌위원회의 외부위원을 다음 각 호의 사람 중에서 위촉한다. 18. 승진
　　1. 변호사
　　2. 대학에서 법률학을 가르치는 조교수 이상의 직에 있는 사람
　　3. 교정협의회(교정위원 전원으로 구성된 협의체를 말한다)에서 추천한 사람
　　4. 그 밖에 교정에 관한 학식과 경험이 풍부한 사람
② 제1항에 따라 위촉된 위원의 임기는 2년으로 하며, 연임할 수 있다.
③ 소장은 외부위원이 다음 각 호의 어느 하나에 해당하는 경우에는 해당 위원을 해촉할 수 있다.
　　1. 심신장애로 직무수행이 불가능하거나 현저히 곤란하다고 인정되는 경우
　　2. 직무와 관련된 비위사실이 있는 경우
　　3. 직무태만, 품위 손상, 그 밖의 사유로 인하여 위원으로서 직무를 수행하기 적합하지 아니하다고 인정되는 경우
　　4. 위원 스스로 직무를 수행하는 것이 곤란하다고 의사를 밝히는 경우
　　5. 특정 종파나 특정 사상에 편향되어 징벌의 공정성을 해칠 우려가 있는 경우
④ 제1항에 따라 위촉된 위원이 징벌위원회에 참석한 경우에는 예산의 범위에서 수당, 여비, 그 밖에 필요한 경비를 지급할 수 있다.

규칙 제224조 징벌위원회 위원장

법 제111조 제2항에서 "소장의 바로 다음 순위자"는 「법무부와 그 소속기관 직제 시행규칙」의 직제순위에 따른다.

규칙 제225조 징벌위원회 심의 · 의결대상

징벌위원회는 다음 각 호의 사항을 심의 · 의결한다.
1. 징벌대상행위의 사실 여부
2. 징벌의 종류와 내용

3. 제220조 제3항(→ 조사기간 중 징벌대상자에 대하여 처우 제한시 그 기간의 전부 또는 일부를 징벌기간에 포함)에 따른 징벌기간 산입
4. 법 제111조 제5항에 따른 징벌위원에 대한 기피신청의 심의·의결
5. 법 제114조 제1항에 따른 징벌집행의 유예여부와 그 기간
6. 그 밖에 징벌내용과 관련된 중요 사항

규칙 제226조 징벌의결의 요구

① 소장이 징벌대상자에 대하여 징벌의결을 요구하는 경우에는 별지 제14호 서식의 징벌의결 요구서를 작성하여 징벌위원회에 제출하여야 한다.
② 제1항에 따른 징벌의결 요구서에는 징벌대상행위의 입증에 필요한 관계서류를 첨부할 수 있다.

규칙 제227조 징벌대상자에 대한 출석 통지

① 징벌위원회가 제226조에 따른 징벌의결 요구서를 접수한 경우에는 지체 없이 징벌대상자에게 별지 제15호 서식의 출석통지서를 전달하여야 한다.
② 제1항에 따른 출석통지서에는 다음 각 호의 내용이 포함되어야 한다.
    1. 혐의사실 요지
    2. 출석 장소 및 일시
    3. 징벌위원회에 출석하여 자기에게 이익이 되는 사실을 말이나 서면으로 진술할 수 있다는 사실
    4. 서면으로 진술하려면 징벌위원회를 개최하기 전까지 진술서를 제출하여야 한다는 사실
    5. 증인신청 또는 증거제출을 할 수 있다는 사실
    6. 형사절차상 불리하게 적용될 수 있는 사실에 대하여 진술을 거부할 수 있다는 것과 진술하는 경우에는 형사절차상 불리하게 적용될 수 있다는 사실
③ 제1항에 따라 출석통지서를 전달받은 징벌대상자가 징벌위원회에 출석하기를 원하지 아니하는 경우에는 별지 제16호 서식의 출석포기서를 징벌위원회에 제출하여야 한다.

규칙 제228조 징벌위원회의 회의

① 징벌위원회는 출석한 징벌대상자를 심문하고, 필요하다고 인정하는 경우에는 교도관이나 다른 수용자 등을 참고인으로 출석하게 하여 심문할 수 있다.
② 징벌위원회는 필요하다고 인정하는 경우 제219조의2(→ 징벌대상자에 대한 심리상담)에 따라 심리상담을 한 교도관으로 하여금 그 심리상담 결과를 제출하게 하거나 해당 교도관을 징벌위원회에 출석하게 하여 심리상담 결과를 진술하게 할 수 있다.
③ 징벌위원회는 징벌대상자에게 제227조 제1항에 따른 출석통지서를 전달하였음에도 불구하고 징벌대상자가 같은 조 제3항에 따른 출석포기서를 제출하거나 정당한 사유 없이 출석하지 아니한 경우에는 그 사실을 별지 제17호 서식의 징벌위원회 회의록에 기록하고 서면심리만으로 징벌을 의결할 수 있다.
④ 징벌위원회는 재적위원 과반수의 출석으로 개의하고, 출석위원 과반수의 찬성으로 의결한다. 이 경우 외부위원 1명 이상이 출석한 경우에만 개의할 수 있다. 18. 승진★
⑤ 징벌의 의결은 별지 제18호 서식의 징벌의결서에 따른다.
⑥ 징벌위원회가 작업장려금 삭감을 의결하려면 사전에 수용자의 작업장려금을 확인하여야 한다.
⑦ 징벌위원회의 회의에 참여한 사람은 직무상 알게 된 비밀을 누설하여서는 아니 된다.

법 제111조의2 징벌대상행위에 관한 양형 참고자료 통보

소장은 미결수용자에게 징벌을 부과한 경우에는 그 징벌대상행위를 양형(量刑) 참고자료로 작성하여 관할 검찰청 검사 또는 관할 법원에 통보할 수 있다.

법 제112조 징벌의 집행

① 징벌은 소장이 집행한다.

② 소장은 징벌집행을 위하여 필요하다고 인정하면 수용자를 분리하여 수용할 수 있다.

③ 제108조 제14호의 처분(→ 금치)을 받은 사람에게는 그 기간 중 같은 조 제4호부터 제12호까지의 처우제 한이 함께 부과된다(→ 경고, 근로봉사, 작업장려금 삭감, 실외운동 정지 함께 부과 ✕). 다만, 소장은 수 용자의 권리구제, 수형자의 교화 또는 건전한 사회복귀를 위하여 특히 필요하다고 인정하면 집필·편지 수수 또는 접견을 허가할 수 있다. 18. 교정7

④ 소장은 제108조 제14호의 처분(→ 금치)을 받은 사람에게 다음 각 호의 어느 하나에 해당하는 사유가 있 어 필요하다고 인정하는 경우에는 건강유지에 지장을 초래하지 아니하는 범위에서 실외운동을 제한할 수 있다. 18. 교정7 ★

　1. 도주의 우려가 있는 경우

　2. 자해의 우려가 있는 경우

　3. 다른 사람에게 위해를 끼칠 우려가 있는 경우

　4. 그 밖에 시설의 안전 또는 질서를 크게 해칠 우려가 있는 경우로서 법무부령(→ 규칙 제215조의2)으 로 정하는 경우(→ 위해를 받을 우려, 위력, 소란, 손괴)

⑤ 소장은 제108조 제13호에 따른 실외운동 정지를 부과하는 경우 또는 제4항에 따라 실외운동을 제한하는 경우라도 수용자가 매주 1회 이상 실외운동을 할 수 있도록 하여야 한다. 24. 교정9 ★[225]

⑥ 소장은 제108조 제13호 또는 제14호의 처분(→ 실외운동 정지, 금치)을 집행하는 경우에는 의무관으로 하 여금 사전에 수용자의 건강을 확인하도록 하여야 하며, 집행 중인 경우에도 수시로 건강상태를 확인하여 야 한다. 18. 교정7

영 제133조 징벌의 집행

① 소장은 제132조의 통고를 받은 경우에는 징벌을 지체 없이 집행하여야 한다.

② 소장은 수용자가 징벌처분을 받아 접견, 편지수수 또는 전화통화가 제한된 경우에는 그의 가족에게 그 사실 을 알려야 한다. 다만, 수용자가 알리는 것을 원하지 않으면 알리지 않는다.

③ 삭제

④ 소장은 법 제108조 제13호 및 제14호(→ 실외운동 정지, 금치)의 징벌집행을 마친 경우에는 의무관에게 해당 수용자의 건강을 지체 없이 확인하게 하여야 한다.

⑤ 의무관이 출장, 휴가, 그 밖의 부득이한 사유로 법 제112조 제5항 및 이 조 제4항의 직무를 수행할 수 없는 경우에는 제119조 제2항(→ 그 교정시설에 근무하는 의료관계직원에게 대행)을 준용한다.

---

225) 소장은 30일 이내의 금치(禁置)처분을 받은 수용자에게 실외운동을 제한하는 경우라도 매주 1회 이상 실외운동을 할 수 있 도록 하여야 한다. (　)　　　　　　　　　　　　　　　　　　　　　　　　　　　　　　▶ ○

규칙 제229조 집행절차

① 징벌위원회는 영 제132조에 따라 소장에게 징벌의결 내용을 통고하는 경우에는 징벌의결서 정본(正本)을 첨부하여야 한다.

② 소장은 징벌을 집행하려면 징벌의결의 내용과 징벌처분에 대한 불복방법 등을 기록한 별지 제19호 서식의 징벌집행통지서에 징벌의결서 부본(副本)을 첨부하여 해당 수용자에게 전달하여야 한다.

③ 영 제137조에 따른 징벌집행부는 별지 제19호의2 서식에 따른다.

④ 소장은 영 제137조에 따라 수용자의 징벌에 관한 사항을 징벌집행부에 기록한 때에는 그 내용을 제119조 제3항에 따른 교정정보시스템에 입력해야 한다.

규칙 제230조 징벌의 집행순서

① 금치와 그 밖의 징벌을 집행할 경우에는 금치를 우선하여 집행한다. 다만, 작업장려금의 삭감과 경고는 금치와 동시에 집행할 수 있다.

② 같은 종류의 징벌은 그 기간이 긴 것부터 집행한다.

③ 금치를 제외한 두 가지 이상의 징벌을 집행할 경우에는 함께 집행할 수 있다.

④ 두 가지 이상의 금치는 연속하여 집행할 수 없다. 다만, 두 가지 이상의 금치 기간의 합이 45일 이하인 경우에는 그렇지 않다. <신설 2024.2.8.>

규칙 제231조 징벌의 집행방법

① 작업장려금의 삭감은 징벌위원회가 해당 징벌을 의결한 날이 속하는 달의 작업장려금부터 이미 지급된 작업장려금에 대하여 역순으로 집행한다.

② 소장은 금치를 집행하는 경우에는 징벌집행을 위하여 별도로 지정한 거실(이하 "징벌거실"이라 한다)에 해당 수용자를 수용하여야 한다. 18. 교정7

③ 소장은 금치 외의 징벌을 집행하는 경우 그 징벌의 목적을 달성하기 위하여 필요하다고 인정하면 해당 수용자를 징벌거실에 수용할 수 있다. 15. 교정9

④ 소장은 징벌집행을 받고 있거나 집행을 앞둔 수용자가 같은 행위로 형사 법률에 따른 처벌이 확정되어 징벌을 집행할 필요가 없다고 인정하면 징벌집행을 감경하거나 면제할 수 있다.

규칙 제232조 금치 집행 중 생활용품 등의 별도 보관

소장은 금치 중인 수용자가 생활용품 등으로 자살·자해할 우려가 있거나 교정시설의 안전과 질서를 해칠 우려가 있는 경우에는 그 물품을 따로 보관하고 필요한 경우에만 이를 사용하게 할 수 있다.

규칙 제233조 징벌집행 중인 수용자의 심리상담 등

① 소장은 징벌집행 중인 수용자의 심리적 안정과 징벌대상행위의 재발방지를 위해서 교도관으로 하여금 징벌집행 중인 수용자에 대한 심리상담을 하게 해야 한다. 23. 경채

② 소장은 징벌대상행위의 재발방지에 도움이 된다고 인정하는 경우에는 징벌집행 중인 수용자가 교정위원, 자원봉사자 등 전문가의 상담을 받게 할 수 있다.

영 제134조 징벌집행의 계속

법 제108조 제4호부터 제14호까지의 징벌 집행 중인 수용자가 다른 교정시설로 이송되거나 법원 또는 검찰청 등에 출석하는 경우에는 <u>징벌집행이 계속되는 것으로 본다</u>(→ 경고, 근로봉사, 작업장려금 삭감은 계속 ✕). 21. 교정7 ★ 226)

규칙 제215조의2 금치 집행 중 실외운동의 제한

법 제112조 제4항 제4호에서 "법무부령으로 정하는 경우"란 다음 각 호와 같다.
1. 다른 사람으로부터 <u>위해</u>를 받을 우려가 있는 경우
2. <u>위력</u>으로 교도관의 정당한 직무집행을 방해할 우려가 있는 경우
3. 소란행위를 계속하여 다른 수용자의 평온한 수용생활을 방해할 우려가 있는 경우
4. 교정시설의 설비·기구 등을 <u>손괴</u>할 우려가 있는 경우

영 제136조 이송된 사람의 징벌

수용자가 <u>이송 중에</u> 징벌대상 행위를 하거나 다른 교정시설에서 징벌대상 행위를 한 사실이 이송된 후에 발각된 경우에는 그 수용자를 <u>인수한 소장이 징벌을 부과한다</u>. 21. 교정9 ★ 227)

영 제137조 징벌사항의 기록

소장은 수용자의 징벌에 관한 사항을 수용기록부 및 징벌집행부에 기록하여야 한다.

법 제113조 징벌집행의 정지·면제

① <u>소장은 질병이나 그 밖의 사유로 징벌집행이 곤란하면 그 사유가 해소될 때까지 그 집행을 일시 정지할 수 있다.</u> 22. 교정9

② <u>소장은 징벌집행 중인 사람이 뉘우치는 빛이 뚜렷한 경우에는 그 징벌을 감경하거나 남은 기간의 징벌 집행을 면제할 수 있다.</u> 22. 교정9 ★ 228)

영 제135조 징벌기간의 계산

소장은 법 제113조 제1항에 따라 징벌집행을 일시 정지한 경우 그 정지사유가 해소되었을 때에는 <u>지체 없이 징벌 집행을 재개하여야 한다</u>. 이 경우 집행을 정지한 다음날부터 집행을 재개한 전날까지의 일수는 <u>징벌기간으로 계산하지 아니한다</u>.

---

226) 금치처분 집행 중인 수용자가 법원 또는 검찰청 등에 출석하는 경우에 징벌집행은 중지된 것으로 본다. ( )　　▶ ✕
227) 수용자가 이송 중에 징벌대상 행위를 하거나 다른 교정시설에서 징벌대상 행위를 한 사실이 이송된 후에 발각된 경우에는 그 수용자를 인수한 지방교정청장이 징벌을 부과한다. ( )　　▶ ✕
228) 소장은 징벌집행 중인 사람이 뉘우치는 빛이 뚜렷한 경우에는 그 징벌을 감경하거나 남은 기간의 징벌집행을 면제할 수 있다. ( )　　▶ ○

법 제114조 징벌집행의 유예

① 징벌위원회는 징벌을 의결하는 때에 행위의 동기 및 정황, 교정성적, 뉘우치는 정도 등 그 사정을 고려할 만한 사유가 있는 수용자에 대하여 2개월 이상 6개월 이하의 기간 내에서 징벌의 집행을 유예할 것을 의결할 수 있다. 22. 교정9★ 229)

② 소장은 징벌집행의 유예기간 중에 있는 수용자가 다시 제107조의 징벌대상행위를 하여 징벌이 결정되면 그 유예한 징벌을 집행한다. 19. 교정7

③ 수용자가 징벌집행을 유예받은 후 징벌을 받음이 없이 유예기간이 지나면 그 징벌의 집행은 종료된 것으로 본다.

법 제115조 징벌의 실효 등

① 소장은 징벌의 집행이 종료되거나 집행이 면제된 수용자가 교정성적이 양호하고 법무부령으로 정하는 기간 동안 징벌을 받지 아니하면 법무부장관의 승인을 받아 징벌을 실효시킬 수 있다. 19. 교정7★

② 제1항에도 불구하고 소장은 수용자가 교정사고 방지에 뚜렷한 공로가 있다고 인정되면 분류처우위원회의 의결을 거친 후 법무부장관의 승인을 받아 징벌을 실효시킬 수 있다. 24. 교정9★ 230)

③ 이 법에 규정된 사항 외에 징벌에 관하여 필요한 사항은 법무부령으로 정한다.

규칙 제234조 징벌의 실효

① 법 제115조 제1항에서 "법무부령으로 정하는 기간"이란 다음 각 호와 같다.

1. 제215조 제1호부터 제4호까지의 징벌 중 금치의 경우에는 다음 각 목의 기간

   가. 21일 이상 30일 이하의 금치: 2년 6개월

   나. 16일 이상 20일 이하의 금치: 2년 10. 특채

   다. 10일 이상 15일 이하의 금치: 1년 6개월 19. 교정7

   라. 9일 이하의 금치: 1년 10. 특채

2. 제215조 제2호에 해당하는 금치 외의 징벌: 2년

3. 제215조 제3호에 해당하는 금치 외의 징벌: 1년 6개월

4. 제215조 제4호에 해당하는 금치 외의 징벌: 1년

5. 제215조 제5호에 해당하는 징벌: 6개월

② 소장은 법 제115조 제1항·제2항에 따라 징벌을 실효시킬 필요가 있으면 징벌실효기간이 지나거나 분류처우위원회의 의결을 거친 후에 지체 없이 법무부장관에게 그 승인을 신청하여야 한다. 10. 특채

③ 소장은 법 제115조에 따라 실효된 징벌을 이유로 그 수용자에게 처우상 불이익을 주어서는 아니 된다.

규칙 제235조

삭제

---

229) 징벌위원회는 징벌을 의결하는 때에 행위의 동기 및 정황, 교정성적, 뉘우치는 정도 등 그 사정을 고려할 만한 사유가 있는 수용자에 대하여 2개월 이상 6개월 이하의 기간 내에서 징벌의 집행을 유예할 것을 의결할 수 있다. (   )   ▶ ○

230) 소장은 수용자가 교정사고 방지에 뚜렷한 공로가 있다고 인정되면 분류처우위원회의 의결을 거친 후 법무부장관의 승인을 받아 징벌을 실효시킬 수 있다. (   )   ▶ ○

법 제116조 소장 면담

① 수용자는 그 처우에 관하여 소장에게 면담을 신청할 수 있다.

② 소장은 수용자의 면담신청이 있으면 다음 각 호의 어느 하나에 해당하는 사유가 있는 경우를 제외하고는 면담을 하여야 한다. 20. 교정9★ 231)232)

    1. 정당한 사유 없이 면담사유를 밝히지 아니하는 때

    2. 면담목적이 법령에 명백히 위배되는 사항을 요구하는 것인 때

    3. 동일한 사유로 면담한 사실이 있음에도 불구하고 정당한 사유 없이 반복하여 면담을 신청하는 때

    4. 교도관의 직무집행을 방해할 목적이라고 인정되는 상당한 이유가 있는 때

③ 소장은 특별한 사정이 있으면 소속 교도관으로 하여금 그 면담을 대리하게 할 수 있다. 이 경우 면담을 대리한 사람은 그 결과를 소장에게 지체 없이 보고하여야 한다. 20. 교정7★ 233)234)

④ 소장은 면담한 결과 처리가 필요한 사항이 있으면 그 처리결과를 수용자에게 알려야 한다. 23. 교정7★ 235)

영 제138조 소장 면담

① 소장은 법 제116조 제1항에 따라 수용자가 면담을 신청한 경우에는 그 인적사항을 면담부에 기록하고 특별한 사정이 없으면 신청한 순서에 따라 면담하여야 한다.

② 소장은 제1항에 따라 수용자를 면담한 경우에는 그 요지를 면담부에 기록하여야 한다.

③ 소장은 법 제116조 제2항 각 호의 어느 하나에 해당하여 수용자의 면담 신청을 받아들이지 아니하는 경우에는 그 사유를 해당 수용자에게 알려주어야 한다. 19. 승진

법 제117조 청원

① 수용자는 그 처우에 관하여 불복하는 경우 법무부장관·순회점검공무원 또는 관할 지방교정청장에게 청원할 수 있다. 23. 교정7★ 236)237)

② 제1항에 따라 청원하려는 수용자는 청원서를 작성하여 봉한 후 소장에게 제출하여야 한다. 다만, 순회점검공무원에 대한 청원은 말로도 할 수 있다. 21. 교정7★ 238)

---

231) 소장은 수용자가 정당한 사유 없이 면담사유를 밝히지 아니하는 때에는 면담을 거부할 수 있다. ( )   ▶ ○

232) 소장은 수용자의 면담신청이 있으면 동일한 사유로 면담한 사실이 있는 경우를 제외하고는 면담을 하여야 한다. ( )
   ▶ ×

233) 소장은 특별한 사정이 있으면 소속 교도관으로 하여금 그 면담을 대리하게 할 수 있으며, 이 경우 면담을 대리한 사람은 그 결과를 소장에게 지체 없이 보고하여야 한다. ( )   ▶ ○

234) 소장은 원칙적으로 소속 교도관으로 하여금 그 면담을 대리하게 할 수 있으며, 이 경우 면담을 대리한 사람은 그 결과를 소장에게 보고하여야 한다. ( )   ▶ ×

235) 소장은 수용자의 신청에 따라 면담한 결과, 처리가 필요한 사항이 있으면 그 결과를 수용자에게 알려야 한다. ( ) ▶ ○

236) 수용자는 그 처우에 관하여 불복하는 경우 법무부장관·순회점검공무원 또는 관할 지방법원장에게만 청원할 수 있다. ( )
   ▶ ×

237) 수용자는 그 처우에 관하여 불복하는 경우 법무부장관·순회점검공무원 또는 소장에게 청원할 수 있다. ( )   ▶ ×

238) 수용자는 그 처우에 관하여 불복하여 순회점검공무원에게 청원하는 경우 청원서가 아닌 말로도 할 수 있다. ( )   ▶ ○

③ 소장은 <u>청원서를 개봉하여서는 아니 되며</u>, 이를 지체 없이 법무부장관·순회점검공무원 또는 관할 지방교정청장에게 보내거나 순회점검공무원에게 전달하여야 한다. 21. 교정7 ★239)

④ 제2항 단서에 따라 <u>순회점검공무원이 청원을 청취하는 경우에는</u> 해당 교정시설의 교도관이 참여하여서는 아니 된다. 23. 교정7 ★240)

⑤ 청원에 관한 결정은 <u>문서</u>로 하여야 한다. 21. 교정7 ★

⑥ 소장은 청원에 관한 <u>결정서</u>를 접수하면 청원인에게 지체 없이 전달하여야 한다. 16. 교정7 ★

영 제139조 순회점검공무원에 대한 청원

① 소장은 법 제117조 제1항에 따라 수용자가 순회점검공무원(법 제8조에 따라 법무부장관으로부터 순회점검의 명을 받은 법무부 또는 그 소속기관에 근무하는 공무원을 말한다. 이하 같다)에게 청원하는 경우에는 그 <u>인적사항</u>을 청원부에 기록하여야 한다. 20. 승진 ★241)

② 순회점검공무원은 법 제117조 제2항 단서에 따라 수용자가 <u>말로 청원하는 경우에는</u> 그 요지를 청원부에 기록하여야 한다.

③ 순회점검공무원은 법 제117조 제1항의 청원에 관하여 결정을 한 경우에는 그 요지를 청원부에 기록하여야 한다.

④ 순회점검공무원은 법 제117조 제1항의 청원을 <u>스스로 결정하는 것이 부적당하다고 인정하는 경우에는</u> 그 내용을 법무부장관에게 보고하여야 한다.

⑤ 수용자의 청원처리의 기준·절차 등에 관하여 필요한 사항은 법무부장관이 정한다. 23. 경채

법 제117조의2 정보공개청구

① <u>수용자</u>는 「공공기관의 정보공개에 관한 법률」에 따라 <u>법무부장관, 지방교정청장 또는 소장</u>에게 정보의 공개를 청구할 수 있다. 23. 교정7 ★242)

② <u>현재의 수용기간 동안</u> 법무부장관, 지방교정청장 또는 소장에게 제1항에 따른 <u>정보공개청구를 한 후 정당한 사유 없이 그 청구를 취하하거나</u> 「공공기관의 정보공개에 관한 법률」 제17조에 따른 <u>비용을 납부하지 아니한 사실이 2회 이상 있는 수용자</u>가 제1항에 따른 정보공개청구를 한 경우에 법무부장관, 지방교정청장 또는 소장은 그 수용자에게 <u>정보의 공개 및 우송 등에 들 것으로 예상되는 비용을 미리 납부하게 할 수 있다</u>(→ 정보공개비용 예납제). 20. 승진 ★243)

---

239) 소장은 청원서의 내용을 확인한 후, 이를 지체 없이 법무부장관·순회점검공무원 또는 관할 지방교정청장에게 보내거나 순회점검공무원에게 전달하여야 한다. ( )　▶ ✕

240) 수용자가 순회점검공무원에게 말로 청원하여 순회점검공무원이 그 청원을 청취하는 경우에는 해당 교정시설의 교도관이 참여한다. ( )　▶ ✕

241) 수용자는 그 처우에 관하여 불복하는 경우 법무부장관·순회점검공무원 또는 관할 지방교정청장에게 청원할 수 있으며, 소장은 수용자가 순회점검공무원에게 청원하는 경우에는 그 인적사항을 청원부에 기록하여야 한다. ( )　▶ ○

242) 수용자는 「공공기관의 정보공개에 관한 법률」에 따라 법무부장관, 순회점검공무원 또는 관할 지방교정청장에게 정보의 공개를 청구할 수 있다. ( )　▶ ✕

243) 현재의 수용기간 동안 소장에게 정보공개청구를 한 후 정당한 사유 없이 그 청구를 취하하거나 소요 비용을 납부하지 아니한 사실이 있는 수용자가 정보공개청구를 한 경우에 소장은 그 수용자에게 정보의 공개 및 우송 등에 들 것으로 예상되는 비용을 미리 납부하게 할 수 있다. ( )　▶ ✕

③ 제2항에 따라 정보의 공개 및 우송 등에 들 것으로 예상되는 비용을 미리 납부하여야 하는 수용자가 <u>비용을 납부하지 아니한 경우</u> 법무부장관, 지방교정청장 또는 소장은 그 비용을 납부할 때까지 「공공기관의 정보공개에 관한 법률」 제11조에 따른 <u>정보공개 여부의 결정을 유예할 수 있다</u>. 12. 경채

④ 제2항에 따른 예상비용의 산정방법, 납부방법, 납부기간, 그 밖에 비용납부에 관하여 필요한 사항은 <u>대통령령으로 정한다</u>. 13. 경채★

영 제139조의2 정보공개의 예상비용 등

① 법 제117조의2 제2항에 따른 예상비용은 「공공기관의 정보공개에 관한 법률 시행령」 제17조에 따른 수수료와 우편요금(공개되는 정보의 사본·출력물·복제물 또는 인화물을 우편으로 송부하는 경우로 한정한다)을 기준으로 공개를 청구한 정보가 모두 공개되었을 경우에 예상되는 비용으로 한다.

② 법무부장관, 지방교정청장 또는 소장은 법 제117조의2 제2항에 해당하는 수용자가 정보공개의 청구를 한 경우에는 <u>청구를 한 날부터 7일 이내</u>에 제1항에 따른 비용을 산정하여 해당 수용자에게 <u>미리 납부할 것을 통지할 수 있다</u>. 20. 승진★[244)

③ 제2항에 따라 비용납부의 통지를 받은 수용자는 그 통지를 받은 날부터 7일 이내에 현금 또는 수입인지로 법무부장관, 지방교정청장 또는 소장에게 <u>납부하여야 한다</u>. 13. 경채

④ 법무부장관, 지방교정청장 또는 소장은 수용자가 제1항에 따른 비용을 제3항에 따른 납부기한까지 납부하지 <u>아니한 경우</u>에는 해당 수용자에게 <u>정보공개 여부 결정의 유예를 통지할 수 있다</u>.

⑤ 법무부장관, 지방교정청장 또는 소장은 제1항에 따른 비용이 <u>납부되면 신속하게 정보공개 여부의 결정을 하여야 한다</u>.

⑥ 법무부장관, 지방교정청장 또는 소장은 비공개 결정을 한 경우에는 제3항에 따라 <u>납부된 비용의 전부를 반환하고</u> <u>부분공개 결정을 한 경우에는 공개 결정한 부분에 대하여 드는 비용을 제외한 금액을 반환하여야 한다</u>. 14. 교정7

⑦ 제2항부터 제5항까지의 규정에도 불구하고 법무부장관, 지방교정청장 또는 소장은 제1항에 따른 비용이 <u>납부되기 전에 정보공개 여부의 결정을 할 수 있다</u>. 14. 교정7

⑧ 제1항에 따른 비용의 세부적인 납부방법 및 반환방법 등에 관하여 필요한 사항은 법무부장관이 정한다.

＋「국가인권위원회법」에 의한 권리구제

제24조【시설의 방문조사】 ① <u>위원회</u>(상임위원회와 소위원회를 포함한다. 이하 이 조에서 같다)는 필요하다고 인정하면 그 <u>의결로써 구금·보호시설을 방문하여 조사할 수 있다</u>.

⑤ <u>구금·보호시설의 직원</u>은 위원등이 <u>시설수용자를 면담하는 장소에 참석할 수 있다</u>. 다만, 대화 내용을 녹음하거나 녹취하지 못한다.

제31조【시설수용자의 진정권 보장】 ① 시설수용자가 위원회에 진정하려고 하면 그 시설에 소속된 공무원 또는 직원(이하 "소속공무원등"이라 한다)은 그 사람에게 즉시 진정서 작성에 필요한 시간과 장소 및 편의를 제공하여야 한다.

⑥ 시설에 수용되어 있는 진정인(진정을 하려는 사람을 포함한다)과 위원 또는 위원회 소속 직원의 면담에는 <u>구금·보호시설의 직원이 참여하거나 그 내용을 듣거나 녹취하지 못한다</u>. 다만, 보이는 거리에서 시설수용자를 감시할 수 있다. 20. 교정7[245)

⑦ 소속공무원등은 시설수용자가 위원회에 제출할 목적으로 작성한 <u>진정서 또는 서면을 열람할 수 없다</u>.

---

244) 소장은 수용자가 정보공개의 청구를 한 경우에는 그 공개를 결정한 날부터 7일 이내에 소요 비용을 산정하여 해당 수용자에게 미리 납부할 것을 통지하여야 한다. (　) ▶ ×

245) 구금·보호시설의 직원은 국가인권위원회 위원 등이 시설에 수용되어 있는 진정인과 면담하는 장소에 참석할 수 없으며, 대화 내용을 듣거나 녹취하지 못한다. 다만, 보이는 거리에서 시설수용자를 감시할 수 있다. (　) ▶ ○

> ### 법 제118조 불이익처우 금지
> <u>수용자</u>는 청원, 진정, 소장과의 면담, 그 밖의 권리구제를 위한 행위를 하였다는 이유로 <u>불이익한 처우를 받지 아니한다</u>. 20. 교정9 ★ 246)

제3편 수용의 종료

제1장 가석방

> ### 법 제119조 가석방심사위원회
> 「형법」 제72조에 따른 가석방의 적격 여부를 심사하기 위하여 법무부장관 소속으로 가석방심사위원회(이하 이 장에서 "위원회"라 한다)를 둔다. 23. 교정9 ★ 247)

규칙 제236조 심사대상
법 제119조의 가석방심사위원회(이하 이 편에서 "위원회"라 한다)는 법 제121조에 따른 <u>가석방 적격 여부</u> 및 이 규칙 제262조에 따른 <u>가석방 취소</u> 등에 관한 사항을 심사한다.

규칙 제237조 심사의 기본원칙
① 가석방심사는 객관적 자료와 기준에 따라 공정하게 하여야 하며, 심사 과정에서 알게 된 비밀은 누설해서는 아니 된다.
② 삭제

> ### 법 제120조 위원회의 구성
> ① 위원회는 위원장을 포함한 <u>5명 이상 9명 이하</u>의 위원으로 구성한다. 23. 교정7 ★ 248)
> ② <u>위원장은 법무부차관</u>이 되고, 위원은 판사, 검사, 변호사, 법무부 소속 공무원, 교정에 관한 학식과 경험이 풍부한 사람 중에서 <u>법무부장관이 임명 또는 위촉</u>한다. 23. 교정7 ★ 249)
> ③ 위원회의 심사과정 및 심사내용의 공개범위와 공개시기는 다음 각 호와 같다. 다만, 제2호 및 제3호의 내용 중 <u>개인의 신상을 특정할 수 있는 부분은 삭제하고 공개</u>하되, <u>국민의 알권리를 충족할 필요가 있는</u> 등의 사유가 있는 경우에는 위원회가 달리 의결할 수 있다. 23. 교정9 ★ 250)

---

246) 수용자는 청원, 진정, 소장과의 면담, 그 밖의 권리구제를 위한 행위를 하였다는 이유로 불이익한 처우를 받지 아니한다.( ) ▶ ○
247) 가석방의 적격 여부를 심사하기 위하여 법무부장관 소속으로 가석방심사위원회를 둔다. ( ) ▶ ○
248) 가석방심사위원회는 위원장을 포함한 5명 이상 9명 이하의 위원으로 구성하며, 위원장은 법무부차관이 된다. ( ) ▶ ○
249) 가석방심사위원회 위원은 판사, 검사, 변호사, 법무부 소속 공무원, 교정에 관한 학식과 경험이 풍부한 사람 중에서 법무부장관이 임명 또는 위촉한다. ( ) ▶ ○
250) 가석방심사위원회의 심사와 관련하여 심의서와 회의록은 해당 가석방 결정 등을 한 후 5년이 경과한 때부터 공개한다. ( ) ▶ ×

1. 위원의 명단과 경력사항은 임명 또는 위촉한 즉시
2. 심의서는 해당 가석방 결정 등을 한 후부터 즉시
3. 회의록은 해당 가석방 결정 등을 한 후 5년이 경과한 때부터

④ 위원회의 위원 중 공무원이 아닌 사람은 「형법」 제127조 및 제129조부터 제132조까지의 규정을 적용할 때에는 공무원으로 본다.

⑤ 그 밖에 위원회에 관하여 필요한 사항은 법무부령으로 정한다.

규칙 제238조 위원장의 직무
① 위원장은 위원회를 소집하고 위원회의 업무를 총괄한다.
② 위원장이 부득이한 사정으로 직무를 수행할 수 없을 때에는 위원장이 미리 지정한 위원이 그 직무를 대행한다. 19. 승진

규칙 제239조 위원의 임명 또는 위촉
법무부장관은 다음 각 호의 사람 중에서 위원회의 위원을 임명하거나 위촉한다.
1. 법무부 검찰국장·범죄예방정책국장 및 교정본부장
2. 고등법원 부장판사급 판사, 변호사, 대학에서 교정학·형사정책학·범죄학·심리학·교육학 등 교정에 관한 전문분야를 가르치는 부교수 이상의 직에 있는 사람
3. 그 밖에 교정에 관한 학식과 경험이 풍부한 사람

규칙 제239조의2 위원의 해촉
법무부장관은 위원회의 위원이 다음 각 호의 어느 하나에 해당하는 경우에는 해당 위원을 해촉할 수 있다.
1. 심신장애로 직무수행이 불가능하거나 현저히 곤란하다고 인정되는 경우
2. 직무와 관련된 비위사실이 있는 경우
3. 직무태만, 품위손상, 그 밖의 사유로 인하여 위원으로 적합하지 아니하다고 인정되는 경우
4. 위원 스스로 직무를 수행하는 것이 곤란하다고 의사를 밝히는 경우

규칙 제240조 위원의 임기
제239조 제2호 및 제3호의 위원의 임기는 2년으로 하며, 한 차례만 연임할 수 있다. 19. 승진★

규칙 제241조 간사와 서기
① 위원장은 위원회의 사무를 처리하기 위하여 소속 공무원 중에서 간사 1명과 서기 약간 명을 임명한다.
② 간사는 위원장의 명을 받아 위원회의 사무를 처리하고 회의에 참석하여 발언할 수 있다.
③ 서기는 간사를 보조한다.

규칙 제242조 회의
① 위원회의 회의는 재적위원 과반수의 출석으로 개의하고, 출석위원 과반수의 찬성으로 의결한다. 23. 교정7[251]
② 간사는 위원회의 결정에 대하여 결정서를 작성하여야 한다.

---

251) 가석방심사위원회의 회의는 재적위원 과반수의 출석으로 개의하고, 출석위원 과반수의 찬성으로 의결한다. ( ) ▶ ○

규칙 제243조 회의록의 작성

① 간사는 별지 제20호 서식의 가석방심사위원회 회의록을 작성하여 유지하여야 한다.

② 회의록에는 회의의 내용을 기록하고 <u>위원장 및 간사가 기명날인 또는 서명하여야 한다.</u> 19. 승진★

규칙 제244조 수당 등

위원회의 회의에 출석한 위원에게는 예산의 범위에서 수당과 여비를 지급할 수 있다.

법 제121조 가석방 적격심사

① <u>소장은 「형법」 제72조 제1항의 기간(→ 무기는 20년, 유기는 형기의 3분의 1)이 지난 수형자에 대하여는 법무부령으로 정하는 바에 따라 위원회에 가석방 적격심사를 신청하여야 한다.</u>

규칙 제245조 적격심사신청 대상자 선정

① <u>소장은 「형법」 제72조 제1항의 기간을 경과한 수형자로서 교정성적이 우수하고 뉘우치는 빛이 뚜렷하여 재범의 위험성이 없다고 인정하는 경우에는 분류처우위원회의 의결을 거쳐 가석방 적격심사신청 대상자를 선정한다.</u> 24. 교정9[252]

② 소장은 가석방 적격심사신청에 필요하다고 인정하면 분류처우위원회에 수형자를 출석하게 하여 진술하도록 하거나 담당교도관을 출석하게 하여 의견을 들을 수 있다. <개정 2024.2.8.>

규칙 제246조 사전조사

<u>소장은 수형자의 가석방 적격심사신청을 위하여 다음 각 호의 사항을 사전에 조사해야 한다.</u> 이 경우 조사의 방법에 관하여는 제70조(→ 분류조사 방법)를 준용한다. <개정 2024.2.8.> 14. 교정7

1. <u>신원</u>에 관한 사항

   가. 건강상태

   나. 정신 및 심리 상태

   다. 책임감 및 협동심

   라. 경력 및 교육 정도

   마. 노동 능력 및 의욕

   바. 교정성적

   사. <u>작업장려금 및 작업상태</u> 18. 교정7

   아. 그 밖의 참고사항

2. <u>범죄</u>에 관한 사항

   가. 범행 시의 나이

   나. 형기

   다. 범죄횟수

   라. 범죄의 성질·동기·수단 및 내용

---

252) 소장은 「형법」 제72조 제1항의 기간을 경과한 수형자로서 교정성적이 우수하고 뉘우치는 빛이 뚜렷하여 재범의 위험성이 없다고 인정하는 경우에는 분류처우위원회의 의결을 거쳐 가석방 적격심사신청 대상자를 선정한다. ( )　▶ ○

마. 범죄 후의 정황

바. 공범관계

사. 피해 회복 여부

아. 범죄에 대한 사회의 감정

자. 그 밖의 참고사항

3. 보호에 관한 사항

가. 동거할 친족·보호자 및 고용할 자의 성명·직장명·나이·직업·주소·생활 정도 및 수형자와의 관계

나. 가정환경

다. 접견 및 전화통화(← 편지의 수신·발신) 내역

라. 가족의 수형자에 대한 태도·감정

마. 석방 후 돌아갈 곳

바. 석방 후의 생활계획

사. 그 밖의 참고사항

규칙 제247조 사전조사 유의사항

제246조에 따른 사전조사 중 가석방 적격심사신청과 관련하여 특히 피해자의 감정 및 합의여부, 출소 시 피해자에 대한 보복성 범죄 가능성 등에 유의하여야 한다.

규칙 제248조 사전조사 결과

① 소장은 제246조에 따라 조사한 사항을 매월 분류처우위원회의 회의 개최일 전날까지 분류처우심사표에 기록하여야 한다. 24. 교정9

② 제1항의 분류처우심사표는 법무부장관이 정한다. 24. 교정9[253]

규칙 제249조 사전조사 시기 등

① 제246조 제1호(→ 신원에 관한 사항)의 사항에 대한 조사는 수형자를 수용한 날부터 1개월 이내에 하고, 그 후 변경할 필요가 있는 사항이 발견되거나 가석방 적격심사신청을 위하여 필요한 경우에 한다. 24. 교정9 ★ [254]

② 제246조 제2호(→ 범죄에 관한 사항)의 사항에 대한 조사는 수형자를 수용한 날부터 2개월 이내에 하고, 조사에 필요하다고 인정하는 경우에는 소송기록을 열람할 수 있다.

③ 제246조 제3호(→ 보호에 관한 사항)의 사항에 대한 조사는 형기의 3분의 1이 지나기 전에 하여야 하고, 그 후 변경된 사항이 있는 경우에는 지체 없이 그 내용을 변경하여야 한다.

---

253) 소장은 가석방 적격심사신청을 위하여 사전조사한 사항을 매월 분류처우위원회의 회의 개최일 전날까지 분류처우심사표에 기록하여야 하며, 이 분류처우심사표는 법무부장관이 정한다. ( )   ▶ ○

254) 소장은 가석방 적격심사신청을 위한 사전조사에서 신원에 관한 사항의 조사는 수형자를 수용한 날부터 2개월 이내에 하고, 그 후 변경된 사항이 있는 경우에는 지체 없이 그 내용을 변경하여야 한다. ( )   ▶ ✕

규칙 제250조 적격심사신청

① 소장은 법 제121조 제1항에 따라 가석방 적격심사를 신청할 때에는 별지 제21호 서식의 가석방 적격심사신청서에 별지 제22호 서식의 가석방 적격심사 및 신상조사표를 첨부하여야 한다.

② 소장은 가석방 적격심사신청 대상자를 선정한 경우 <u>선정된 날부터 5일 이내에 위원회에 가석방 적격심사신청을 하여야 한다.</u>

③ 소장은 위원회에 적격심사신청한 사실을 <u>수형자의 동의를 받아 보호자 등에게 알릴 수 있다.</u>

규칙 제251조 재신청

<u>소장은 가석방이 허가되지 아니한 수형자에 대하여 그 후에 가석방을 허가하는 것이 적당하다고 인정하는 경우에는 다시 가석방 적격심사신청을 할 수 있다.</u> 24. 교정9 ★ 255)

> ### 법 제121조 가석방 적격심사
> ② <u>위원회는</u> 수형자의 나이, 범죄동기, 죄명, 형기, 교정성적, 건강상태, 가석방 후의 생계능력, 생활환경, 재범의 위험성, 그 밖에 필요한 사정을 고려하여 <u>가석방의 적격 여부를 결정한다.</u>

규칙 제252조 누범자에 대한 심사

위원회가 동일하거나 유사한 죄로 2회 이상 징역형 또는 금고형의 집행을 받은 수형자에 대하여 적격심사할 때에는 뉘우치는 정도, 노동 능력 및 의욕, 근면성, 그 밖에 정상적인 업무에 취업할 수 있는 생활계획과 보호관계에 관하여 중점적으로 심사하여야 한다.

규칙 제253조 범죄동기에 대한 심사

① 위원회가 범죄의 동기에 관하여 심사할 때에는 사회의 통념 및 공익 등에 비추어 정상을 참작할 만한 사유가 있는지를 심사하여야 한다.

② 범죄의 동기가 군중의 암시 또는 도발, 감독관계에 의한 위협, 그 밖에 이와 유사한 사유로 인한 것일 때에는 특히 수형자의 성격 또는 환경의 변화에 유의하고 가석방 후의 환경이 가석방처분을 받은 사람(「보호관찰 등에 관한 법률」에 따른 보호관찰대상자는 제외한다. 이하 "가석방자"라 한다)에게 미칠 영향을 심사하여야 한다.

규칙 제254조 사회의 감정에 대한 심사

다음 각 호에 해당하는 수형자에 대하여 적격심사할 때에는 특히 그 범죄에 대한 사회의 감정에 유의하여야 한다.

1. <u>범죄의 수단이 참혹 또는 교활하거나 극심한 위해(危害)를</u> 발생시킨 경우
2. 해당 범죄로 무기형에 처해진 경우
3. 그 밖에 <u>사회적 물의를 일으킨 죄를 지은 경우</u>

---

255) 소장은 가석방이 허가되지 아니한 수형자에 대하여 그 후에 가석방을 허가하는 것이 적당하다고 인정하는 경우에는 다시 가석방 적격심사신청을 할 수 있다. (   ) ▶ ○

규칙 제255조 재산범에 대한 심사

① 재산에 관한 죄를 지은 수형자에 대하여는 특히 그 범행으로 인하여 발생한 손해의 배상 여부 또는 손해를 경감하기 위한 노력 여부를 심사하여야 한다. 15. 교정9

② 수형자 외의 사람이 피해자의 손해를 배상한 경우에는 그 배상이 수형자 본인의 희망에 따른 것인지를 심사하여야 한다.

규칙 제255조의2 심층면접

① 위원회는 가석방 적격심사에 특히 필요하다고 인정하면 심층면접(수형자 면담·심리검사, 수형자의 가족 또는 보호관계에 있는 사람 등에 대한 방문조사 등을 통해 재범의 위험성, 사회복귀 준비 상태 등을 파악하는 것을 말한다. 이하 이 조에서 같다)을 실시할 수 있다.

② 심층면접의 방법, 절차, 그 밖에 필요한 사항은 법무부장관이 정한다.

[본조신설 2024.2.8.]

규칙 제256조 관계기관 조회

① 위원회는 가석방 적격심사에 필요하다고 인정하면 수형자의 주소지 또는 연고지 등을 관할하는 시·군·구·경찰서, 그 밖에 학교·직업알선기관·보호단체·종교단체 등 관계기관에 사실조회를 할 수 있다.

② 위원회는 가석방 적격심사를 위하여 필요하다고 인정하면 위원이 아닌 판사·검사 또는 군법무관에게 의견을 묻거나 위원회에 참여시킬 수 있다.

규칙 제257조 감정의 촉탁

① 위원회는 가석방 적격심사를 위하여 필요하다고 인정하면 심리학·정신의학·사회학 또는 교육학을 전공한 전문가에게 수형자의 정신상태 등 특정 사항에 대한 감정을 촉탁할 수 있다.

② 제1항에 따른 촉탁을 받은 사람은 소장의 허가를 받아 수형자와 접견할 수 있다.

규칙 제258조 가석방 결정

위원회가 법 제121조 제2항에 따라 가석방의 적격 여부에 대한 결정을 한 경우에는 별지 제23호 서식의 결정서를 작성하여야 한다.

법 제122조 가석방 허가

① 위원회는 가석방 적격결정을 하였으면 5일 이내에 법무부장관에게 가석방 허가를 신청하여야 한다.
   23. 교정9 ★ 256)

② 법무부장관은 제1항에 따른 위원회의 가석방 허가신청이 적정하다고 인정하면 허가할 수 있다.

---

256) 가석방심사위원회는 가석방 적격결정을 하였으면 5일 이내에 법무부장관에게 가석방 허가를 신청하여야 한다. ( ) ▶ ○

영 제140조 가석방자가 지켜야 할 사항의 알림 등

소장은 법 제122조 제2항의 가석방 허가에 따라 수형자를 가석방하는 경우에는 가석방자 교육을 하고, 지켜야 할 사항을 알려준 후 증서를 발급해야 한다.

규칙 제259조 가석방증

소장은 수형자의 가석방이 허가된 경우에는 주거지, 관할 경찰서 또는 보호관찰소에 출석할 기한 등을 기록한 별지 제24호 서식의 가석방증을 가석방자에게 발급하여야 한다.

규칙 제260조 취소사유

가석방자는 가석방 기간 중 「가석방자관리규정」 제5조부터 제7조까지(→ 가석방자의 출석의무, 가석방자의 신고의무, 관할경찰서의 장의 조치), 제10조(→ 국내 주거지 이전 및 여행), 제13조(→ 국외 이주 및 여행) 제1항, 제15조(→ 국외 이주 등 중지의 신고) 및 제16조(→ 국외 여행자의 귀국신고)에 따른 지켜야 할 사항 및 관할 경찰서장의 명령 또는 조치를 따라야 하며 이를 위반하는 경우에는 「형법」 제75조에 따라 가석방을 취소할 수 있다. 13. 경채

규칙 제261조 취소신청

① 수형자를 가석방한 소장 또는 가석방자를 수용하고 있는 소장은 가석방자가 제260조의 가석방 취소사유에 해당하는 사실이 있음을 알게 되거나 관할 경찰서장으로부터 그 사실을 통보받은 경우에는 지체 없이 별지 제25호 서식의 가석방 취소심사신청서에 별지 제26호 서식의 가석방 취소심사 및 조사표를 첨부하여 위원회에 가석방 취소심사를 신청하여야 한다. 13. 경채

② 위원회가 제1항의 신청을 받아 심사를 한 결과 가석방을 취소하는 것이 타당하다고 결정한 경우에는 별지 제23호 서식의 결정서에 별지 제26호 서식의 가석방 취소심사 및 조사표를 첨부하여 지체 없이 법무부장관에게 가석방의 취소를 신청하여야 한다.

③ 소장은 가석방을 취소하는 것이 타당하다고 인정하는 경우 긴급한 사유가 있을 때에는 위원회의 심사를 거치지 아니하고 전화, 전산망 또는 그 밖의 통신수단으로 법무부장관에게 가석방의 취소를 신청할 수 있다. 이 경우 소장은 지체 없이 별지 제26호 서식의 가석방 취소심사 및 조사표를 송부하여야 한다. 13. 경채

규칙 제262조 취소심사

① 위원회가 가석방 취소를 심사하는 경우에는 가석방자가 「가석방자관리규정」등의 법령을 위반하게 된 경위와 그 위반이 사회에 미치는 영향, 가석방 기간 동안의 생활 태도, 직업의 유무와 종류, 생활환경 및 친족과의 관계, 그 밖의 사정을 고려하여야 한다.

② 위원회는 제1항의 심사를 위하여 필요하다고 인정하면 가석방자를 위원회에 출석하게 하여 진술을 들을 수 있다. 13. 경채

규칙 제263조 남은 형기의 집행

① 소장은 가석방이 취소된 경우에는 지체 없이 남은 형기 집행에 필요한 조치를 취하고 법무부장관에게 별지 제27호 서식의 가석방취소자 남은 형기 집행보고서를 송부해야 한다.

② 소장은 가석방자가 「형법」 제74조에 따라 가석방이 실효된 것을 알게 된 경우에는 지체 없이 남은 형기 집행에 필요한 조치를 취하고 법무부장관에게 별지 제28호 서식의 가석방실효자 남은 형기 집행보고서를 송부해야 한다.

③ 소장은 가석방이 취소된 사람(이하 "가석방취소자"라 한다) 또는 가석방이 실효된 사람(이하 "가석방실효자"라 한다)이 교정시설에 수용되지 아니한 사실을 알게 된 때에는 관할 지방검찰청 검사 또는 관할 경찰서장에게 구인하도록 의뢰하여야 한다. 10. 특채

④ 제3항에 따라 구인 의뢰를 받은 검사 또는 경찰서장은 즉시 가석방취소자 또는 가석방실효자를 구인하여 소장에게 인계하여야 한다.

⑤ 가석방취소자 및 가석방실효자의 남은 형기 기간은 가석방을 실시한 다음 날부터 원래 형기의 종료일까지로 하고, 남은 형기 집행 기산일은 가석방의 취소 또는 실효로 인하여 교정시설에 수용된 날부터 한다. 18. 교정9★

⑥ 가석방 기간 중 형사사건으로 구속되어 교정시설에 미결수용 중인 자의 가석방 취소 결정으로 남은 형기를 집행하게 된 경우에는 가석방된 형의 집행을 지휘하였던 검찰청 검사에게 남은 형기 집행지휘를 받아 우선 집행해야 한다. 18. 교정9★

+「가석방자관리규정」의 주요 내용

제1조【목적】 이 영은 가석방자에 대한 가석방 기간 중의 보호와 감독에 필요한 사항을 규정함을 목적으로 한다.

제2조【정의】 이 영에서 "가석방자"란 징역 또는 금고 형의 집행 중에 있는 사람으로서 「형법」 제72조 및 「형의 집행 및 수용자의 처우에 관한 법률」 제122조에 따라 가석방된 사람(「보호관찰 등에 관한 법률」에 따른 보호관찰 대상자는 제외한다)을 말한다.

제3조【가석방자의 보호와 감독】 가석방자는 그의 주거지를 관할하는 경찰서(경찰서의 지구대를 포함한다. 이하 같다)의 장의 보호와 감독을 받는다.

제4조【가석방 사실의 통보】 ① 교도소·구치소 및 그 지소(支所)(이하 "교정시설"이라 한다)의 장은 가석방이 허가된 사람을 석방할 때에는 그 사실을 가석방될 사람의 주거지를 관할하는 지방검찰청의 장(지방검찰청 지청의 장을 포함한다. 이하 같다)과 형을 선고한 법원에 대응하는 검찰청 검사장 및 가석방될 사람을 보호·감독할 경찰서(이하 "관할경찰서"라 한다)의 장에게 미리 통보하여야 한다.

② 교정시설의 장은 가석방이 허가된 사람에게 가석방의 취소 및 실효사유와 가석방자로서 지켜야 할 사항 등을 알리고, 주거지에 도착할 기한 및 관할경찰서에 출석할 기한 등을 적은 가석방증을 발급하여야 한다. 22. 교정7[257]

제5조【가석방자의 출석의무】 가석방자는 제4조 제2항에 따른 가석방증에 적힌 기한 내에 관할경찰서에 출석하여 가석방증에 출석확인을 받아야 한다. 다만, 천재지변, 질병, 그 밖의 부득이한 사유로 기한 내에 출석할 수 없거나 출석하지 아니하였을 때에는 지체 없이 그 사유를 가장 가까운 경찰서의 장에게 신고하고 별지 제1호 서식의 확인서를 받아 관할경찰서의 장에게 제출하여야 한다. 22. 교정7

제6조【가석방자의 신고의무】 ① 가석방자는 그의 주거지에 도착하였을 때에는 지체 없이 종사할 직업 등 생활계획을 세우고 이를 관할경찰서의 장에게 서면으로 신고하여야 한다. 22. 교정7★[258]

---

257) 교정시설의 장은 가석방이 허가된 사람에게 가석방의 취소 및 실효사유와 가석방자로서 지켜야 할 사항 등을 알리고, 주거지에 도착할 기한 및 관할경찰서에 출석할 기한 등을 적은 가석방증을 발급하여야 한다. ( )   ▶ ○

258) 가석방자는 가석방증에 적힌 기한 내에 관할경찰서에 출석하여 출석확인과 동시에 종사할 직업 등 생활계획을 세워 이를 관할경찰서의 장에게 서면으로 신고하여야 한다. ( )   ▶ ×

제7조【관할경찰서의 장의 조치】① 관할경찰서의 장은 가석방자가 가석방 기간 중 정상적인 업무에 종사하고 비행(非行)을 저지르지 아니하도록 적절한 지도를 할 수 있다.

② 관할경찰서의 장은 제1항에 따른 지도 중 가석방자의 재범방지를 위해 특히 필요하다고 인정하는 경우에는 특정 장소의 출입제한명령 등 필요한 조치를 할 수 있다.

제8조【가석방자에 대한 조사】관할경찰서의 장은 6개월마다 가석방자의 품행, 직업의 종류, 생활 정도, 가족과의 관계, 가족의 보호 여부 및 그 밖의 참고사항에 관하여 조사서를 작성하고 관계기관의 장에게 통보하여야 한다. 다만, 변동사항이 없는 경우에는 그러하지 아니하다. 22. 교정7★ [259]

제10조【국내 주거지 이전 및 여행】① 가석방자는 국내 주거지 이전(移轉) 또는 1개월 이상 국내 여행(이하 "국내주거지 이전등"이라 한다)을 하려는 경우 관할경찰서의 장에게 신고하여야 한다. 22. 교정7★ [260]

제13조【국외 이주 및 여행】① 가석방자는 국외 이주 또는 1개월 이상 국외 여행(이하 "국외 이주등"이라 한다)을 하려는 경우 관할경찰서의 장에게 신고하여야 한다. 22. 교정7

제16조【국외 여행자의 귀국신고】국외 여행을 한 가석방자는 귀국하여 주거지에 도착하였을 때에는 지체 없이 그 사실을 관할경찰서의 장에게 신고하여야 한다. 국외 이주한 가석방자가 입국하였을 때에도 또한 같다. 22. 교정7★

제19조【가석방의 취소 등】① 법무부장관은 가석방 처분을 취소하였을 때에는 가석방자의 주거지를 관할하는 지방검찰청의 장 또는 교정시설의 장이나 가석방 취소 당시 가석방자를 수용하고 있는 교정시설의 장에게 통보하여 남은 형을 집행하게 하여야 한다.

제20조【사망 통보】① 가석방자가 사망한 경우 관할경찰서의 장은 그 사실을 관계기관의 장에게 통보하여야 한다.

② 제1항의 통보를 받은 석방시설의 장은 그 사실을 법무부장관에게 보고하여야 한다. 16. 교정7

⬜ 제2장 석방

법 제123조 석방

소장은 사면·형기종료 또는 권한이 있는 사람의 명령에 따라 수용자를 석방한다.

영 제141조 석방예정자 상담 등

소장은 수형자의 건전한 사회복귀를 위하여 필요하다고 인정하면 석방 전 3일 이내의 범위에서 석방예정자를 별도의 거실에 수용하여 장래에 관한 상담과 지도를 할 수 있다. 20. 승진★ [261]

영 제142조 형기종료 석방예정자의 사전조사

소장은 형기종료로 석방될 수형자에 대하여는 석방 10일 전까지 석방 후의 보호에 관한 사항을 조사하여야 한다. 18. 교정7

---

259) 형관할경찰서의 장은 변동사항이 없는 경우를 제외하고, 6개월마다 가석방자의 품행 등에 관하여 조사서를 작성하고 관할 지방검찰청의 장 및 가석방자를 수용하였다가 석방한 교정시설의 장에게 통보하여야 한다. ( )　▶ ○

260) 가석방자는 국내 주거지 이전(移轉) 또는 10일 이상 국내 여행을 하려는 경우 관할경찰서의 장에게 신고하여야 한다. ( )　▶ ×

261) 소장은 수형자의 건전한 사회복귀를 위하여 필요하다고 인정하면 석방 전 5일 이내의 범위에서 석방예정자를 별도의 거실에 수용하여 장래에 관한 상담과 지도를 할 수 있다. ( )　▶ ×

영 제144조 석방예정자의 보호조치

소장은 수형자를 석방하는 경우 특히 필요하다고 인정하면 한국법무보호복지공단에 그에 대한 보호를 요청할 수 있다.

영 제145조의2 증명서의 발급

소장은 다음 각 호에 해당하는 사람의 신청에 따라 교정시설에 수용된 사실 또는 수용되었다가 석방된 사실에 관한 증명서를 발급할 수 있다.

1. 수용자
2. 수용자가 지정한 사람
3. 피석방자
4. 피석방자가 지정한 사람

영 제145조의3 고유식별정보의 처리

소장은 제145조의2에 따른 사무를 수행하기 위하여 불가피한 경우 「개인정보 보호법 시행령」 제19조에 따른 주민등록번호, 여권번호, 운전면허의 면허번호 또는 외국인등록번호가 포함된 자료를 처리할 수 있다.

법 제124조 석방시기

① 사면, 가석방, 형의 집행면제, 감형에 따른 석방은 그 서류가 교정시설에 도달한 후 12시간 이내에 하여야 한다. 다만, 그 서류에서 석방일시를 지정하고 있으면 그 일시에 한다. 23. 경채★ 262)

② 형기종료에 따른 석방은 형기종료일에 하여야 한다. 19. 승진★

③ 권한이 있는 사람의 명령(→ 보석, 구속 취소, 불기소, 구속 집행정지, 형의 집행정지 등)에 따른 석방은 서류가 도달한 후 5시간 이내에 하여야 한다. 23. 경채★

법 제125조 피석방자의 일시수용

소장은 피석방자가 질병이나 그 밖에 피할 수 없는 사정으로 귀가하기 곤란한 경우에 본인의 신청이 있으면 일시적으로 교정시설에 수용할 수 있다. 23. 경채★ 263)

법 제126조 귀가여비의 지급 등

소장은 피석방자에게 귀가에 필요한 여비 또는 의류가 없으면 법무부장관이 정하는 범위에서 이를 지급하거나 빌려 줄 수 있다. 23. 경채★

---

262) 사면, 가석방, 형의 집행면제, 권한이 있는 자의 명령에 따른 석방은 그 서류 도달 후 12시간 이내에 행하여야 한다. (   ) ▶ ✕

263) 소장은 피석방자가 질병이나 그 밖에 피할 수 없는 사정으로 귀가하기 곤란한 경우에 본인 또는 가족의 신청이 있으면 일시적으로 교정시설에 수용할 수 있다. (   ) ▶ ✕

영 제145조 귀가여비 등의 회수

소장은 법 제126조에 따라 피석방자에게 귀가 여비 또는 의류를 빌려준 경우에는 특별한 사유가 없으면 이를 회수한다. 20. 승진 ★ [264]

> ### 법 제126조의2 석방예정자의 수용이력 등 통보
>
> ① 소장은 석방될 수형자의 재범방지, 자립지원 및 피해자 보호를 위하여 필요하다고 인정하면 해당 수형자의 수용이력 또는 사회복귀에 관한 의견을 그의 거주지를 관할하는 경찰관서나 자립을 지원할 법인 또는 개인에게 통보할 수 있다. 다만, 법인 또는 개인에게 통보하는 경우에는 해당 수형자의 동의를 받아야 한다.
> ② 제1항에 따라 통보하는 수용이력 또는 사회복귀에 관한 의견의 구체적인 사항은 대통령령으로 정한다.

영 제143조 석방예정자의 수용이력 등 통보

① 법 제126조의2 제1항 본문에 따라 통보하는 수용이력에는 다음 각 호의 사항이 포함되어야 한다.

1. 성명
2. 주민등록번호 또는 외국인등록번호
3. 주민등록 상 주소 및 석방 후 거주지 주소
4. 죄명
5. 범죄횟수
6. 형명
7. 형기
8. 석방종류
9. 최초입소일
10. 형기종료일
11. 출소일
12. 범죄개요
13. 그 밖에 수용 중 특이사항으로서 석방될 수형자의 재범방지나 관련된 피해자 보호를 위해 특히 알릴 필요가 있는 사항

② 법 제126조의2 제1항 본문에 따라 통보하는 사회복귀에 관한 의견에는 다음 각 호의 사항이 포함되어야 한다.

1. 성명
2. 생년월일
3. 주민등록 상 주소 및 석방 후 거주지 주소
4. 수용기간 중 받은 직업훈련에 관한 사항
5. 수용기간 중 수상이력
6. 수용기간 중 학력변동사항
7. 수용기간 중 자격증 취득에 관한 사항
8. 그 밖에 석방될 수형자의 자립지원을 위해 특히 알릴 필요가 있는 사항

---

264) 소장은 피석방자에게 귀가에 필요한 여비 또는 의류가 없으면 법무부장관이 정하는 범위에서 이를 지급하거나 빌려 줄 수 있으며, 귀가 여비 또는 의류를 빌려준 경우에는 특별한 사유가 없으면 이를 회수한다. ( )　　　▶ ○

③ 법 제126조의2 제1항 본문에 따른 통보를 위한 수용이력 통보서와 사회복귀에 관한 의견 통보서의 서식은 법무부령으로 정한다.

④ 법 제126조의2 제1항 본문에 따라 석방될 수형자의 수용이력 또는 사회복귀에 관한 의견을 그의 거주지를 관할하는 경찰관서에 통보하는 경우에는 「형사사법절차 전자화 촉진법」 제2조 제4호에 따른 형사사법정보시스템을 통해 통보할 수 있다.

규칙 제263조의2 석방예정자의 수용이력 등 통보

영 제143조 제3항에 따른 석방예정자의 수용이력 통보서의 양식은 별지 제28호의2 서식에 따르고, 석방예정자의 사회복귀에 관한 의견 통보서의 양식은 별지 제28호의3 서식에 따른다.

🗔 제3장 사망

법 제127조 사망 알림

소장은 수용자가 사망한 경우에는 그 사실을 즉시 그 가족(가족이 없는 경우에는 다른 친족)에게 알려야 한다. 16. 교정7

영 제146조 사망 알림

소장은 법 제127조에 따라 수용자의 사망 사실을 알리는 경우에는 사망 일시·장소 및 사유도 같이 알려야 한다.

법 제128조 시신의 인도 등

① 소장은 사망한 수용자의 친족 또는 특별한 연고가 있는 사람이 그 시신 또는 유골의 인도를 청구하는 경우에는 인도하여야 한다. 다만, 제3항에 따라 자연장(自然葬)을 하거나 집단으로 매장을 한 후에는 그러하지 아니하다.

② 소장은 제127조에 따라 수용자가 사망한 사실을 알게 된 사람이 다음 각 호의 어느 하나에 해당하는 기간 이내에 그 시신을 인수하지 아니하거나 시신을 인수할 사람이 없으면 임시로 매장하거나 화장(火葬) 후 봉안하여야 한다. 다만, 감염병 예방 등을 위하여 필요하면 즉시 화장하여야 하며, 그 밖에 필요한 조치를 할 수 있다. 16. 교정7
  1. 임시로 매장하려는 경우: 사망한 사실을 알게 된 날부터 3일
  2. 화장하여 봉안하려는 경우: 사망한 사실을 알게 된 날부터 60일

③ 소장은 제2항에 따라 시신을 임시로 매장하거나 화장하여 봉안한 후 2년이 지나도록 시신의 인도를 청구하는 사람이 없을 때에는 다음 각 호의 구분에 따른 방법으로 처리할 수 있다.
  1. 임시로 매장한 경우: 화장 후 자연장을 하거나 일정한 장소에 집단으로 매장
  2. 화장하여 봉안한 경우: 자연장

---

④ 소장은 병원이나 그 밖의 연구기관이 학술연구상의 필요에 따라 수용자의 시신인도를 신청하면 본인의 유언 또는 상속인의 승낙이 있는 경우에 한하여 인도할 수 있다. 16. 교정7

⑤ 소장은 수용자가 사망하면 법무부장관이 정하는 범위에서 화장·시신인도 등에 필요한 비용을 인수자에게 지급할 수 있다. 16. 교정7

영 제147조 검시

소장은 수용자가 사망한 경우에는 그 시신을 검사하여야 한다.

영 제148조 사망 등 기록

① 의무관은 수용자가 질병으로 사망한 경우에는 사망장에 그 병명·병력(病歷)·사인 및 사망일시를 기록하고 서명하여야 한다.

② 소장은 수용자가 자살이나 그 밖에 변사한 경우에는 그 사실을 검사에게 통보하고, 기소된 상태인 경우에는 법원에도 통보하여야 하며 검시가 끝난 후에는 검시자·참여자의 신분·성명과 검시 결과를 사망장에 기록하여야 한다.

③ 소장은 법 제128조에 따라 시신을 인도, 화장(火葬), 임시 매장, 집단 매장 또는 자연장(自然葬)을 한 경우에는 그 사실을 사망장에 기록하여야 한다.

규칙 제263조의3 사망 기록

영 제148조에 따른 사망장의 양식은 별지 제28호의4 서식에 따른다.

영 제149조

삭제

영 제150조 임시 매장지의 표지 등

① 소장은 시신을 임시 매장하거나 봉안한 경우에는 그 장소에 사망자의 성명을 적은 표지를 비치하고, 별도의 장부에 가족관계 등록기준지, 성명, 사망일시를 기록하여 관리하여야 한다.

② 소장은 시신 또는 유골을 집단 매장한 경우에는 집단 매장된 사람의 가족관계 등록기준지, 성명, 사망일시를 집단 매장부에 기록하고 그 장소에 묘비를 세워야 한다.

제4편 교정자문위원회 등

법 제129조 교정자문위원회

① 수용자의 관리·교정교화 등 사무에 관한 지방교정청장의 자문에 응하기 위하여 지방교정청에 교정자문위원회(이하 이 조에서 "위원회"라 한다)를 둔다. 21. 교정9[265]

② 위원회는 10명 이상 15명 이하의 위원으로 성별을 고려하여 구성하고, 위원장은 위원 중에서 호선하며, 위원은 교정에 관한 학식과 경험이 풍부한 외부인사 중에서 지방교정청장의 추천을 받아 법무부장관이 위촉한다. 21. 교정9 ★[266]

③ 이 법에 규정된 사항 외에 위원회에 관하여 필요한 사항은 법무부령으로 정한다.

규칙 제264조 기능

법 제129조 제1항의 교정자문위원회(이하 이 편에서 "위원회"라 한다)의 기능은 다음 각 호와 같다. 18. 승진 ★

1. 교정시설의 운영에 관한 자문에 대한 응답 및 조언
2. 수용자의 급양(給養)·의료·교육 등 처우에 관한 자문에 대한 응답 및 조언
3. 노인·장애인수용자 등의 보호, 성차별 및 성폭력 예방정책에 관한 자문에 대한 응답 및 조언
4. 그 밖에 지방교정청장이 자문하는 사항에 대한 응답 및 조언

규칙 제265조 구성

① 위원회에 부위원장을 두며, 위원 중에서 호선한다. 18. 승진

② 위원 중 4명 이상은 여성으로 한다. 21. 교정9 ★

③ 지방교정청장이 위원을 추천하는 경우에는 별지 제29호 서식의 교정자문위원회 위원 추천서를 법무부장관에게 제출하여야 한다. 다만, 재위촉의 경우에는 지방교정청장의 의견서로 추천서를 갈음한다.

규칙 제266조 임기

① 위원의 임기는 2년으로 하며, 연임할 수 있다.

② 지방교정청장은 위원의 결원이 생긴 경우에는 결원이 생긴 날부터 30일 이내에 후임자를 법무부장관에게 추천해야 한다.

③ 결원이 된 위원의 후임으로 위촉된 위원의 임기는 전임자 임기의 남은 기간으로 한다.

규칙 제267조 위원장의 직무

① 위원장은 위원회를 소집하고 위원회의 업무를 총괄한다.

② 위원장이 부득이한 사유로 직무를 수행할 수 없을 때에는 부위원장이 그 직무를 대행하고, 부위원장도 부득이한 사유로 직무를 수행할 수 없을 때에는 위원장이 미리 지명한 위원이 그 직무를 대행한다. 21. 교정9[267]

---

265) 수용자의 관리·교정교화 등 사무에 관한 소장의 자문에 응하기 위하여 교도소에 교정자문위원회를 둔다. ( )　▶ ✕
266) 교정자문위원회는 5명 이상 7명 이하의 위원으로 성별을 고려하여 구성하고, 위원장은 위원 중에서 호선하며, 위원은 교정에 관한 학식과 경험이 풍부한 외부인사 중에서 소장의 추천을 받아 법무부장관이 위촉한다. ( )　▶ ✕
267) 교정자문위원회 위원장이 부득이한 사유로 직무를 수행할 수 없을 때에는 부위원장이 그 직무를 대행하고, 부위원장도 부득이한 사유로 직무를 수행할 수 없을 때에는 위원 중 연장자인 위원이 그 직무를 대행한다. ( )　▶ ✕

규칙 제268조 회의

① 위원회의 회의는 <u>위원 과반수의 요청</u>이 있거나 <u>지방교정청장이 필요하다고 인정하는 경우</u>에 개최한다(→ 분기마다 개최 ✕). 12. 교정7

② 위원회는 <u>재적위원 과반수의 출석으로</u> 개의하고 <u>출석위원 과반수의 찬성으로 의결</u>한다.

③ 위원회의 <u>회의는 공개하지 아니한다.</u> 다만, <u>위원회의 의결을 거친 경우에는 공개할 수 있다.</u> 12. 교정7

규칙 제269조 지켜야 할 사항

① 위원은 다음 사항을 지켜야 한다.

1. 직위를 이용하여 영리 행위를 하거나 업무와 관련하여 금품·접대를 주고받지 아니할 것
2. 자신의 권한을 특정인이나 특정 단체의 이익을 위하여 행사하지 아니할 것
3. 업무 수행 중 알게 된 사실이나 개인 신상에 관한 정보를 누설하거나 개인의 이익을 위하여 이용하지 아니할 것

② 위원은 별지 제30호 서식의 서약서에 규정된 바에 따라 제1항의 내용을 지키겠다는 서약을 해야 한다.

규칙 제270조 위원의 해촉

법무부장관은 외부위원이 다음 각 호의 어느 하나에 해당하는 경우에는 지방교정청장의 건의를 받아 해당 위원을 해촉할 수 있다.

1. 심신장애로 직무수행이 불가능하거나 현저히 곤란하다고 인정되는 경우
2. 직무와 관련된 비위사실이 있는 경우
3. 제269조에 따라 지켜야 할 사항을 위반하였을 경우
4. 직무태만, 품위 손상, 그 밖의 사유로 인하여 위원으로서 직무를 수행하기 적합하지 아니하다고 인정되는 경우
5. 위원 스스로 직무를 수행하는 것이 곤란하다고 의사를 밝히는 경우

규칙 제271조 간사

① 위원회의 사무를 처리하기 위하여 위원회에 간사 1명을 둔다. 간사는 해당 <u>지방교정청의 총무과장 또는 6급 이상의 교도관</u>으로 한다.

② 간사는 회의에 참석하여 위원회의 심의사항에 대한 설명을 하거나 필요한 발언을 할 수 있으며, 별지 제31호 서식의 교정자문위원회 회의록을 작성하여 유지하여야 한다.

규칙 제272조 수당

지방교정청장은 위원회의 <u>회의에 참석한 위원에게는 예산의 범위에서 수당을 지급할 수 있다.</u>

법 제130조 교정위원

① <u>수용자의 교육·교화·의료, 그 밖에 수용자의 처우를 후원</u>하기 위하여 <u>교정시설</u>에 <u>교정위원</u>을 둘 수 있다.

② 교정위원은 <u>명예직</u>으로 하며 <u>소장의 추천</u>을 받아 <u>법무부장관</u>이 <u>위촉</u>한다.

영 제151조 교정위원

① 소장은 법 제130조에 따라 교정위원을 두는 경우 수용자의 개선을 촉구하고 안정된 수용생활을 하게 하기 위하여 교정위원에게 수용자를 교화상담하게 할 수 있다.

② 교정위원은 수용자의 고충 해소 및 교정·교화를 위하여 필요한 의견을 소장에게 건의할 수 있다.

③ 교정위원의 임기, 위촉 및 해촉, 지켜야 할 사항 등에 관하여 필요한 사항은 법무부장관이 정한다.

영 제152조 외부인사가 지켜야 할 사항

교정위원, 교정자문위원, 그 밖에 교정시설에서 활동하는 외부인사는 활동 중에 알게 된 교정시설의 안전과 질서 및 수용자의 신상에 관한 사항을 외부에 누설하거나 공개해서는 안 된다.

법 제131조 기부금품의 접수

소장은 기관·단체 또는 개인이 수용자의 교화 등을 위하여 교정시설에 자발적으로 기탁하는 금품을 받을 수 있다.

영 제153조 기부금품의 접수 등

① 소장은 법 제131조의 기부금품을 접수하는 경우에는 기부한 기관·단체 또는 개인(이하 이 장에서 "기부자"라 한다)에게 영수증을 발급하여야 한다. 다만, 익명으로 기부하거나 기부자를 알 수 없는 경우에는 그러하지 아니하다.

② 소장은 기부자가 용도를 지정하여 금품을 기부한 경우에는 기부금품을 그 용도에 사용하여야 한다. 다만, 지정한 용도로 사용하기 어려운 특별한 사유가 있는 경우에는 기부자의 동의를 받아 다른 용도로 사용할 수 있다.

③ 교정시설의 기부금품 접수·사용 등에 관하여 필요한 사항은 법무부장관이 정한다.

제5편 벌칙

법 제132조 금지물품을 지닌 경우

① 수용자가 제92조 제2항을 위반하여 소장의 허가 없이 무인비행장치, 전자·통신기기를 지닌 경우 2년 이하의 징역 또는 2천만 원 이하의 벌금에 처한다.

② 수용자가 제92조 제1항 제3호를 위반하여 주류·담배·화기·현금·수표를 지닌 경우 1년 이하의 징역 또는 1천만 원 이하의 벌금에 처한다.

법 제133조 금지물품의 반입

① 소장의 허가 없이 무인비행장치, 전자·통신기기를 교정시설에 반입한 사람은 3년 이하의 징역 또는 3천만 원 이하의 벌금에 처한다.

② 주류·담배·화기·현금·수표·음란물·사행행위에 사용되는 물품을 수용자에게 전달할 목적으로 교정시설에 반입한 사람은 1년 이하의 징역 또는 1천만 원 이하의 벌금에 처한다.

③ 상습적으로 제2항의 죄를 범한 사람은 2년 이하의 징역 또는 2천만 원 이하의 벌금에 처한다.

법 제134조 출석의무 위반 등

다음 각 호의 어느 하나에 해당하는 행위를 한 수용자는 1년 이하의 징역에 처한다.

1. 정당한 사유 없이 제102조 제4항을 위반하여 일시석방 후 24시간 이내에 교정시설 또는 경찰관서에 출석하지 아니하는 행위
2. 귀휴·외부통근, 그 밖의 사유로 소장의 허가를 받아 교도관의 계호 없이 교정시설 밖으로 나간 후에 정당한 사유 없이 기한까지 돌아오지 아니하는 행위

영 제128조의2 포상금 지급

① 법무부장관은 「형법」 제145조(→ 도주·집합명령위반)·제146조(→ 특수도주) 또는 법 제134조(→ 출석의무 위반 등) 각 호에 규정된 죄를 지은 수용자를 체포하거나 행정기관 또는 수사기관에 정보를 제공하여 체포하게 한 사람에게 예산의 범위에서 포상금을 지급할 수 있다. 18. 승진

② 포상금의 지급기준·지급방법, 그 밖에 필요한 사항은 법무부장관이 정한다.

영 제128조의3 포상금의 지급 신청

① 포상금을 받으려는 사람은 법무부장관이 정하는 바에 따라 포상금 지급 신청서를 지방교정청장에게 제출해야 한다.

② 제1항에 따른 신청서를 접수한 지방교정청장은 그 신청서에 법무부장관이 정하는 서류를 첨부하여 법무부장관에게 제출하여야 한다.

영 제128조의4 포상금의 환수

법무부장관은 제128조의2 제1항에 따라 포상금을 지급한 후 다음 각 호의 어느 하나에 해당하는 사실이 발견된 경우에는 해당 포상금을 환수할 수 있다.

1. 위법 또는 부당한 방법의 증거수집, 허위신고, 거짓진술, 증거위조 등 부정한 방법으로 포상금을 지급받은 경우
2. 동일한 원인으로 다른 법령에 따라 포상금 등을 지급받은 경우
3. 그 밖에 착오 등의 사유로 포상금이 잘못 지급된 경우

법 제135조 녹화 등의 금지

소장의 허가 없이 교정시설 내부를 녹화·촬영한 사람은 1년 이하의 징역 또는 1천만 원 이하의 벌금에 처한다.

법 제136조 미수범

제133조 및 제135조의 미수범은 처벌한다.

법 제137조 몰수

제132조 및 제133조에 해당하는 금지물품은 몰수한다(→ 필요적 몰수).

MEMO

MEMO

MEMO

2025 대비 최신개정판

해커스공무원
노신
교정학 법령집

개정 3판 1쇄 발행 2024년 9월 2일

지은이	노신 편저
펴낸곳	해커스패스
펴낸이	해커스공무원 출판팀

주소	서울특별시 강남구 강남대로 428 해커스공무원
고객센터	1588-4055
교재 관련 문의	gosi@hackerspass.com
	해커스공무원 사이트(gosi.Hackers.com) 교재 Q&A 게시판
	카카오톡 플러스 친구 [해커스공무원 노량진캠퍼스]
학원 강의 및 동영상강의	gosi.Hackers.com

ISBN	979-11-7244-137-1 (13360)
Serial Number	03-01-01

공무원 교육 1위,
해커스공무원 **gosi.Hackers.com**

해커스공무원

· **해커스공무원 학원 및 인강**(교재 내 인강 할인쿠폰 수록)
· 정확한 성적 분석으로 약점 극복이 가능한 **합격예측 온라인 모의고사**(교재 내 응시권 및 해설강의 수강권 수록)
· 해커스 스타강사의 **공무원 교정학 무료 특강**